Na sala de roteiristas

Christina Kallas

Na sala de roteiristas

Conversando com os autores de *Friends*, *Família Soprano*, *Mad Men*, *Game of Thrones* e outras séries que mudaram a TV

Tradução:
Maria Luiza X. de A. Borges

2ª *reimpressão*

Para Alex, sempre

Copyright © 2014 by Christina Kallas

Tradução autorizada da primeira edição inglesa, publicada em 2014 por Palgrave Macmillan, um selo de Macmillan Publishers Limited, de Londres, Inglaterra

Grafia atualizada segundo o Acordo Ortográfico da Língua Portuguesa de 1990, que entrou em vigor no Brasil em 2009.

Título original
Inside the Writer's Room: Conversations with American TV Writers

Capa
Estúdio Insólito

Preparação
Diogo Henriques

Indicação editorial
Philippe Barcinski

Revisão
Nina Lua
Carolina Sampaio

CIP-Brasil. Catalogação na publicação
Sindicato Nacional dos Editores de Livros, RJ

K22n	Kallas, Christina Na sala de roteiristas: conversando com os autores de Friends, Família Soprano, Mad Men, Game of Thrones e outras séries que mudaram a TV / Christina Kallas; tradução Maria Luiza X. de A. Borges. – 1ª ed. – Rio de Janeiro: Zahar, 2016. Tradução de: Inside the Writer's Room: Conversations With American TV Writers. Inclui bibliografia ISBN 978-85-378-1569-4 1. Televisão – Seriados. 2. Televisão. 3. Comunicação de massa. I.Borges, Maria Luiza X. de A. II. Título.

16-32223	CDD: 791.457 CDU: 654.191

[2021]
Todos os direitos desta edição reservados à
EDITORA SCHWARCZ S.A.
Praça Floriano, 19, sala 3001 — Cinelândia
20031-050 — Rio de Janeiro — RJ
Telefone: (21) 3993-7510
www.companhiadasletras.com.br
www.blogdacompanhia.com.br
facebook.com/editorazahar
instagram.com/editorazahar
twitter.com/editorazahar

Sumário

Introdução

Era da arte elevada   7

Três atos na história da TV   10

Narrativa cinematográfica longa   12

Conversas

Terence Winter   23
(Boardwalk Empire, Família Soprano, The PJs)

Warren Leight   48
(In Treatment, Lights Out, Law & Order: Special Victims Unit)

Tom Fontana   75
(St. Elsewhere, Oz, Homicide: Life on the Street, Os Bórgias)

Jenny Bicks   90
(Sex and the City, Men in Trees, The Big C)

Robert Carlock   105
(Friends, SNL, 30 Rock)

Janet Leahy   121
(Cheers, The Cosby Show, Boston Legal, Mad Men)

Eric Overmyer   130
(The Wire, Homicide: Life on the Street, Treme)

Jane Espenson   139
(Buffy, a caça-vampiros, Battlestar Galactica, Husbands, Game of Thrones)

Diana Son   151
(Law & Order: Criminal Intent, Blue Bloods, Southland, The West Wing)

Charlie Rubin   165
(Seinfeld, The Jon Stewart Show, Law & Order: Criminal Intent)

Tim van Patten   183
(Família Soprano, The Wire, The Pacific, Boardwalk Empire)

Margaret Nagle 190
(*Side Order of Life, Boardwalk Empire*)

Susan Miller 199
(*Thirtysomething, The L Word, Anyone But Me*)

Reflexões

Os homens certos para o trabalho 213

Ninguém diz aos roteiristas o que fazer 217

Um cérebro maior 219

A dança das cadeiras 222

Quando você gosta de ouvir suas palavras 224

Um lugar melhor para roteiristas 228

Uma questão de quantidade 234

Garoto novo na área 235

Como correr uma maratona 237

As regras não escritas 239

Um filme contado em capítulos 240

Cruzar fronteiras 243

Uma explosão de narrativas 244

História que nunca termina 246

Notas 249

Bibliografia 254

Agradecimentos 255

Introdução

Era da arte elevada

"A arte popular de uma era é muitas vezes a arte elevada da seguinte", escreveu o professor e estudioso de literatura greco-americano Alexander Nehamas não muito tempo atrás em defesa da televisão, traçando um paralelo com o desdém de Platão pelo antigo drama grego.[1] Por muito tempo a TV foi considerada o homólogo inferior do cinema: o lugar ao qual recorrer na indústria se você não podia transformar algo em filme. Por um tempo muito longo ela foi também considerada um assunto que não estava à altura do estudo acadêmico. Não é mais assim hoje em dia. Com o drama televisivo granjeando aplausos tanto do público quanto da crítica, parece que a TV está finalmente atravessando sua era de arte elevada e que emergiu da sombra do cinema para sempre.

Cineastas sempre flertaram com a televisão. Basta que nos lembremos de *Berlin Alexanderplatz* (1980), de Rainer Werner Fassbinder, uma série de treze episódios de 52 minutos e mais um epílogo, ou *Twin Peaks* (1990-1991), de David Lynch, que se prolongou por duas temporadas, a primeira com oito e a segunda com 22 episódios de cinquenta minutos (os pilotos tiveram duração de longa-metragem),* ou ainda *Riget* (1994), de Lars von Trier, uma série de oito episódios de 55 minutos. O flerte do cinema com a nova forma começou muito mais cedo na verdade, com a tristemente célebre entrevista coletiva de Roberto Rossellini em 1962 em que ele declarou que o cinema, o meio para o qual havia dirigido clássicos como *Roma, cidade aberta* e *Paisà*, estava morto e que dali em diante ele faria filmes para a televisão. Hoje esses cineastas poderiam ser vistos como a

---

* Uma nova temporada de *Twin Peaks*, a terceira, está prevista para estrear em 2017, com dezoito episódios e direção de David Lynch. (N.T.)

vanguarda de uma forma que ainda estava se desenvolvendo na época: a da série de televisão que iria educar e elevar em vez de apenas entreter e vender produtos por meio de anúncios. Eles estavam interessados nos tipos de audiência que somente transmissões de TV permitem alcançar, mas sobretudo fascinados com as possibilidades do formato narrativo longo. "A televisão nos possibilita contar uma história ao longo do tempo", ressalta David Lynch, "algo que o cinema não permite." Nos últimos anos, o fenômeno da migração do cinema para a TV ou do formato de cinema para a narrativa de formato longo (pode *House of Cards*, cujos treze episódios da primeira temporada foram lançados na plataforma de internet Netflix em 2013, todos no mesmo dia, ser realmente considerado televisão?) foi ganhando cada vez mais ímpeto, mesmo entre cineastas convencionais estabelecidos: Steven Spielberg assinou a série *The Pacific*, Martin Scorsese, *Boardwalk Empire*, e decerto outros virão.

O impressionante sucesso artístico e comercial da televisão não é unicamente um fenômeno americano – não é sequer um fenômeno da língua inglesa. O caso da série dinamarquesa *Borgen* é exemplar. Atualmente, *Borgen* reúne em média uma participação de 50% em seu mercado doméstico e está sendo exibida no mundo inteiro sob grandes aplausos. O drama televisivo dinamarquês (em que se destacam séries como *Forbrydelsen* e *Broen*) iniciou seu renascimento cerca de quinze anos atrás – ao mesmo tempo que sua indústria doméstica de cinema, tendo como força propulsora o departamento de ficção do canal público DR. O posicionamento dos criadores como nas séries televisivas americanas – e o respeito por sua "voz" singular – foi, segundo consta, decisivo para esse desenvolvimento. Assim como os canais americanos de TV a cabo encontraram sucesso dando primazia ao autor, o DR pratica o que chama de "visão única".[2]

Nesse contexto, é muito interessante observar como as coisas evoluíram na Europa ao longo do tempo em relação ao sucesso esmagador do drama televisivo americano: por décadas as séries americanas foram extremamente populares na Europa Ocidental, a tal ponto que provocaram debates controversos em vários países – debates sobre os perigos do imperialismo cultural americano e sobre a conveniência ou não de os

Introdução

sistemas estatais de transmissão gastarem dinheiro público adquirindo séries de TV americanas em vez de produzirem programas locais. Em seguida, emissoras em vários países europeus começaram a lançar suas próprias imitações diretas das séries americanas – não eram *remakes* no sentido clássico da palavra, mas um esforço para reproduzir o sucesso das séries de TV dos Estados Unidos identificando o que funcionava para elas, adaptando ao mesmo tempo esses elementos à cultura e à realidade de cada país. Por fim, emissoras europeias começaram a imitar o modelo americano de sala de roteiristas e programa centrado no criador.

Isso parece funcionar em certos casos; no entanto, como acontece bastante com a imitação, por vezes são os aspectos menos importantes que estão sendo imitados, ou a imitação deixa de reconhecer a essência do que está sendo imitado. Na verdade, sabe-se muito pouco sobre as engrenagens do modelo americano, sobre seus componentes funcionais básicos e os aspectos práticos de como a colaboração funciona numa sala de roteiristas e qual é o papel do showrunner* em todos os seus diferentes aspectos, bem como sua relação com os outros autores, com a emissora e com o estúdio. De certo modo este livro pretende preencher essa lacuna de conhecimento. Se a maneira como o drama televisivo americano é criado influencia em última instância a maneira como drama televisivo de qualidade é produzido em outros lugares, pelo menos no hemisfério ocidental, então é certamente útil analisar como e por que ele é criado dessa forma e quais são as consequências disso. Este livro olhará para além do que chega à mídia convencional na estrutura da promoção de um programa e além das instruções dadas em manuais sobre escrita para a TV. Por meio de uma série de conversas com roteiristas a partir do ponto de vista de um escritor, o objetivo é identificar o que está acontecendo naquela sala de roteiristas, ou em várias salas de roteiristas, e nas mentes dos autores enquanto criam um programa – como e o que está sendo escrito e como isso está sendo

---

* O showrunner é o encarregado do trabalho diário de um programa ou série de televisão, devendo, entre outras coisas, dar coerência aos aspectos gerais do programa. Suas funções costumam incluir aquelas tradicionalmente atribuídas ao autor, ao produtor executivo e ao editor do roteiro. (N.T.)

produzido – e qual é o raciocínio e a história por trás do modelo que passamos a considerar responsável por tanto sucesso criativo (e comercial).

Três atos na história da TV

Poderíamos ver a história da TV americana como estruturada em três atos. O primeiro compreenderia a "Idade de Ouro" dos anos 1950, com autores prestigiosos como Paddy Chayefsky e Rod Serling em primeiro plano; o segundo ato teria seu apogeu em seriados como *Hill Street Blues* e *Twin Peaks*, nos anos 1980 e 1990, que lançaram os fundamentos para a complexidade dramática por meio da caracterização profunda e dos múltiplos fios narrativos encontrados nas séries da TV a cabo dos Estados Unidos dos últimos quinze anos; o que nos traz ao nosso terceiro ato – séries como *Oz, Família Soprano, The Wire, Boardwalk Empire* e *Mad Men*, que têm pelo menos dois elementos em comum: são destinadas a públicos-alvo relativamente restritos[3] e desenvolveram uma forma narrativa extremamente sofisticada, que parece estar tomando elementos do modo cinematográfico de contar histórias e ao mesmo tempo o influenciando.

Hoje, o melhor drama televisivo americano elimina todas as distinções entre sucesso popular e de crítica. Ele se torna foco de discussão apaixonada, local de experimentação narrativa e tem impacto cultural, ao mesmo tempo que avança além de fronteiras e desafia nosso modo de pensar – coisas que os filmes americanos parecem não fazer mais, ou fazem cada vez menos, segundo A.O. Scott.[4] Ele não é o único a fazer essa comparação. Bernardo Bertolucci, cineasta italiano vencedor do Oscar, referiu-se recentemente[5] ao estado da indústria cinematográfica dos Estados Unidos dizendo que "os filmes americanos de que gosto agora não vêm de Hollywood, mas de séries de televisão, como *Mad Men, Breaking Bad, The Americans*" – e ele comparou essas produções a romances publicados em folhetins em jornais do século XIX, uma comparação sobre a qual falaremos com maior detalhe mais adiante. "Afora um pequeno número de produções independentes", acrescentou, "penso que tudo o que vem de Hollywood

Introdução

é geralmente triste. Deixa-me muito triste." A.O. Scott explica por quê: "A relação tradicional entre filme e televisão se inverteu, à medida que os filmes americanos tornaram-se conservadores e cautelosos, ao passo que as séries roteirizadas, tanto na TV em rede aberta quanto a cabo, são com frequência mais ousadas, relevantes e dispostas a correr o risco de ofender." A evolução do drama televisivo começou na TV a cabo com a HBO na linha de frente (e Showtime, FX e AMC não muito atrás) e depois foi incorporada pelas redes abertas. Uma das questões a serem abordadas neste livro é por que programas desse tipo foram capazes de se desenvolver a partir desses meios e não a partir das redes abertas de TV, e quais são os principais elementos que conduzem ao fluxo contínuo de qualidade.

Uma coisa pode ser observada de imediato: embora muito tenha sido dito e escrito sobre a complexidade moral e a densidade sociológica de, digamos, *Família Soprano*, ou *The Wire*, ou mesmo *The West Wing*, e sobre a energia e o insight cultural de *Mad Men*, ou a espiritualidade e a seleção de tópicos filosóficos de *Lost* e as dimensões épicas e os valores de produção cinematográficos de *Boardwalk Empire*, o papel do roteirista como talvez o componente mais importante e influente desses programas não está sendo suficientemente enfatizado. Ou, quando isso acontece, o tema é discutido da mesma maneira como discutimos o *auteur* no cinema: como um gênio isolado e não como o representante de uma mudança de paradigma. Em comparação com o *screenwriter* (termo usado nos Estados Unidos unicamente para quem escreve para cinema), o roteirista de TV tem um peso maior significativo. Será o papel do escritor – que é a única diferença essencial entre a maneira como a TV está sendo produzida se comparada aos filmes – a principal razão para o sucesso comercial e artístico do meio? Em caso afirmativo, como esse papel é definido na televisão e quais são as principais diferenças para o roteirista da indústria cinematográfica? Só há um meio de descobrir: conversar com os roteiristas – os showrunners e os "número um", bem como todos os demais escritores nos diferentes níveis de hierarquia da equipe de roteiristas – e, não menos importante, com os autores-educadores que estão ensinando as futuras gerações de roteiristas para a TV. Afinal de contas, de que outra maneira podemos chegar a insights perspicazes sobre o processo colaborativo de escrita na TV dos dias atuais, se não o iluminando a partir do maior número possível de perspectivas?

Em última análise, o sucesso artístico e comercial do drama televisivo é importante não só para a maneira como o discutimos e vemos, mas também em relação a algumas das antigas regras não escritas que estão sendo refeitas atualmente. A transposição das fronteiras convencionais entre os filmes e a TV é apenas uma delas. Os autores começaram a se mover mais livremente de um meio para outro. Aaron Sorkin, criador de *The West Wing* e que em 2011 ganhou o Oscar por *A rede social*, talvez seja um dos exemplos mais prolíficos discutidos nesse contexto. Será preciso esperar para ver quais serão os efeitos sobre outras práticas, conceitos e preconcepções tradicionais que emergiram do cinema, como a ideia de que a narrativa audiovisual só pode resultar da mente de um único gênio – o drama televisivo sendo na realidade o resultado da colaboração entre muitos roteiristas e mentes – ou a prática antiga na indústria do cinema de substituição descuidada do autor original ou da exclusão do autor do set. Esses conceitos e práticas na indústria cinematográfica que potencialmente afastam autores do produto final estão por sorte muito distantes da experiência dos que escrevem para a TV – e é provável que esse seja um fator instrumental no sucesso artístico e comercial que temos visto no drama televisivo.

Narrativa cinematográfica longa

Talvez o maior desafio para o status quo atual e a linha divisória televisão-filme esteja ligado à mais antiga questão desde o nascimento dos filmes: o que é cinema? Hoje, o consenso é que, com a emergência de novas tecnologias, distinções de meio estão ficando cada vez mais rasuradas – e não podemos conceber nenhum "meio" como uma categoria fixa absoluta. Apesar disso, o cinema ainda é considerado por muitos como algo ligado ao teatro escurecido do período clássico: duas horas ininterruptas

Introdução 13

no escuro; festivais de cinema; distribuição entre os cinemas. Muitos até se entregarão à nostalgia e usarão o termo cinema somente quando filmes de 35mm estiverem envolvidos. Há, no entanto, outra perspectiva possível: se virmos o cinema como uma narrativa que utiliza (principalmente) imagem e som e que tem tanto a ver com exploração quanto com espetáculo, um meio que pode penetrar profundamente na realidade, destruindo maneiras familiares de pensar e sentir – contestando as próprias estruturas da realidade; se considerarmos o argumento de Bazin[6] de que a ideia precede a invenção, sendo portanto superior aos recursos técnicos usados para levá-la a cabo, então é possível que não haja nenhum termo melhor para a narrativa audiovisual, nenhum mais inclusivo, e sem dúvida nenhum que aumente o seu significado tanto quanto esse. A visão que Eisenstein tinha do cinema como um "excelente instrumento de percepção"[7] também nos lembra que, desde cedo, a função do cinema era discutível, e não dada como certa. Talvez, mais uma vez, precisemos parar de aceitar o conceito de "cinema" como algo certo e abrir o campo o mais generosamente que pudermos. Talvez o cinema esteja, de fato, em toda parte. Talvez ele seja não um meio ou um formato concreto, mas um estado de espírito – que pode ser encontrado tanto em filmes quanto na TV.

Assim, será que deveríamos estar discutindo algumas das séries de TV consideradas aqui como nada menos que narrativas cinematográficas longas? E o que significaria isso?[8] É justo dizer que a TV, que tem apenas metade da idade do cinema, só recentemente (talvez nos últimos quinze anos) encontrou o êxito que merecia. Os roteiristas só recentemente aprenderam a tirar partido dos poderes únicos do próprio meio. Durante anos o foco esteve em fazer de cada capítulo uma história completa, autônoma. Não somente em dramas processuais, mas nas séries em geral, o foco dramático estava sobre a unidade do episódio. Um episódio de TV era um minifilme (mais ou menos como agora um episódio na web é um miniepisódio de TV). Depois, a lógica central do meio televisivo tornou-se a temporada.

Segundo o folclore da televisão, a era dos múltiplos fios condutores (múltiplos fios de história que se estendem por uma temporada ou até por uma série inteira) começou com a chegada de *Hill Street Blues*, em 1981. Entretanto, seu criador, Steven Bochco, na realidade aplicou uma técnica conhecida e familiar em outros gêneros, a da telenovela e da sitcom, em particular as comédias de meia hora sobre o local de trabalho dos anos 1970, como *M*A*S*H*, *The Mary Tyler Moore Show* e *Barney Miller*, que podem ser consideradas as precursoras decisivas de *Hill Street Blues*. Para Steven Johnson, "o gênio de Bochco com *Hill Street* foi casar estrutura narrativa complexa com tema complexo",[9] muitas vezes enfrentando questões sociais difíceis durante o processo. Como Johnson ressalta, algumas narrativas nos obrigam a trabalhar para compreendê-las, e parte do trabalho cognitivo provém do acompanhamento de múltiplos fios, de distinguir enredos muitas vezes densamente entrelaçados enquanto assistimos. Outras envolvem até o "preenchimento" pelos espectadores: a compreensão de informação que foi ou deliberadamente negada ou deliberadamente obscurecida. Um episódio de *Hill Street Blues* complicava o quadro de várias maneiras profundas. A narrativa combinava uma coleção de fios diferentes – por vezes até dez, embora pelo menos metade deles envolvesse somente algumas cenas rápidas dispersas pelo episódio. Havia um grande número de personagens secundários – e não apenas papéis pequenos. E o episódio tinha limites vagos, tomando um ou dois fios de episódios anteriores no princípio e deixando um ou dois abertos no fim.

Antes de *Hill Street Blues*, a sabedoria convencional entre os executivos de televisão era que o público não se sentiria bem acompanhando mais de três enredos num único episódio, e, de fato, a primeira exibição-teste do piloto de *Hill Street Blues* em maio de 1980 suscitou queixas dos espectadores de que o programa era complicado demais. Hoje, após décadas de experimentação e ruptura de limites adicionais, a complexidade narrativa alcançou novos níveis, antes inconcebíveis, tendo chegado a seu pleno desenvolvimento nos últimos dez a quinze anos. E, embora o foco deste livro seja o drama televisivo americano desta era mais recente, seria injusto esquecer que as séries que estamos discutindo se basearam numa longa tradição de experimentação com o meio. Em última análise, como observam Edgerton e Jones,[10] um programa como *Família Soprano*, por

Introdução

exemplo, utiliza estratégias aperfeiçoadas ao longo de décadas e emprega "uma tradição de mestria visual desenvolvida igualmente tanto em espaços interiores e close-ups próximos, persuasivos, de telenovelas, sitcoms e melodramas familiares, como também na edição fluida e na habilidade para enquadrar ação e espaços exteriores" de programas sobre policiais e detetives particulares. O poder de sua narrativa de formato longo, contudo, é explorar o personagem à medida que ele evolui no tempo, e em suas histórias convincentes e ramificadas de crime, injustiça, casamento e família. À medida que a série progride, os atores amadurecem visivelmente diante da audiência, e o conhecimento que os espectadores têm de suas histórias e suas interconexões informam cada cena subsequente. É importante reconhecer que filmes não podem reproduzir esse tipo de intimidade e compreensão agregadas entre personagens e público. No fim das contas, a narrativa de televisão de formato longo oferece aos espectadores uma experiência mais próxima de sua própria vivência da realidade, algo que um filme jamais poderia fazer.

Hoje, graças à internet e a tecnologias emergentes, novos padrões de atenção estão surgindo. O que parece uma transição de uma era da narrativa para outra é não só acompanhado, mas também guiado, por mudanças no comportamento do público.[11] Esses novos padrões estão trazendo à baila novas questões: por exemplo, como irá o *binge-viewing** alterar a maneira como estruturamos histórias?[12] Os autores de *House of Cards* claramente abordaram a narrativa como um filme de treze horas de duração – isso também significa menos dependência dos tradicionais ganchos de fim de episódio para manter o público pensando sobre a história até o episódio da semana seguinte. É interessante, contudo, que eles tenham optado por criar treze episódios, que é o número clássico de episódios de uma série de TV a cabo. Outro caso interessante de uma produção da Netflix é *Arrested Development*. Seu criador, Mitch Hurwitz, escreveu os quinze novos episódios encomendados pela Netflix narrando sempre o

---

* Termo usado para a prática de se assistir a vários episódios de uma mesma série em sequência, de uma só vez. (N.T.)

mesmo momento no tempo, mas de uma perspectiva diferente em cada episódio. Livre dos antigos conceitos de atenção, ele sugeriu originalmente que as pessoas poderiam ver os episódios em qualquer ordem, mas depois indicou que certas piadas não funcionariam a menos que os mesmos fossem vistos na ordem em que tinham sido criados. Esse é provavelmente apenas o começo do tipo de experimentação que veremos à medida que plataformas on-line encomendam histórias que estão livres não apenas de um horário de exibição, mas talvez também sejam projetadas em torno dos novos padrões de atenção. Será interessante ver como outros padrões, como o *pledging*, que está associado ao *crowdfunding*,* portanto baseado em relações ainda mais complexas entre o público e os roteiristas, vão influenciar as narrativas.

Por enquanto, contudo, e para os fins deste livro, será suficiente ressaltar que, à medida que os hábitos ligados à maneira de assistir às séries de TV evoluem, estas tenderão a ser cada vez mais concebidas e escritas como um filme longo. Vendo-as dessa maneira, seria possível afirmar que no curso da temporada média da TV a cabo americana, de treze episódios, o potencial narrativo do longa-metragem de noventa a 120 minutos de duração multiplicou-se treze vezes. Isso permitiu que o modelo de narrativa mudasse do filme de duas horas para a escala dos romances do século XIX, como aqueles de Dickens, Balzac e Stendhal, em que a complexidade da trama e do desenvolvimento de personagens e o universo da história – bem como o espectro mais amplo do meio – alcançaram o ponto máximo. Os romances de Charles Dickens são muitas vezes mencionados por críticos de cinema e TV nesse contexto, pois foram publicados inicialmente em revistas sob a forma de folhetim, um formato popular na época – mais ou menos da maneira como uma história evolui no curso de uma série num drama televisivo atual.

Como ficará evidente nas conversas que se seguem, os roteiristas de TV de hoje também pensam em seus programas e desenvolvem suas histórias

---

* *Pledging* é o comprometimento do apoiador ao projeto viabilizado por meio de *crowdfunding*, que é o financiamento aberto a pessoas que se interessem e queiram colaborar com determinado projeto, seja filme, série, disco, show, livro etc. (N.T.)

Introdução   17

e personagens usando a temporada, ou mesmo toda a série, como unidade dramática. Por vezes chegam a se referir a eles como "romances visuais", em que os primeiros episódios têm de ser considerados do mesmo modo que os primeiros capítulos de um livro. "Pense nos primeiros capítulos de qualquer romance de que você tenha gostado algum dia, digamos, *Moby Dick*", escreve David Simon em seu livro sobre *The Wire*.[13] "Nos dois primeiros capítulos, você não conhece a baleia, você não conhece Ahab, você nem sequer embarca no *Pequod*. A única coisa que acontece é que você vai com Ishmael para a estalagem e descobre que ele tem de compartilhar um quarto com um personagem tatuado. Aqui é a mesma coisa. É um romance visual."

Muito curiosamente, nos últimos anos, estudiosos e críticos têm usado cada vez mais a expressão "TV de qualidade" para descrever as séries de TV que tiveram reconhecimento especial da crítica. Isso sugere que alguns programas televisivos têm qualidade mais elevada do que outros, o que, é claro, é uma avaliação puramente subjetiva, tendo portanto pouco mérito acadêmico. Robert J. Thompson tentou uma definição da expressão em seu livro *Television's Second Golden Age: From Hill Street Blues to ER*, de 1997, que na verdade é anterior à criação das séries hoje frequentemente descritas como "TV de qualidade": "Ela deve romper as regras estabelecidas da televisão e não se parecer com nada que veio antes. É produzida por pessoas de linhagem estética de alto nível, que afiaram suas habilidades em outras áreas, sobretudo o cinema. Atrai uma audiência de qualidade. Alcança sucesso contra todas as probabilidades, após dificuldades iniciais. Tem um grande elenco, com muitas estrelas, o que permite múltiplas tramas. Tem memória, referindo-se a episódios e temporadas anteriores no desenvolvimento da história. Desafia a classificação de gênero. Tende a ser literária. Contém agudas críticas sociais e culturais com referências e alusões à cultura popular. Tende para o controverso. Aspira ao realismo. Por fim, é reconhecida e apreciada pelo público especializado, ganhando prêmios e aplausos da crítica."[14]

Outra expressão interessante que emergiu nos anos 2000 é "televisão de arte", de Kristin Thompson – derivada da expressão mais conhecida "cinema de arte", que também pressupõe avaliação subjetiva. Thompson, em particular, compara o filme *Veludo azul* de David Lynch com sua série de televisão *Twin Peaks* e afirma que os programas de TV dos Estados Unidos que são "televisão de arte", como *Twin Peaks*, têm "um afrouxamento da causalidade, uma maior ênfase no realismo psicológico ou anedótico, violação da clareza clássica de espaço e tempo, comentários autorais explícitos e ambiguidade".[15] Thompson afirma que séries como *Buffy, a caça-vampiros, Família Soprano* e *Os Simpsons* "alteraram antigas noções de conclusão e autoria única", o que significa que "a televisão forjou suas próprias mudanças na forma narrativa tradicional", e ressalta que *Os Simpsons* usam uma "saraivada de referências culturais, caracterização intencionalmente inconsistente e considerável autorreflexividade sobre convenções da televisão e o status do programa como um espetáculo deste meio".

Quer adotemos uma ou ambas as expressões sugeridas acima, ou de fato proponhamos outras, como "narrativa cinematográfica longa", que reconhecidamente não escapa aos perigos da avaliação subjetiva (quem definirá o que é cinematográfico?), uma coisa está clara: as séries televisivas do terceiro ato da história da TV americana, que é nosso principal objeto de discussão neste livro, parecem ter características comuns que podem também ser encontradas em filmes de estrutura alternativa – em contraposição a filmes de estrutura clássica, nas palavras de Thompson, "formas narrativas tradicionais". Elas são, por exemplo, caracterizadas por histórias com muitos protagonistas que superam a organização hierárquica refletida no privilégio que a narrativa clássica confere a um personagem e a seu ponto de vista sobre o resto (múltiplos fios narrativos, grandes conjuntos de personagens); pela substituição do princípio da causalidade pelo princípio da sincronicidade (eliminação de explicações formais para causa e efeito, violações da clareza clássica e da unidade do tempo e espaço, ambiguidade); e por um desejo programático de representar a verdade emocional como tão complexa quanto ela pode provar ser (realismo, ambiguidade, desafio da classificação de gênero).

Talvez escrever para a tela seja a forma literária que mais corresponde ao modo como percebemos o mundo hoje, e talvez a tela da TV e sua narrativa longa sejam a melhor expressão de tal percepção. De fato, nas duas

Introdução

últimas décadas, aproximadamente, a grande explosão da complexidade da narrativa cinematográfica parece estar gravitando cada vez mais para a TV e menos para os filmes – possivelmente, entre outras razões, porque só se pode introduzir num filme de duas horas um número limitado de fios e sutilezas, mas também porque a TV é tradicionalmente um meio que é mais do roteirista, portanto talvez seja um lar mais natural para a escrita sofisticada.[16]

Não se pode enfatizar isto o suficiente: ignorar o drama televisivo é ignorar um dos mais importantes modos de narrativa de nosso tempo. Para estudar a história tal como ela é praticada no drama televisivo, tanto criativa quanto analiticamente, sem dúvida devemos examinar a fundo o processo criativo de seus roteiristas, bem como a natureza da sua colaboração. As conversas que incluo aqui, na ordem cronológica em que as tive, aconteceram entre 2012 e 2013 e abrangem uma ampla variedade de tópicos. O que emerge é um tesouro de insights inestimáveis sobre alguns dos muitos modos de escrever uma série de TV americana – e algumas similaridades e temas recorrentes que discutirei em detalhe em minhas reflexões finais. Agora o show pertence aos roteiristas de algumas obras impressionantes: a palavra é deles.

Conversas

Terence Winter

Terence Winter foi roteirista e produtor executivo da série televisiva *Família Soprano* e criador, roteirista e produtor executivo de *Boardwalk Empire* [e, mais recentemente, de *Vinyl*], todas da HBO. Escreveu para as séries *The Great Defender, Irmã ao quadrado, Xena: a princesa guerreira, The Cosby Mysteries, Flipper: The New Adventures, Diagnosis: Murder, Charlie Grace, DiResta* e *The PJs*. Escreveu também o roteiro do filme *Fique rico ou morra tentando*, de 2005, e do videogame que o acompanhou, *50 Cent: Bulletproof*. Produziu e roteirizou o filme *Regras do Brooklyn* e assinou o roteiro de *O lobo de Wall Street*, dirigido por Martin Scorsese. Ganhou quatro Emmys, quatro prêmios da WGA [Writers Guild of America, o Sindicato de Roteiristas dos Estados Unidos], um Globo de Ouro e um Edgar.

Então, por que você acha que a TV americana tem roteiros tão melhores neste momento do que os dos filmes americanos?

Porque na TV é o seu próprio programa, isto é, o programa do autor, ao passo que no cinema os roteiristas são muitas vezes eliminados do processo depois que o roteiro é entregue. O que realmente me emputece é como no cinema, quando o roteirista não está presente, as pessoas pintam e bordam com o roteiro. É como se você tivesse feito um projeto arquitetônico para uma casa e um construtor aparecesse quando você não está lá, e eles simplesmente olham para algumas colunas, por exemplo, e dizem que não gostam delas. E eles as retiram sem lhe perguntar por que você as pôs lá. Assim, você não pode dizer que essas colunas são importantes, que, se forem removidas, o segundo pavimento vai desabar. Ou, em termos de escrita, aquela cena ou linha de diálogo é importante porque produz um resultado no minuto 92 do filme. Às vezes, também acontece de as pessoas julgarem um roteiro a partir do tratamento, o que é como tentar julgar um bolo por sua receita. Você tem de comer a coisa real primeiro. Deixe-me assar o bolo, depois você pode me dizer se gosta dele.

Mas por que é somente na TV que o programa é do autor? Por que não nos filmes?

Por causa das origens da TV. Ela veio do rádio, que era escrito principalmente por teatrólogos, por isso o processo criativo permaneceu nas mãos do roteirista. A primeira sitcom foi *The Goldbergs*, em 1948, que inicialmente foi uma peça radiofônica.[1] Enquanto o cinema começou tendo mais a ver com as artes visuais – além disso ele era mudo, sem diálogo falado.

Pode me falar um pouco sobre suas origens? Onde aprendeu, onde começou?

Nasci em uma família da classe trabalhadora no Brooklyn. E recebi instrução para ser mecânico de automóveis – mas depois decidi ir para a faculdade. Assim, peguei um empréstimo estudantil e fui estudar ciência política e jornalismo na Universidade de Nova York. Para ganhar a vida, trabalhei como porteiro; trabalhava à noite e estudava durante o dia. Muito depressa, porém, percebi que não conseguiria ganhar a vida muito facilmente como jornalista. O primeiro emprego que arranjei me pagava menos do que eu ganhava como porteiro. Assim, perguntei a mim mesmo: quem ganha muito dinheiro? As únicas duas profissões que eu conhecia que soavam importantes eram médico e advogado. Foi assim que decidi ir para a faculdade de direito. Estudei durante anos, passei no exame da Ordem dos Advogados. A essa altura eu devia 73 mil dólares em empréstimos estudantis, o que em 1988 era como ter uma hipoteca imobiliária. Então pensei em trabalhar como assistente de procurador distrital no Brooklyn, mas esse cargo pagava apenas um pouco mais que meu emprego como porteiro, por isso não tive condições de aceitá-lo. É isso, pensei, fui educado para a pobreza. Depois, consegui um emprego num grande escritório de advocacia de Manhattan. Pagava bem, eu tinha uma sala elegante, um dia eu seria sócio... tinha tudo o que pensava que queria. E estava mortalmente entediado.

Então você percebeu de repente que estivera perseguindo o sonho errado?

(concorda com a cabeça) Eu estava infeliz. Passava minhas noites nos cinemas, tentando esquecer as más escolhas que havia feito. Tinha quase trinta anos, essa idade que é tão crucial na vida, sua última chance de mudar de rota. Eu gostava de cinema. Cresci vendo filmes e sitcoms de meia hora. *The Bowery Boys*,[2] *The Honeymooners*... Canal 11 em Nova York. E pensei em ingressar em Hollywood. Mas não tinha a menor ideia de como faria isso. Meu sonho parecia inatingível. Ainda assim, decidi experimentar a escrita fazendo minha própria comédia stand-up. Fiz um curso e encenei no Comic Strip, apresentando-me nos shows para amadores. Depois me apresentei no Catch a Rising Star algumas vezes.[3] Nem por um momento considerei a ideia de seguir isso como uma carreira, queria apenas ver se era capaz de escrever piadas que funcionavam. É um caminho árduo – você viu aquele documentário sobre Joan Rivers, ícone da comédia, *A Piece of Work*? Ela foi uma figura decisiva numa longa linhagem de comediantes do sexo feminino que começou com Sophie Tucker. Esse filme conta tudo. Mas, de todo modo, descobri que sim, eu conseguia ao menos escrever piadas que faziam as pessoas rirem, e pensei que poderia escrever o roteiro de uma sitcom de meia hora. Assim, abandonei tudo e tomei um avião para Los Angeles. É muita maluquice, não é? Você se prepara durante vinte anos e depois começa de novo do zero, em algo sobre o qual não tem a menor ideia.

Talvez às vezes seja preciso arriscar alguma coisa para conseguir outra.

(risos) Acho que sim. Pelo menos em L.A. não precisei trabalhar como porteiro para ganhar a vida. Mas precisava de um emprego simples, que me ocupasse apenas das nove às cinco, de modo que eu pudesse passar o resto do dia tentando me introduzir no cinema, ou na TV, no meu caso.

E, então, como foi que você conseguiu isso?

Eu ia para a biblioteca do Sindicato de Roteiristas, lia todo e qualquer roteiro em que conseguia pôr as mãos, (risos) às vezes os levava escondido para casa para fotocopiá-los. Estudava esses roteiros para descobrir como eram estruturados. Depois, escrevia um *spec** atrás do outro. Um *spec* para *Cheers*, um *spec* para *Seinfeld*. E aprendi sobre o beco sem saída do sistema de Hollywood. Não era possível conseguir um trabalho sem um agente, e não era possível conseguir um agente sem um trabalho. Tentando imaginar o que fazer, prometi a mim mesmo que faria alguma coisa para promover minha carreira de roteirista todos os dias. Toda noite, antes de ir para a cama, perguntava a mim mesmo: "O que você fez hoje para fazer sua carreira como roteirista acontecer?" E, se não tivesse nada para oferecer, levantava da cama e escrevia alguma coisa ou enviava um roteiro pelo correio, ou algo que pudesse ser considerado uma resposta válida para essa pergunta. A certa altura consegui uma lista de agentes da WGA, o Sindicato de Roteiristas. Eu telefonava, enviava roteiros e nunca obtinha uma resposta – havia simplesmente pessoas demais procurando agentes. Um dia reconheci um nome na lista, o de um sujeito que fora meu colega na faculdade de direito em Nova York. Liguei para ele. "Não", disse ele, "não sou agente literário, sou procurador imobiliário, aconteceu apenas que um cliente meu escreveu um livro e tive de registrar os direitos, então fiquei vinculado como agente." "Está bem", respondi, "não me importa se você sabe alguma coisa sobre isso ou não, de agora em diante você é o meu agente." Criei um timbre, instalei um sistema de secretária eletrônica, consegui uma caixa postal, tudo. Basicamente, criei uma agência falsa, depois enfiava meus roteiros em envelopes e ia de produtora em produtora como um mensageiro e entregava os roteiros supostamente enviados por aquela agência, que na realidade não existia. Eu era o roteirista, o agente dele e o portador do agente, tudo ao mesmo tempo. E era o assistente do agente também. Numa tarde de sexta-feira, a falsa agência recebeu uma mensagem da produtora executiva de *The Fresh Prince of Bel-Air*, que tinha lido meus ro-

---

* *Spec*, ou roteiro especulativo, é um roteiro não solicitado. Em geral é escrito por um roteirista que espera ter um roteiro adquirido por um produtor, empresa produtora ou estúdio. (N.T.)

teiros e estava interessada em me ver para propor algumas ideias. Fiquei chateado, porque já eram quatro da tarde em Los Angeles e meu amigo agente em Nova York já tinha saído para o fim de semana, por isso eu teria de esperar até segunda-feira para que eles entrassem em contato. Depois me dei conta de que, como ele não sabia nada sobre ser um agente, eu poderia retornar a ligação da produtora e me passar por ele. Tivemos uma ótima conversa, e ela perguntou se eu tinha algum outro material "mais jovem", pois *Fresh Prince* era uma série orientada para adolescentes. Respondi que "meu cliente" acabara de escrever um fantástico *spec* para *Wonder Years*, o que era mentira – àquela altura eu dera a ela tudo o que tinha. Assim, disse-lhe que poderia entregá-lo na terça-feira, e ela concordou. Desse modo, de sexta-feira até a tarde de terça, produzi um *spec* para *Wonder Years*, depois enfiei meu boné de beisebol na cabeça e fui entregá-lo nos escritórios do *Fresh Prince*.

Você é um contador de histórias incrível, alguém já lhe disse isso? (risos) E depois, o que aconteceu? Quando foi isso, aliás?

Foi em 1993. Algumas semanas depois consegui mostrar-lhes algumas ideias, o que foi meu primeiro verdadeiro pé na porta.

E dezessete anos depois, ei-lo aqui, com Boardwalk Empire, *a primeira série criada por você. Qual foi a sua inspiração?*

Quando eu estava afrouxando o ritmo de trabalho em *Família Soprano*, uma executiva da HBO me deu o livro *Boardwalk Empire*, que é basicamente uma história de Atlantic City escrita por Nelson Johnson. Ela me pediu que o lesse e visse se eu achava que havia uma série de TV ali. E depois, quase como uma observação secundária, contou-me que Martin Scorsese estava muito empenhado nela. Respondi que nesse caso eu nem precisava lê-lo, que, se Scorsese estava envolvido, eu iria sem sombra de dúvida encontrar uma série de TV no livro, o que fiz. Tudo começou com um capítulo, que cobria a era da Lei Seca.

E a história desse capítulo específico foi o que você depois transformou no arco da primeira temporada. Mas o que sustenta cada temporada? E você pensa nisso como algo que continuará por várias temporadas?

Para mim é uma temporada de cada vez, de verdade. Depois que li o livro, eu sabia que Nucky seria o centro de nosso universo, era primeiro uma questão de criar os personagens em torno dele e depois criar um dilema para ele para a primeira temporada. Eu sabia que a série iria começar no dia em que a Lei Seca foi decretada, sabia que ela teria algo a ver com álcool e toda a ideia de que o mundo estava mudando rapidamente. O dramático aumento da criminalidade, os tipos de crime que realmente deram origem a (como dizemos no programa) uma nova casta de criminosos – você sabe, pessoas dispostas a matar umas as outras por dinheiro rápido. De repente, da noite para o dia, o álcool se tornou uma mercadoria tremendamente valiosa, e isso significava que pessoas estavam matando e morrendo por ele. Assim, com Nucky, eu tinha um personagem que era um político corrupto cuja vida estava prestes a mudar espetacularmente, enquanto ele controlava uma cidade situada junto ao oceano, que era a fonte para todo esse álcool. Era bom demais para ele deixar escapar, era poder demais. Ele sabia que poderia ganhar milhões de dólares traficando essa substância ilegal e tinha de se dedicar a isso – mas como resultado sua vida mudaria, porque, mais uma vez, haveria muita violência. Foi portanto mais ou menos essa ideia que deu origem à primeira temporada. Agora, como dramatizar isso? Você sabe, ele tem um protegido que voltou da guerra sentindo-se meio desiludido e violento, foi soldado por três anos, está de volta e quer ganhar muito dinheiro, é ambicioso e se envolve com um negócio com álcool que não dá certo – e nisso ele sofre consequências que reverberam ao longo de toda a temporada.

A história lembra muito os filmes dos anos 1970, você não acha?

Sem dúvida. Cresci vendo esses filmes. Mas, na realidade, escrever é unicamente uma questão de encontrar conflito. Li um livro sobre escrita uma vez que expressou isso em termos muito simples – havia um desenho de um boneco de palitos de um lado e do outro um desenho do sol, que representava sua meta. E entre os dois havia várias linhas retas, que representavam os obstáculos no caminho até essa meta. Em termos muito simples, é isso que fazemos, descobrindo o que o personagem quer e criando obstáculos para que ele ou ela o alcancem. A meta de Nucky é controlar Atlantic City pacificamente e ganhar milhões de dólares, então nos perguntamos: "Quais são os desafios que ele enfrenta? O governo está tentando prendê-lo, os agentes da Lei Seca estão atrás dele, seu protegido se envolve nesse horrível massacre que termina sendo um desastre político para ele, a mulher por quem se apaixonou tem um marido que a maltrata e ele o assassina, de modo que essa se torna uma relação complicada para ele… e assim por diante.

Quantas tramas você tem por episódio?

Não há regra, mas em geral são duas ou três, eu diria. Houve um episódio em que tivemos sete tramas diferentes se desdobrando. Foi o décimo episódio da primeira temporada, chamado "The Emerald City". Isso significa muito malabarismo. O que fazemos naquela sala de roteiristas é conversar durante três meses tentando desenredar as tramas e o modo como as coisas se desdobram. É muita decisão com relação a quanta informação fornecer, e em que momento particular e onde é mais eficiente introduzi-la. Quanto e quando são realmente as duas grandes questões da narrativa. É quase como cozinhar. Você adiciona os ingredientes, prova o resultado e diz "precisa de um pouco mais disso e um pouco mais daquilo", meio que por instinto. Venho fazendo isso há bastante tempo, de modo que sei, quando leio um roteiro ou assisto a um episódio, ao ver como ele flui e como a história avança, se ela precisa avançar mais depressa, ou se é preciso dar mais informação, ou se é hora de voltar para aquela outra história agora, se passamos tempo suficiente aqui, se é preciso inspecionar a subtrama… Esse tipo de coisa.

Quando vocês se comunicam uns com os outros, como na sala de roteiristas, usam termos como "atos" e "momentos decisivos"?

Não. Como não temos intervalos comerciais, a história é menos concentrada em atos. Na TV aberta, como vai haver um comercial aqui e ali, ela vai ser quebrada em pequenos pedaços, mais ou menos uma estrutura de seis atos, o que é meio estranho. Quero dizer, histórias têm um começo, um meio e um fim, essa é de fato a única estrutura que existe. Portanto, nós só pensamos realmente nela nesses termos. Há um problema, o problema fica mais complicado e depois há uma resolução para esse problema. Na verdade, é assim que falamos sobre ela.

Há personagens com questões que atravessam uma temporada inteira; isso significa que, enquanto espectadores, não podemos assistir a elas numa ordem cronológica diferente daquela em que foram escritas. Temos de assistir a toda a temporada como se estivéssemos assistindo a um filme de doze horas. É assim que vocês pensam na série, como um filme longo?

Tentamos tornar cada episódio independente, como se fosse um pequeno filme, assim, quando calha de você assistir somente a um deles, ele ainda tem seu próprio começo, meio e fim, e faz sentido. É como um capítulo em um livro, vejo isso dessa maneira. Mas para realmente apreciá-la você tem de assistir à coisa toda, você realmente deve ler a coisa toda. Essa é uma coisa engraçada com os críticos, quando eles reagem a certos episódios. Quero dizer, há tantas outras coisas, há algo acontecendo no segundo episódio que produzirá um resultado no episódio nove, de que eles ainda não têm conhecimento. E eles talvez digam: "Não compreendo o sentido dessa cena, quem se importa com aquele sujeito?" Ao que eu poderia responder: "Tenha paciência, sabemos o que estamos fazendo." Tudo estará ali por alguma razão, e, se você voltar a essa cena depois do fim da temporada e ela não fizer nenhum sentido, nesse momento sua objeção estará correta. Mas depois de apenas alguns episódios é cedo demais para fazer uma declaração desse tipo. Por outro lado, nem tudo tem de significar alguma coisa – de vez em quando a vida é assim. Você conhece uma pessoa e depois ela desaparece. Nem tudo tem um grande impacto sobre a sua vida. Você topa com pessoas e tem um pequeno encontro interessante – e elas vão embora, para nunca mais aparecer. Isso acontece com personagens de TV também, e está tudo bem.

Mas nós nos esforçamos para encontrar sentido em tudo.

(risos) Sim, é o que fazemos. Além disso, a audiência está treinada para esperar o grande desfecho. Você sabe, depois de anos e anos assistindo a filmes e TV, todos estão, infelizmente, muitos familiarizados com uma fórmula particular, de modo que não acreditam que você introduziria um problema para depois não dar uma resolução clara para ele. Isso os deixa loucos. Mesmo depois de anos assistindo à *Família Soprano*, na qual ficamos quase famosos por não dar ao público o fim que ele esperava, as pessoas ainda insistiam: "Ah, não, aposto que eles vão nos contar o que aconteceu." E com muita frequência não fazíamos isso e as deixávamos enlouquecidas. Elas ainda têm essa expectativa.

Você gosta disso, não é, provocar a audiência e educá-la de maneiras diferentes? Ir contra o que as pessoas esperam?

Sim, para falar a verdade, gosto. Infelizmente, o que elas esperam muitas vezes não é nada bom. É de certa forma a saída fácil, que não requer nenhuma reflexão. Não exige que se pense ou que se faça perguntas. E isso não é satisfatório para mim enquanto contador de histórias. Você pode querer que tudo se explique e se resolva lindamente, mas às vezes as melhores histórias nos deixam nos perguntando qual era seu significado. Você se pergunta o que aconteceu com os personagens depois que eles são escurecidos de repente ou depois que a tela congela, em contraposição a quando os vê se afastando juntos a cavalo rumo ao pôr do sol. Veja por exemplo o final de *A primeira noite de um homem*, que termina com aqueles olhares muito incertos entre o casal. Se você fizesse esse filme hoje, teria de dizer se viveram felizes para sempre ou não – mas, tal como o filme foi feito, você se pergunta para onde foi aquela relação.

Para Kramer vs. Kramer, imagino.

(risos) Sim, provavelmente.

Você planeja isso, para si mesmo, como algo que vai se prolongar por seis temporadas?

Sim, bem, espero que sim. Tenho de pensar desse jeito para apresentar as histórias que estou apresentando agora. Estou trabalhando sob o pressuposto de que esta é uma série que se prolongará por cinco ou seis anos. Seis temporadas de doze episódios. Na minha cabeça é assim que as coisas são. Se eu soubesse que teríamos apenas dois anos, já começaria a escrever tendo em vista a conclusão, tentaria fechar a história de uma maneira ou de outra. Isso não significa que você tenha de matar todo mundo, nem que todo mundo tenha de morrer, mas você tem de encontrar uma maneira de chegar a uma conclusão satisfatória para as histórias contadas até aquele momento.

Você planeja usar o período de tempo da Lei Seca?

A série pode ir até a quebra da bolsa, em 1929, quando tivemos consequências financeiras devastadoras para o mundo, ou até o fim da Lei Seca, em 1933, que seria um momento lógico também. Como a série começou com a Lei Seca, ela poderia terminar com sua revogação, mas isso exigiria que eu desse um bom salto à frente. Se tivéssemos somente seis anos, por exemplo, eu teria de saltar vários anos à frente em algum ponto. Agora, estamos estreando a segunda temporada e só se passaram alguns meses. Assim, teria de haver um grande salto.

Em que medida você se preocupa com a autenticidade?

Muito, somos extremamente orientados para o detalhe. E ainda assim as pessoas pensam que cometemos erros quando não cometemos. Existe um livro de Dale Carnegie chamado *Como falar em público e influenciar pessoas no mundo dos negócios*. Carnegie dava cursos sobre falar em público, e até 1922 ou 1923 usava seu sobrenome verdadeiro, Carnagey. Quando, em 1924, percebeu que as pessoas, ao ouvi-lo, pensavam que ele era parente de Andrew Carnegie, um industrial bilionário, mas cujo nome tinha uma grafia diferente, mudou a grafia do seu para ficar igual à do bilionário, porque pensava que as pessoas imaginariam que eram parentes. Mas isso foi mais tarde. Em 1920 ele ainda grafava da outra maneira. A certa altura, um de nossos personagens diz: estou fazendo um curso com Dale Carnagey, e ele está com o livro na mão. Assim, quando chegou a hora de filmar essa cena, eu disse: "Não me importa que as pessoas pensem que está errado, vamos simplesmente fazer da maneira certa e deixar que elas aprendam ou não." E é claro que as pessoas na internet escreveram: "Eles erraram, escreveram o nome errado, eles não verificam essas coisas..." Mas nós estávamos certos.

Você poderia me explicar em detalhe o desenvolvimento de um episódio? Você define a história central sozinho e depois a leva para a sala de roteiristas?

Eu chego no início da temporada com as linhas gerais, para onde toda a temporada seguirá em termos de cada um dos diferentes personagens. Começo com os personagens e qual será a jornada deles. Por exemplo, Nucky, na primeira temporada: nós o conhecemos, ele conhece a sra. Schroeder, faz um negócio com Arnold Rothstein para importar álcool, o negócio não dá certo, ele percebe que foi seu protegido Jimmy que fez o acordo, precisa jogar a culpa em alguém, incrimina falsamente o marido de Margaret e resolve a questão no fim do primeiro episódio. Mas ele tem um problema maior, porque agora está numa guerra com Arnold Rothstein e também chamou a atenção de um agente federal da Lei Seca. No segundo episódio, o agente da Lei Seca vai encontrá-lo, Nucky precisa subornar a sra. Schroeder, na esperança de que ela não diga nada sobre o não envolvimento de seu marido com a questão do álcool, e revela-se no fim desse episódio que uma das vítimas do massacre de Jimmy na verdade estava viva. Agora estamos no terceiro episódio, e as coisas ficam mais complicadas. Os agentes federais conseguem informações desse sujeito com quem Jimmy pode estar envolvido, por isso Nucky precisa tirar Jimmy da cidade. Por volta do quarto episódio, Nucky fica mais próximo de Margaret Schroeder, no episódio cinco eles de fato dormem juntos, no episódio seis vão morar juntos. Tudo isso eu defini desde o primeiro momento, mas especificamente como tudo virá a acontecer eu realmente não sei. A única coisa que sei é que eles se juntam, sua relação torna-se um pouco instável, o irmão leva um tiro, a coisa avança de certo modo a partir daí. E, mais uma vez, são apenas ideias muito incompletas de como isso acaba se desdobrando. Ele tem uma ameaça externa ao seu reinado e por volta do episódio doze resolve tudo, faz um acordo com Arnold Rothstein para se livrar do problema que tinha no piloto, e tudo se conclui. Depois que temos o grande arco, nós nos sentamos para planejar em detalhe os episódios, cena por cena. Assim: é isso que estamos tentando alcançar neste episódio e o que acontece especificamente é... Por exemplo, no quarto episódio, Nucky e Margaret Schroeder têm um momento em que ela fica um pouco envolvida no mundo dele, de modo que perguntamos a nós mesmos como isso poderia acontecer. Bem, se ele tivesse uma festa de algum tipo e pedisse para ela ir, como Cinderela, e ela vai para ficar com ele... Então, que tal se fosse a festa de aniversário dele? Tudo bem, mas por que ela iria à festa de aniversário dele? Bem, ela está lá para entregar alguma coisa. Certo. Então o que ela estaria entregando? Ah, que tal se ela tivesse arranjado um novo emprego numa loja de roupas e fosse solicitada a ir lá entregar um vestido? Bem, por que ela entregaria um vestido nessa festa? A namorada dele está lá, e já vimos que ela sabe que essa mulher é uma potencial rival, então ela chega para entregar um vestido e enquanto está lá Nucky dança com ela, ela tem o gostinho de estar com o Rei, experimenta como é isso e compreende que realmente quer fazer parte desse mundo... Assim, você sabe, a coisa começa a se compor lentamente. E, depois que concordamos sobre como a história se passará, nós a escrevemos num esboço e então cada um é incumbido de sair e escrever aquele roteiro.

Todos os autores são produtores também?

Bem, a maioria dos autores/produtores arrolados num programa de TV está sobretudo escrevendo; muitos deles não estão realmente produzindo. Mas, quando estão, é no sentido criativo. Alguém no nível de Howard Korder *está* produzindo[4] – ele irá para a distribuição de papéis, participará de todas as nossas reuniões criativas, estará no set. Em termos de roteiristas com títulos de produtores, isso é sobretudo uma maneira de desenvolver uma hierarquia na equipe de roteiristas. Roteirista júnior, editor de história, editor de história executivo, coprodutor, produtor, produtor supervisor, produtor coexecutivo, produtor executivo – é uma maneira de delinear o nível em que você está funcionando, é cada vez mais em termos de posto, como nas Forças Armadas, de soldado raso a general. Há um aumento na remuneração, há um aumento na responsabilidade, é um reconhecimento de que você está na profissão há muito tempo, de que tem um histórico maior, e é também uma maneira de delinear quem está fazendo o quê.

É sua a decisão de qual roteirista será encarregado de qual episódio?

Sim. Se alguém tem uma afinidade particular com uma história, posso atribuí-la a ele. Por exemplo, se foi uma área que ele sugeriu originalmente. Se existe essa afinidade, eu geralmente a respeito. Assim, posso dizer: você parece entusiasmado com isso, por que não faz uma experiência com este episódio?

Então o que acontece quando o primeiro rascunho é entregue?

Eu faço observações sobre o primeiro rascunho e o autor o revisa. Em geral há mais um rascunho e um conjunto de observações, e nesse ponto eu pego o roteiro e faço minha revisão. Assim, eu geralmente começo meu trabalho no terceiro rascunho.

Então você faz o terceiro e último rascunho de todos os episódios. Quanto você diria que modifica?

Depende. Houve situações em que modifiquei tudo, reescrevendo desde a primeira palavra, e alguns episódios em que só fiz poucas alterações. Os roteiros de Howard Korder geralmente são filmados tal como escritos – faço, se tanto, alguma edição para ajustar a duração. Em geral, no entanto, reescrevo um pouco todos os roteiros, alguns mais do que outros. Mas considero parte do meu trabalho como showrunner e roteirista-chefe que tudo seja filtrado por mim, e a ideia de ganhar algum crédito por isso... Só ponho meu nome em roteiros que escrevo em sua totalidade desde o início. Você sabe, as pessoas se dividem com relação a isso. Há showrunners que pensam que, se reescrevem mais de 50% de um roteiro, devem pôr seu nome nele. E isso é totalmente válido. Opto por não agir dessa maneira, por simplesmente dizer: esse é meu trabalho e quem quer que tenha sido encarregado do roteiro no início terá seu nome nele. Não estou interessado em ganhar mais crédito, mas sem dúvida compreendo por que certas pessoas estão.

Que diferença há, para um roteirista, entre isso e o que ele experimenta no cinema, onde um diretor pode muito facilmente reescrever um roteiro apenas para torná-lo dele? E o que é para você essa necessidade de reescrever? É uma questão de ter um gosto diferente do autor original? Imagino que você tenha sido reescrito também.

Sim, fui reescrito, mas penso que é diferente numa série e num filme. Numa série você precisa sentir que aquilo é uma única peça coerente de escrita, que é a mesma voz contando a história. Portanto o que você busca é: esse episódio soa como o outro, os personagens parecem diferentes, ele ainda soa como Nucky e o tom e o fluxo do episódio são similares? Quero dizer, a razão pela qual eu o filtro pela minha lente é a necessidade de que pareça a mesma série de televisão do começo ao fim. Serão histórias diferentes e diferentes temas, mas precisam parecer coerentes na maneira como são contadas e na voz com que são contadas. E em última análise você tem razão, é simplesmente o meu gosto. Sou aquele que decide o que a série é e se estou certo ou errado, para o bem e para o mal... (risos) Espero estar tornando os roteiros melhores, e acho que estou, enquanto trabalho neles. Alguém tem de decidir em última instância o que é o programa. No cinema é diferente. Vários anos atrás fui reescrito por um diretor que na minha opinião destruiu por completo o roteiro que escrevi. Era um roteiro do qual eu estava muito orgulhoso, ele recebeu sinal verde[5] do estúdio imediatamente, na verdade o estúdio disse: esse roteiro é tão bom que só precisamos de um diretor, e vamos começar a filmar na segunda-feira de manhã. O diretor que eles contrataram o reescreveu a tal ponto que ele não fazia mais nenhum sentido.

Ele pegou um roteiro de que todos gostavam e infelizmente o arruinou. E o filme foi um enorme fracasso. O frustrante foi que isso foi feito sem nenhuma consulta, sem consideração pelo que havia ali anteriormente, parecia que era alguém simplesmente tentando pôr seu selo nele. E ele fez todas essas alterações que não tinham nenhuma razão de ser, que não serviam à história adequadamente, e, mais uma vez, isso foi feito sem que se perguntasse nada a mim. Mais uma vez, é como se você entregasse a planta de uma casa a um construtor e ele ignorasse seu projeto e simplesmente começasse a pôr coisas onde queria que elas estivessem, pôr colunas onde elas não deveriam estar ou retirar colunas sem perguntar a você, o arquiteto, por que afinal aquilo estava ali, ou pelo menos lhe dar uma oportunidade de dizer: foi por tal razão que fiz isso, em vez de simplesmente dizer: quero tornar isso meu. E o que você vai fazer dessa maneira é uma casa que não funciona. Um segundo pavimento que vai desabar. É isso que muitas vezes acontece nos filmes, e sem dúvida aconteceu no caso daquele filme. Foi uma pena, porque eu estava orgulhoso do roteiro original, o estúdio o aprovou imediatamente, e depois ele foi estragado por um diretor...

Doeu.

Sim.

E quanto aos seus direitos morais?

Tentei ponderar com o estúdio, mas era uma situação estranha, porque na época eles estavam em processo de mudança, não havia ninguém de fato no comando, o diretor do estúdio estava de saída, eles não tinham um produtor forte no filme. E havia também o fato de o diretor ser extremamente aclamado, e ninguém no estúdio queria ser a pessoa incumbida de lhe dizer que ele tem de ouvir o roteirista, ninguém queria assumir essa responsabilidade. Em particular, todos concordavam comigo. Todos sabiam que eu não estava sendo apenas um roteirista cheio de preciosismos tentando proteger seu material. Todos sabiam o que estava acontecendo. Mas ninguém queria assumir a responsabilidade.

Você teve acesso ao rascunho final?

Ah, sim. Isso foi enquanto a coisa acontecia. E eu estava tentando desesperadamente entrar no barco, e realmente não me deram ouvidos. Na última hora o estúdio interveio e tentou pedir ao diretor que voltasse à versão original, mas não adiantou. Ele tinha sua própria visão do que queria fazer, e eles, por fim, em vez de entrarem na batalha, simplesmente permitiram que aquilo acontecesse, e o resultado é o filme que você vê.

Você retirou seu nome?

Não. Por razões comerciais. Quando você tem pleno crédito, muitas vezes há uma cláusula no seu contrato estipulando um bônus financeiro. Se eu retirasse meu nome, não teria recebido esse bônus. Por isso, por razões financeiras, precisei manter meu nome nele.

Ele ganhou crédito pelo roteiro?

Não. Ele tentou, o que era mais um insulto, e uma das coisas que os representantes dele disseram logo no início era que ele "sempre leva crédito pelo roteiro" em seus filmes. Mas o fato é que você não fica com um crédito pelo roteiro, ele é atribuído pelo Sindicato de Roteiristas, você não *leva* nada! Ele estava mais do que disposto a tentar obtê-lo, mas, por mais que tivesse reescrito meu roteiro, os elementos essenciais da história ainda eram os mesmos. Eu sabia que ele não conseguiria nada. E eu certamente não iria dá-lo porque ele tinha decidido reescrever meu roteiro por capricho. A coisa toda foi um insulto e foi muito emblemática da diferença entre a televisão e o cinema. E um exemplo perfeito de por que tantas vezes filmes são arruinados.

Infelizmente, essa é também uma experiência muito comum para os roteiristas na indústria cinematográfica, por isso é útil tratar de todas as ramificações aqui, sobretudo porque o papel do roteirista é muito diferente na TV. Por que, a seu ver, eles não abrem os olhos? Há tantas narrativas bem-sucedidas na TV, seria de imaginar que se perguntassem por quê? Quero dizer, há muitas narrativas previsíveis no cinema atualmente.

Acho que muito disso é o mínimo denominador comum da narrativa. Eles pegam essas histórias bem simples, muitas delas muito estereotipadas, filmes de ação de revista em quadrinhos que funcionam no mundo inteiro e são facilmente traduzidos para qualquer outra língua. Assim, elementos como nuance ou desenvolvimento de personagem ou diferenças culturais não existem, você quase não precisa de diálogo, tudo depende do visual, tudo se resume a explosões, mocinho e bandido, muito simples, você sabe, esse sujeito não gosta daquele, ou essa pessoa está apaixonada por aquela, e são histórias muito simples de contar, e tudo pode ser facilmente traduzido no mundo inteiro.

Parece que neste momento há pouquíssima produção de cinema independente nos Estados Unidos.

Sim, muito pouca. Quando vejo um filme ser feito e que é realmente um drama de personagens, digo: "Uau, graças a Deus alguém financiou esse filme", ou pergunto a mim mesmo como isso foi possível, quem pagou por ele. Pense nos grandes filmes dos anos 1970. Os filmes de bilheteria pesada nos anos 1970 foram *Operação França, Um dia de cão, Perdidos na noite*. Esses foram grandes filmes de Hollywood. Hoje em dia, seriam considerados cinema independente.

O que era drama de personagens naquela época é o que está na televisão hoje.

Sim, graças a Deus existe a televisão. Você está certa, a TV está muito, muito mais próxima do cinema dos anos 1970 do que os filmes de Hollywood de hoje.

E isso é porque a produção da TV é orientada pelo roteirista. Sendo assim, por que não fazem algo?

É uma questão de dinheiro, fazer filmes é um negócio, e o negócio vem em primeiro lugar. E enquanto eles estiverem faturando centenas de milhões de dólares, não vão se importar com a história. Se vão ter um filme como *Homem de Ferro 3* faturando meio bilhão de dólares no mundo todo, não importa se é um filme bem-feito, ou, você sabe, *G.I. Joe* ou *Transformers*, filmes simplesmente desprovidos de qualquer tipo de desenvolvimento de personagem – mas que faturam uma fortuna. Assim, se estão no negócio de ganhar dinheiro, eles praticamente não podem se dar ao luxo de não fazer esses filmes.

Mas a TV americana também está sendo vendida no mundo inteiro com grande sucesso.

É verdade. Em março, *Boardwalk Empire* estará no mundo todo.

E provavelmente milhões já assistiram à série em cópias piratas ou downloads ilegais.

(risos) Sem dúvida!

Houve situações, nesta série ou em séries nas quais você trabalhou antes, em que um episódio deu completamente errado e o roteirista teve de ser dispensado? Ou o showrunner simplesmente o reescrevia?

O showrunner simplesmente o reescrevia. Quero dizer, há pessoas que são dispensadas de equipes de escritores. Se recebo dois roteiros em sequência do mesmo autor que tenho de reescrever completamente, então a coisa não está funcionando. Nem todo roteirista é adequado para todo programa. Nem todo diretor é adequado para todo programa, nem todo ator é adequado para todo programa. Portanto, isso não é necessariamente uma indicação de que a pessoa é má roteirista, ela simplesmente não é a pessoa certa para o programa. Eu espero que o roteirista me dê algo ao menos 50% satisfatório. Que me dê um rascunho a meio caminho do ponto em que preciso que ele chegue. No mundo ideal, seria 95%. Mas, quando eles fracassam tão completamente que preciso reescrever o roteiro desde a primeira página, isso costuma ser um indício de que a coisa não vai funcionar.

Quando você não era showrunner, mas colaborador da equipe de roteiristas, lembra-se de viver com o medo de estar entregando alguma coisa que não fosse ser boa o bastante?

Sim. Sem dúvida. Você está fazendo o melhor que pode. Está realmente tentando reproduzir a ideia do showrunner do que a série é. Com alguma sorte, tem uma história e um esboço que fazem sentido. Ou a história não é boa e seu trabalho é fazer com que ela faça sentido. Como você sabe, showrunners são muito ocupados. David Chase, por exemplo, eu sabia que a última coisa que ele queria era receber um telefonema de um de seus roteiristas dizendo: "Você pode conversar comigo sobre essa cena?" Então, realmente cabia a mim descobrir como fazer o roteiro funcionar. Se não fazia sentido, tratava-se de consertá-lo, sem mudar o que estava ali. O esboço está escrito e ele quer ver certa coisa, isso é o que ele espera receber de volta. Você só pode desejar que sua visão do que é o programa seja compatível com a visão dele. E que pareça ser a mesma série. Tive bastante sorte em *Família Soprano* por ter descoberto bem cedo o que David (Chase) queria e como aqueles personagens deveriam ser.

Então como a experiência que você descreveu com o diretor de cinema difere da mesma experiência com um showrunner?

A diferença é que um roteirista-chefe ou showrunner é realmente um roteirista. O diretor de cinema que mencionei antes, em minha opinião, não é um roteirista. E houve uma falta de respeito. Acho que o showrunner-roteirista em geral iria no mínimo se sentar com você e tentar entender o que você escreveu e por que o fez de tal maneira. O diretor do filme simplesmente jogou o roteiro fora sem nenhuma consideração. Era aí que estava o problema. Se você vai escrever alguma coisa, pelo menos tenha uma discussão com o autor original ou explique por que pensa que o que está ali não vai funcionar. O que está errado com o material. Nunca houve nenhuma discussão desse tipo, a coisa simplesmente foi feita de maneira aleatória.

É uma questão de ego?

É claro.

Como parte da equipe de roteiristas num programa de TV, você já teve alguma vez a impressão de que algo foi reescrito na direção errada ou chegou até mesmo a ser destruído pelo roteirista-chefe?

Sim. Participei de algumas sitcoms, que têm um tipo diferente de escrita, porque são feitas por equipes enormes, um verdadeiro comitê, por assim dizer. Trabalhei em sitcoms em que um roteirista entregava um rascunho de roteiro e era muito engraçado, e a maneira como o processo funciona é esta: o roteiro é apresentado para discussão. Todo mundo na mesa o lê, e há uma piada. Então alguém pergunta: "Temos uma piada melhor do que essa?" E, quando se pergunta isso a um grupo de doze roteiristas de comédia, cada um deles pensa que tem uma piada melhor, e todos começam a fazer sugestões. E na comédia, como o sujeito já leu aquela coisa cinco vezes, ela não parece tão engraçada na quinta vez como pareceu na primeira. Alguém sugere uma nova piada que você nunca ouviu e você pensa: "Ah, sim, vamos usar essa em vez da outra!" Desse modo se atravessa todo o roteiro e acaba-se substituindo 90% dele. Assim, se você é o roteirista original, no momento em que forem filmá-lo, não há realmente mais quase nada do seu trabalho. E não se pode dizer que o que está lá agora é melhor; com muita frequência, trata-se apenas de um movimento lateral. O roteiro é reescrito unicamente porque isso era algo a fazer, por nenhuma outra razão. Para mim isso era realmente insatisfatório. Não era tanto que eu sentisse que estavam arruinando meu trabalho, era mais que meu roteiro original era tão bom quanto aquilo a que chegamos no fim, por isso eu não sabia por que não tínhamos ficado com ele e feito com que funcionasse.

Você participa da montagem final?

Tenho a última palavra sobre como o episódio deve parecer e soar. Não sei se tenho esse direito por contrato, provavelmente não. Acho que, se a HBO quisesse intervir e me obrigar a cortar determinada cena, provavelmente poderia fazer isso em termos legais. Mas nunca aconteceu.

Quais foram as ocasiões em que eles realmente se comunicaram com você?

Eles leem os esboços dos roteiros, telefonam e fazem perguntas sobre eles, dão sugestões, pedem esclarecimentos sobre pontos da história.

Quando você diz HBO você se refere a...?

O presidente da HBO e sua equipe de criação. São quatro executivos que leem os esboços e fazem comentários sobre eles. E depois eles leem os roteiros, assistem às cenas diárias gravadas pelos atores, veem que aspecto as coisas estão tomando e como os atores estão soando, apenas para assegurar que tudo está indo bem. Depois assistem às montagens dos episódios. Sim, eles se mantêm em contato próximo e constante.

Eles são como porteiros. Você tem de passar por um portão vigiado por quatro pessoas para chegar ao público.

Sim, e acho que eles vigiam esse portão ainda mais atentamente quando pensam que há um problema. Quando acham que as coisas estão em boas mãos, eles recuam. Contanto que você seja responsável e continue produzindo coisas boas, não há nenhum problema. É como dirigir qualquer negócio. Eles são a corporação-mãe e têm muitos negócios subsidiários. Esses negócios são as séries de TV. Se você é um subsidiário, se está gerando lucro, se o negócio é bem gerido, todos parecem satisfeitos e os prazos estão sendo respeitados, eles não precisam supervisioná-lo tão de perto. Se você estivesse o tempo todo estourando orçamento e prazos e houvesse relatórios sobre pessoas insatisfeitas no set, se os roteiros estivessem atrasados e coisas desse tipo, haveria muito mais escrutínio. E esse controle acaba com eles substituindo a pessoa responsável pela condução do programa, porque é um enorme investimento para eles, e é preciso assegurar que a coisa está andando nos trilhos. Depois que você tem um programa como esse, que é um sucesso sólido, a ideia é mantê-lo em andamento por vários anos. De modo que eles realmente fazem um enorme investimento e precisam se assegurar de que essa coisa continue fazendo sucesso.

Como você escolhe seus roteiristas e como escolhe seus diretores?

A escolha se baseia em grande parte em pessoas com quem trabalhei antes, em recomendações de pessoas com quem trabalhei antes. Por vezes é apenas uma questão de ler roteiros de que gosto, isso em conjunção com um encontro pessoal. Porque às vezes a pessoa é excelente roteirista, mas é louca, e não quero passar dez horas por dia numa sala com uma pessoa louca, é preciso que haja uma certa "agradabilidade". Se houver alguém cuja companhia desejo ter todos os dias, se ele for talentoso, parecer entender o programa, tiver um bom senso de humor, não parecer louco, se eu puder passar dez horas por dia dentro de uma sala com ele sem sentir vontade de estrangulá-lo... Pergunto a mim mesmo: será que essa pessoa vai trabalhar bem com as outras, será que é colaborativa? Será que não é sensível demais, será que vai querer compartilhar comigo? O que é realmente importante para mim é a disposição da pessoa de se abrir a respeito de si mesma, de seu passado, de coisas que a embaraçaram, estranhezas que ela tem – a pessoa precisa abrir suas veias e deixar o sangue na sala de roteiristas – porque é esse o material a partir do qual contamos histórias. Eu gostaria que você me contasse qual foi a coisa mais embaraçosa que já lhe aconteceu.

Não me faça começar.

(risos) Você sabe, como foi quando você teve o coração partido? Quando se sentiu terrivelmente triste? Com o que você sonha? Isso é parte do nosso ofício como roteiristas, precisamos estar dispostos a ter acesso a isso e depois compartilhá-lo com todos os outros e pôr na TV, e, se a pessoa não estiver disposta a fazer isso, ela não estará me ajudando como roteirista-chefe, porque é disso que preciso dela, preciso que ela desnude a alma. E é difícil, é como falar com um terapeuta, mas você não está falando com um terapeuta, está falando com outros roteiristas e em última instância está falando com milhões de pessoas, porque seus pensamentos mais íntimos serão dramatizados em episódios de TV – mas esse é o trabalho. Com diretores é a mesma coisa. Preciso de um diretor que possa moldar aquele roteiro e levá-lo para outro nível. Contar essa história visualmente e introduzir nela algo que não estava na página, respeitando ao mesmo tempo o que está na página. Encontrar uma maneira de dramatizar esse material de modo visual, levar aqueles atores a representar as cenas da maneira dinâmica mais plausível e também ter em mente que a série inteira tem de dar a impressão de que uma única pessoa a escreveu e dirigiu.

Foi diferente no caso da Família Soprano*? Em* The Wire*, por exemplo, eles tiveram diversos diretores, até diretores de cinema dirigindo episódios distintos, para dar a cada episódio um aspecto característico.*

Temos o melhor diretor de TV do mundo, Tim van Patten.

Mas ele não faz todos os episódios.

Eu gostaria que ele pudesse, mas isso seria fisicamente impossível, porque enquanto gravamos um episódio estamos nos preparando para gravar o seguinte, de modo que um só diretor não poderia fazer isso. E, durante a última semana de uma gravação, você está explorando locações, escalando elenco etc. Tim fez quatro dos doze primeiros (episódios) para nós. E ele está no set durante os outros, para orientar as pessoas como produtor executivo. Tivemos também vários diretores da *Família Soprano* que trabalharam conosco, Allen Coulter, Alan Taylor, que não precisam de absolutamente nenhuma supervisão, e também experimentamos algumas pessoas novas com quem não tínhamos trabalhado antes, mas que são muito talentosas, Brian Kirk, Brad Anderson, Jeremy Podeswa, Simon Cellan-Jones – gente cujo trabalho eu conhecia, mas que não conhecia pessoalmente. Mas ainda sobre *Família Soprano* – todos os episódios tinham a mesma aparência, embora houvesse apenas uma regra: a câmera nunca se movia nas cenas de terapia. Havia um plano geral e um close-up e um plano médio, dois lados, e era isso. Não havia câmeras em movimento e nenhum zoom, nada dessas coisas, mas fora isso... Porque você não quer ver uma série de TV e pensar: "Isso não parece o mesmo programa, o que está acontecendo?" Há um determinado mundo sendo representado, pelo menos essa é a minha filosofia, e ele deve parecer o mesmo toda semana.

Quando você para de mudar o roteiro?

O roteiro continua mudando até o momento em que vamos filmá-lo, inclusive durante as filmagens, e às vezes até depois delas, uma vez que as falas podem ser refeitas e sincronizadas com as cenas já gravadas. Quando começamos a explorar locações e fazemos o planejamento, podemos perceber que a gravação de um roteiro demandará quinze dias quando queremos gravá-lo em doze, assim alguma coisa tem de mudar. Portanto, começamos a cortar cenas, combiná-las ou encurtá-las, para conseguir que se encaixem nesse planejamento. Depois fazemos uma leitura do roteiro com o elenco, e ao ouvir os atores o lendo em voz alta eu talvez diga: "Agora que estou ouvindo os atores dizerem isso, preciso mudar essa fala." Até no set, enquanto estamos gravando, posso olhar para uma cena e dizer: "Não, não estou realmente convencido de que isso está funcionando, agora que vejo a cena pronta. Vamos mudar. E por que você não diz essa fala primeiro e entra e faz aquilo?" Mesmo ao editar, vou cortar algumas falas. Agora que vejo tudo junto, acho que não precisamos daquela fala. Assim, o roteiro continua a mudar durante todo o percurso até o produto acabado.

O que mostra como é importante que o roteirista faça parte da produção. Talvez isso seja um componente do segredo do sucesso.

Em grande medida. Não temos isso nos filmes.

O que acontece se você está na sala de edição e há uma cena que você escreveu e da qual não gosta mais, mas Tim tem uma opinião diferente?

Nós brigamos. (risos) Não, não brigamos de verdade. Debatemos. E convencemos um ao outro. Eu o respeito imensamente, e ele sabe que, se pensa de maneira diferente sobre alguma coisa, eu dedicarei muita reflexão a isso. Mas em última instância você tem de obedecer a seu instinto. É muito raro que tenhamos sentimentos tão fortes sobre algum ponto de discordância. Temos a mesma sensibilidade. Assim, em geral o que acontece é o contrário. Já aconteceu de ambos fazermos exatamente a mesma piada ao mesmo tempo. Olhamos um para o outro e rimos, porque simplesmente pensamos parecido. Assim, em 95% dos casos concordamos exatamente sobre como alguma coisa deve ser, e, nas poucas vezes em que discordamos, não costuma ser nada muito importante. Por isso, se ele tiver uma convicção muito forte, eu acabo cedendo. Ou vice-versa.

É um casamento feliz.

(risos) Sim, é verdade.

Warren Leight

Warren Leight trabalhou como produtor, roteirista e showrunner em *Law & Order: Criminal Intent* e foi o showrunner de *In Treatment, Lights Out* e *Law & Order: Special Victims Unit*. Recebeu o Prêmio Tony de Melhor Peça da Broadway em 1999 por *Side Man*, também indicada para o Pulitzer.

Deixe-me começar dizendo que você parece ser um dos poucos showrunners baseados em Nova York. Você se sente solitário?

(risos) Há mais programas sendo gravados aqui agora, mas, sim, a maioria dos programas continua sendo escrita em Los Angeles. É uma pena. Acho que sempre é possível perceber a diferença – na escolha de locações ou personagens e no uso que você faz deles. Eu recebia roteiros de meus autores baseados em L.A. e eles mencionavam o personagem do velho judeu que já não aparece em Nova York há trinta anos. Eles não compreendiam os padrões étnicos em constante mudança. Havia um personagem, e sabíamos que ele estava querendo fazer algo ruim porque estava no Central Park à noite. E os atores em Nova York ligavam e diziam: você sabe, há 200 mil pessoas ali à noite, andando de bicicleta e correndo, não é mais como antes.

Nova York parece ter um excelente grupo de atores.

Passei muito tempo no teatro de N.Y., e para *Lights Out* fizemos treze episódios, todos gravados no Queens, e o elenco é sensacional em todos eles. Posso passar meia hora por semana escalando os atores, há um grupo de atores muito forte aqui. Eu ligava para a diretora de elenco, dizia que precisava do tipo tal, dez anos mais jovem, ela me mandava quatro caras, eu os pesquisava rapidamente no computador e já tinha o que queria. Em L.A., você contrata para um trabalho; aqui, trata-se de um compromisso, tanto para a equipe quanto para o elenco.

Você fez Lights Out e In Treatment ao mesmo tempo?

Não, não. Isso teria sido impossível. Fiz a segunda temporada de *In Treatment*,[1] que foram 35 episódios. Ela foi parcialmente baseada na série israelense, mas na verdade tivemos de nos afastar dela em certo ponto.

Por quê? Os episódios da série israelense se esgotaram?

Não. Foi uma pequena dádiva chegar e encontrar 35 episódios preexistentes. Mas você é mais pressionado à medida que a temporada avança e passa a escrever cada vez mais rápido. E, conforme a temporada avançou, o trem saiu dos trilhos. Eles perderam o controle de algumas histórias. Estava desigual de uma maneira que não seria tolerada aqui. Depois do quarto episódio, o personagem parou de ir à terapia e a filha dele entrou em seu lugar, e a grande subtrama era que ela era lésbica e o pai teve muita dificuldade com isso. Ela iria partir para a Índia numa busca espiritual, como fazem muitos israelenses, não era nada que pudéssemos usar aqui. E a história estava ficando cada vez mais dura. Aconteceu que o autor israelense não queria levá-la adiante até sua conclusão emocional, e eu não podia imaginar passar quatro ou cinco episódios com um personagem e depois simplesmente nos desviarmos dessa maneira, isso não é justo. Assim, eu mudava coisas desse tipo. Outra coisa que tentei fazer com *In Treatment* foi acompanhar cada paciente horizontalmente de um episódio para o seguinte, mas acompanhar cada paciente a cada semana, desse modo contrastando um pouco. E eles não tinham feito muito disso. Assim, eu podia me dar ao luxo de examinar o que eles tinham feito, e depois... era quase como ter 35 primeiros rascunhos. E em alguns casos eu os descartava. Algumas das tramas não funcionariam aqui. Imagino que em Israel haja todo tipo de conotação cultural para uma mulher de quarenta anos que ainda não teve filhos, mas esse não é o caso nos Estados Unidos, e você realmente não pode escrever isso aqui. Você também não pode encerrar a história com o terapeuta dizendo "Tenha o bebê, isso é o mais importante", que é como a história israelense terminou. Além disso, seria errado para um terapeuta dizer isso para alguém.

Então a partir do que você trabalhava – os roteiros ou os filmes?

Nós assistíamos aos episódios. Tínhamos transliterações dos roteiros. Então fizemos uma sala de roteiristas por três semanas. Toda a equipe assistiu a todos os episódios, e nós retraçávamos em linhas gerais o arco principal dos personagens e o arco do terapeuta para aquela semana. De modo que, antes que os roteiros chegassem, já estávamos num caminho muito diferente. E, depois, havia outra coisa que acontece num programa como esse, e provavelmente em qualquer outro também: à medida que você filma as coisas mudam. E certamente, na sessão do terapeuta, ele poderia dizer: quero que ela compreenda isso esta semana – mas você não tem controle sobre para onde seu paciente irá. Não tenho controle sobre para onde vão meus atores emocionalmente. Posso ter ideias preconcebidas, posso ter desejos, mas esse é um programa muito íntimo, e tudo o que estava acontecendo entre os atores tinha de ser refletido no episódio seguinte, mesmo que... eu ficava rezando para o personagem de John Mahoney se descontrolar, continuava a surrá-lo e ele não desabava. E isso era frustrante para Gabriel (Byrne), mas realmente refletia o que aconteceria se um homem de 65 anos que nunca tivesse feito terapia começasse a sentir coisas – ele iria se fechar. O momento em que o personagem de Mahoney finalmente se descontrolou aconteceu dois episódios e meio depois do que pensei que seria. E foi muito comovente, e abriu caminho para a temporada de muitas maneiras. Mas isso não teria acontecido se eu tivesse mantido o enredo original, em que o personagem desaparecia, ou se tivesse forçado o desfecho. Ouvir os atores nos levou até lá.

Você foi showrunner em In Treatment, Lights Out *e antes disso em* Law & Order: Criminal Intent.

Sim, sucessivamente.

Trabalhou de maneira semelhante em todas essas três séries?

Não. Law & Order² tem uma abordagem diferente. Em primeiro lugar, é muito menos baseada nos personagens. É uma história de assassinato em

45 minutos. É uma linha A, por vezes uma linha B. Portanto, a melhor maneira de fazer esse programa é passar uma hora com o autor planejando minuciosamente a história, e às vezes são necessários sete dias para detalhar uma história nesse programa. A trama é tão complicada. Participei da equipe durante quatro anos e depois fui showrunner por dois anos. Nesses seis anos, nunca houve um episódio que o showrunner não tivesse que planejar em detalhes, com o roteirista. Em outros programas as pessoas chegam com uma sugestão, mas esse é um programa planejado de maneira muito fechada, e há tantas regras não escritas. Além disso, é dever do showrunner nessa série assegurar que não se está repetindo um *beat*.* Assim, se sete episódios atrás um homem que considerávamos suspeito não poderia ter sido suspeito porque estava tendo uma aventura fora do casamento, não podemos usar esse *beat*. Você tem de tentar poupar suas próprias tramas e precisa conhecer seus atores. De certa forma, um grupo não pode criar uma trama tão fechada. Isso de fato nunca funciona. O maior número de pessoas que já tivemos numa sala criando um enredo foi três, em seis anos. Era um programa de um para um. Você tem de torná-lo o mais difícil possível para seus detetives, o que significa o mais difícil possível para seus autores. Você simplesmente continua tentando e tentando.

E quanto a In Treatment?

Comecei com um roteirista para cada enredo. Eu delineava a história de cada um após nossa reunião geral e examinávamos tudo em detalhe. Eu pedia um esboço, fazia comentários sobre ele, queria que cada episódio tivesse uma estrutura em três atos. Há um risco num programa com duas pessoas na sala – ele pode ser informe, não ter ímpeto narrativo. Eu achava que isso às vezes acontecia com a série israelense. Mesmo na primeira temporada às vezes alguém dizia "tive um sonho a noite passada" e começava a falar sobre o sonho, e isso consumia seis minutos

---

* Mudança de comportamento, de ação/reação, que determina o andamento da cena. Equivale ao narrema, o menor elemento da estrutura narrativa. (N.T.)

do programa – e às vezes o sonho não era sequer pertinente ao tema do episódio. Em geral um roteirista me dava um ou dois rascunhos, às vezes três. A maior parte da reescrita que eu tinha de fazer era a do terapeuta, sua voz precisava permanecer a mesma. Ele trata seus pacientes de maneiras diferentes, mas temos de entender seu personagem. Os roteiristas estavam concentrados sobretudo no paciente, e identificavam-se com o paciente, de modo que cabia a mim proteger o personagem de Gabriel. Além disso, Gabriel passa doze horas por dia sentado naquela cadeira. Eu tinha de mantê-lo envolvido. Na vida real, os terapeutas não fazem tantas deduções e não têm tantos momentos de destaque. Nem toda sessão termina com um grande momento para ele. Mas eu tinha naquela série um ator de nível internacional que precisava ser desafiado, ou em certa medida eu acabaria por perdê-lo.

Portanto cada roteirista tem um paciente, ou seja, mais ou menos quatro episódios?

Sim. Filmávamos cada episódio em dois dias, o que é muito pouco. Assim, toda semana, eu precisava que três novos episódios fossem publicados – essa é palavra que eles usam. E toda manhã eu estava no set com Gabriel, era a primeira vez que ele olharia para o roteiro que estava sendo gravado. Nós o líamos do começo ao fim, em geral o outro ator estava preparado, de modo que podíamos começar a gravação do lado do paciente, mas nós o líamos inteiro durante uma hora, eu conversava sobre ele com Gabriel. Os atores iam para a maquiagem, a iluminação começava, e eu subia toda manhã e reescrevia a primeira parte daquele episódio, o mais rápido possível, ajustando-a ao que eu vira acontecer. Isso era responsabilidade minha. Raramente eu encarregava o autor responsável por aquele episódio de fazer isso. Em parte porque eles eram apegados ao que escreviam e era minha função como showrunner ter a noção do que é possível fazer e do que pode ser feito. O roteirista original tem um roteiro na cabeça, mas Gabriel não o ouve dessa maneira. Talvez se tivéssemos quatro semanas para ensaiar uma peça, e eu tivesse muitos dramaturgos no programa, pudesse incluí-los. Mas, se você vai gravar dentro de uma hora, às vezes é preciso encontrar os atores mais do que na metade do caminho. E você tem de confiar nos instintos deles. A certa altura Gabriel conhecia seu personagem melhor do que os autores. Melhor do que eu. Por isso eu simplesmente o observava e percebia quando estava constrangido. Se notava que ele falhava, queria saber qual era o problema, ou ele me fazia uma pergunta, queria saber por que o personagem estava dizendo tal coisa, eu dizia, bem, aqui está o pensamento por trás disso, e aqui está o que o terapeuta me disse. Eu também submetia cada roteiro à leitura de um terapeuta.

Essa seria minha próxima pergunta.

Isso foi algo que introduzi no segundo ano. Assim, eu podia ao menos explicar por que o personagem diria tal coisa. De vez em quando há um erro. E há diferentes modos de proceder. Às vezes eu observava Gabriel e via que ele estava ficando mais envolvido emocionalmente, e às vezes era mais clínico. Houve uma grande cena com Allison Peale em que ele basicamente a obriga a fazer quimioterapia e chega inclusive a levá-la até lá, foi o clímax do relacionamento dos dois. A cena havia sido escrita de maneira articulada, mas clínica, e quando eles a ensaiaram Gabriel não era mais um psiquiatra com uma paciente, mas um pai com sua filha, e isso foi muito mais interessante do ponto de vista dramático. E isso estava sempre ali como subtexto, mas ele quis improvisar, quis deixar todas as máscaras caírem, de modo que reescrevi a cena na direção em que o vi conduzi-la. A roteirista nesse momento ficou muito aborrecida comigo, eu estava modificando o roteiro dela. No fim das contas, esse acabou sendo seu episódio favorito, ocorreu apenas que naquele momento ela não foi capaz de dar uma guinada de 180 graus. Você realmente espera estar fazendo a escolha certa, porque se estiver errado o roteirista jamais o perdoará. E, mesmo que você esteja certo, o roteirista vai se lembrar do quanto ficou irritado com você. Mas o instinto de Gabriel estava correto nesse caso. Tire as palavras do caminho. Não dê parágrafos aos atores, dê a eles seis palavras para dizer e deixe que eles conduzam a cena.

Lights Out foi mais tradicional na maneira como você dirigiu a sala, não?

Sim, essa foi uma verdadeira experiência de sala de roteiristas. No caso de *In Treatment* não havia sequer uma equipe de roteiristas. Havia roteiristas freelancers. Parei de fazer reuniões depois que a produção começou. Eles vinham, deixavam seus episódios. Na metade do percurso pedi mais uma semana de sala, apenas para atualizar todo mundo. *Lights Out*[3] foi diferente em muitos aspectos. Nesse caso, comecei a partir de um piloto fracassado. O piloto fora gravado e não funcionara, mas a estrela, um ator desconhecido, era formidável. E havia certos elementos de que eles tinham gostado, de modo que queriam uma nova versão. Eles não queriam regravar todo o piloto, queriam que eu mantivesse o máximo possível e que retrabalhasse a história, recontextualizando algumas das cenas que já haviam sido gravadas. Foi tecnicamente o trabalho mais difícil que eu já tinha feito. Teria sido mais fácil começar do zero. Mas eles já tinham gastado 6 ou 7 milhões de dólares e não queriam jogar esse dinheiro fora, não queriam admitir que precisavam fazer isso. Tinham passado quinze dias gravando o piloto, e nós acabamos gravando por mais sete dias, e os sete dias tornaram-se 75% do piloto. Não havia nenhuma noção de para onde a série iria a partir do piloto original – e essa foi a outra razão pela qual fui chamado. Assim, acabei reescrevendo o piloto e escrevendo um episódio também, e eles disseram "tudo bem, vamos para uma série". E em seguida montei uma sala, uma sala de roteiristas tradicional.

Quantos roteiristas?

Poucos. Um membro do staff, quatro roteiristas e eu. Na verdade começamos com apenas quatro, porque o membro do staff só se juntou a nós depois que estávamos em produção. Na realidade, é um número cômodo, cinco pessoas. Permite que todos tenham oportunidade de falar. Com mais do que isso corre-se o risco de tomar um número excessivo de direções diferentes. Assim, tínhamos quatro roteiristas-produtores e um membro do staff. O membro do staff era apenas uma designação do Sindicato de Roteiristas, em que você tem uma classificação fixa. Mas eu tinha roteiristas-produtores porque precisava de roteiristas que pudessem ir para o set. Depois, à medida que a temporada avançou, tivemos uns dois freelancers. Imagino que cinco anos atrás eu teria tido uma equipe duas vezes maior.

Então as salas de roteiristas estão ficando menores?

Sem dúvida. Esses roteiristas eram pagos pelo estúdio, mas nós trabalhávamos aqui neste escritório. Cada roteirista tinha uma mesa, mas não uma sala fechada. Alguns roteiristas gostam muito disso, porque cria um senso de comunidade, mas alguns sentem vontade de se isolar com paredes e têm muita dificuldade para se ajustar. Os estúdios costumam ficar em áreas horríveis de Nova York. Nosso estúdio ficava junto à ponte Triborough, no Queens, um lugar de difícil acesso e aonde ninguém quer ir a menos que seja obrigado, quando as gravações começaram. E esse lugar é mais tranquilo e menos louco.

Você acha que é graças à tradição das salas de roteiristas que a escrita da TV americana é tão bem-sucedida?

Na verdade, essa foi a primeira sala de roteiristas legítima de que participei. E a primeira coisa que fiz foi ler os dois episódios inteiros que eu mesmo tinha escrito, e eles foram cruéis comigo. Foram muito mais críticos em relação a mim do que eu jamais seria com eles. É sempre mais fácil criticar do que realmente ter de fazer a coisa. O simples fato de eu ser um showrunner não significava que meu ego era impermeável a danos. Mas a sala é mais inteligente que o indivíduo. É um cérebro maior. Você precisa apenas de um sujeito dizendo: não, entendo o que você está querendo dizer, mas é cedo demais, se fizermos isso no segundo episódio não teremos mais para onde ir. Você precisa de pessoas que sejam de fato inteligentes e tragam coisas ligeiramente diferentes, e não pode ter um ego forte demais, não pode ter roteiristas ali para os quais vencer seja o mais importante. Existe um tipo de personalidade de macho alfa que pode destruir uma sala de roteiristas. Alguém que não percebe isso e continua avançando, e continua avançando – esse sujeito pode destruir a sala. Por isso é muito uma questão de química. Você precisa de um cara que seja um pouco desligado, para quem você quase sempre responde: "O quê?" Mas, de vez em quando, ele vai dizer alguma coisa em que ninguém mais pensou.

Como você compõe uma sala de roteiristas?

Lights Out era um programa sobre boxe, então um sujeito tinha sido um lutador de boxe dedicado no ensino médio, outro era um lutador de MMA que estava no esporte, mas eu também tinha dois caras que conheciam todas as lutas que haviam sido disputadas nos últimos trinta anos. Assim, eles mencionavam uma luta e íamos assisti-la no YouTube. Eu tinha um roteirista da equipe de *Mad Men*, outro que tem três filhas, eu mesmo tenho duas, a roteirista mulher tinha irmãs. Não quero um programa com três meninas com uma equipe inteiramente masculina ou em que ninguém tivesse filhas, é preciso haver um pouco de mistura cultural até certo ponto.

Aproveitando que você falou em mistura cultural, ao que parece a TV americana é escrita sobretudo por homens brancos.

Temos muitos homens brancos, sim. Então há esse problema. Se for uma sala de roteiristas toda de judeus e meu personagem principal for um boxeador católico irlandês, não vai ser nada bom. Uma grande parte do programa era sobre o casamento do boxeador, por isso era útil para mim ter um roteirista que tivesse vivido um relacionamento longo e complicado. Se você não puder ter uma mistura cultural, e há várias razões que podem tornar isso difícil, está em maus lençóis. Mistura de classes é útil também, o que não quero são cinco sujeitos mimados de Beverly Hills escrevendo uma paródia sobre boxe. Preciso de roteiristas que tenham feito a própria carreira. Estou escrevendo principalmente sobre personagens da classe trabalhadora, e o fato é que roteiristas que se fizeram por si mesmos, que subiram com seu próprio esforço, realizaram um trabalho melhor para mim do que aqueles que tiveram tudo de mão beijada. Um dos meus testes quando um roteirista chega para uma reunião comigo pela primeira vez, e eles costumam tomar café ou leite, é ver se eles levam a caneca suja com eles quando vão embora. Se você deixa sua louça suja para trás, isso significa que está acostumado a ter outra pessoa limpando as coisas para você. Você não vai dar uma sugestão. E, se um episódio tiver que ser filmado amanhã e as coisas não funcionarem, e você não for o autor desse episódio, mas eu lhe pedir para me fazer um favor e reescrever a cena da filha, você vai fazer isso? Todos dão sugestões nos episódios de todos, e crédito não tem nada a ver com isso. Não há nenhuma relação entre quem escreve o quê e a maneira como o crédito é determinado na TV, o sistema de créditos que temos é muito ruim. Assim, procuro distribuir os créditos uniformemente. Tento recompensar pessoas que trabalham com mais afinco com um pouco mais de crédito à medida que a temporada avança. Mas há pessoas que só se importam com crédito, e isso é de matar.

Isso tem relação com o dinheiro que se ganha dentro desse sistema, certo?

Com o dinheiro e com seu próximo trabalho. Acho que os roteiristas de L.A. são muito mais preocupados com a hierarquia e têm um desejo muito maior de passar para o próximo nível hierárquico. A maior parte das pessoas em Nova York provavelmente não sabe o que os diferentes títulos significam. Mas todo mundo em L.A. sabe a diferença entre um produtor supervisor e um coprodutor. Existe o desejo de subir essa escada em Los Angeles. Em Nova York não há tantas salas, e o sujeito fica feliz por estar num programa na cidade, por isso a coisa funciona de outra maneira.

Quantos rascunhos um roteirista prepara antes de você intervir?

Depende. No fim da temporada todos estão trabalhando três vezes mais rápido. Então você tem mais ou menos quatro dias para me entregar um rascunho, talvez eu tenha de tomá-lo de você e virar a noite trabalhando e no dia seguinte começamos a prepará-lo. Tivemos uns dois episódios no final em que tive de virar duas noites em cima do rascunho. E isso é brutal. Porque você está trabalhando oitenta horas por semana e depois acrescenta a isso mais uma noite virada, para terminar a reescrita. Alguns roteiristas chegam a um ponto em que não conseguem mais trabalhar, as pessoas ficam doentes, têm problemas familiares – e em última instância é sua obrigação como showrunner dar conta das coisas. Assim, nós planejamos na sala o primeiro rascunho em pinceladas amplas, e depois eu digo: você vai escrever este episódio – e assim você põe os cartões no quadro e todos nós trabalhamos o enredo. Mas, se você sabe que tem de escrever aquele episódio, ficará muito mais envolvido em preparar aquele trabalho, e depois passamos ao episódio seguinte e eu designo os roteiristas para cada um deles. Por volta do sétimo episódio, todos já receberam um, porque fiz os dois primeiros, e estávamos perdendo um membro do staff, então era hora de nos reagruparmos. Mas o problema é que, depois que você tem sete episódios feitos, um dos seus roteiristas não está disponível para criar enredos, porque ele está preparando o episódio dele, está indo para a locação, outro roteirista está indisponível para criar enredos porque está aprontando o episódio para publicação naquela semana, assim sua sala de roteiristas... não há mais sala de roteiristas a certa altura da temporada. Então, pela segunda vez naquele programa, eu basicamente passo a criar a trama individualmente com cada roteirista, e se alguém puder aparecer na sala nesse dia é ótimo. Mas o trabalho fica mais solitário à medida que a temporada avança.

Então qual é a diferença entre ser um showrunner e ser apenas um roteirista? Você tem menos tempo para escrever?

Bem, tenho menos tempo para escrever, mas edito. Posso levar algo entre quatro e sessenta horas num episódio. E essa é realmente a revisão final. Toda a edição é minha. Reescrevo todos os episódios também, sempre faço a revisão final de cada um deles. Um showrunner pode reescrever de 10% a 100% de um episódio. Depende do que recebi, de como o rascunho chegou, do grau de exaustão do roteirista, do tipo de pressão que estou sofrendo.

Você muda de roteiristas durante a temporada quando isso acontece?

Sim. Meu assistente estava sempre na sala quando a trama estava sendo criada, então pôde me ajudar com um episódio. Eu tinha um supervisorcoordenador de roteiro, o cara que faz tudo certo, então mandei um roteiro para ele. Os roteiristas-produtores são contratados para a temporada. Assim, se alguém não está funcionando, você pode mandá-lo embora e pagar o salário integral ou mantê-lo na equipe e torcer para que se recupere ou possa fazer algo por você. Às vezes eles podem, às vezes não. Mas em outros programas... em *Criminal Intent*, por exemplo, eu tinha um pouco de dinheiro meio que escondido no orçamento. Se tudo estivesse caindo aos pedaços, podia trazer mais um roteirista para os últimos dois ou três episódios. O problema é que a essa altura você já trabalhou sobre oito rascunhos de nove episódios e editou seis deles, então traz alguém novo para ajudá-lo, mas como transmitir a essa pessoa a informação necessária? No tempo que leva para explicar em que ponto está o programa, você mesmo poderia ter feito o trabalho.

Essa é sempre a questão: por que você mesmo não faz isso?

Porque tenho de ir para o set, tenho de escalar o elenco, recebo observações do estúdio, da emissora...

E quanto a isso? Até que ponto vai o seu controle criativo em relação ao estúdio e à emissora?

Sabe, foi interessante. A FX[4] lê cada palavra de cada rascunho com muito cuidado. Trabalhei para a NBC, a HBO e a FX. No caso de *In Treatment* era quase impossível para o estúdio e a emissora ficarem em dia com observações, porque estávamos produzindo trinta páginas diariamente. Havia um produtor executivo, às vezes ele comentava sobre alguma coisa. Eu sempre ouço comentários e sempre tenho as conversas, e espero chegar a um ponto na temporada em que eles compreendam... Eu não finjo ouvir, eu ouço tentando compreender o problema deles. Tudo bem, isso está incomodando você, mas é por isso e isso que estamos fazendo desse jeito. Se você estiver trabalhando com pessoas racionais, atenciosas, e tiver discussões racionais, atenciosas, então é bom. Às vezes uma pessoa de fora levanta algum ponto que você pensava estar claro, e você percebe enquanto conversa com ela que ela não tem a menor ideia de que há um romance se desenvolvendo entre esses dois personagens, que isso lhe escapou inteiramente – e é bom saber disso. Achei o pessoal da FX extremamente culto, houve talvez três fortes discordâncias no curso da temporada e na maior parte das vezes os comentários deles foram surpreendentemente úteis e me lembraram de alguma coisa que precisava ficar mais clara. Mas houve uns dois casos em que o desentendimento foi completo, e a certa altura no meio da temporada eu disse: "Vejam, vocês já devem saber a esta altura que levo as observações de vocês a sério, portanto, se eu disser 'não' cinco vezes, provavelmente quero dizer não. Nesse caso, ou me digam para fazer a mudança de qualquer maneira ou parem de me pedir. Do contrário, acreditem que estou sendo respeitoso, mas não quero fazer isso."

De onde você pensa que vêm as mudanças? Elas são dramatúrgicas ou há algum outro tipo de questão?

Cada empresa é diferente. Na TV aberta eles estão assegurando que seus protagonistas sejam "gostáveis". Estão protegendo os protagonistas – e isso pode levar por vezes a uma TV insípida. A FX gosta de personagens complicados, com defeitos. Às vezes o comentário vem de observações anedóticas que alguém na equipe deles fez, e então tenho de explicar: não, é para tal ponto que isso está caminhando – portanto eles precisam de elucidação. Às vezes há uma preocupação de que aquilo seja algo que viram antes, algo familiar. Algumas observações são recados da produção, como por exemplo que não será possível gravar isso em sete dias. Essas nós temos de levar muito a sério.

Você dá ouvidos a coisas como "o público não vai gostar disso"?

Ninguém sabe do que o público vai gostar. Em *Mad Men*, por exemplo, ao que parece a sala de roteiristas queria que a esposa de Don tivesse um caso a certa altura. E a regra na TV é "a esposa não pode trair". (risos) Assim, ela acabou traindo, mas não gostou, ou a experiência só serviu para ela dar o troco no marido, mas foi um erro.

Isso é muito engraçado.

A esposa não pode trair na TV americana.

Então há normas éticas.

Bem, elas existem, mas você não sabe quais são até que as viole. Ao que parece o público é capaz de tolerar muitas falhas de caráter em seus protagonistas masculinos e muito menos dessas falhas nas protagonistas femininas. Acho *Nurse Jackie* interessante porque está forçando esse limite – mas essa é uma série incomum. E a atriz é inerentemente "gostável", por isso pode fazer, sem ser punida, algumas coisas que outro personagem não poderia. Bem. Essa é uma daquelas leis não escritas.

De onde você acha que isso vem?

Suspeito que eles aprenderam ao longo do tempo que o público vai perder o interesse pela esposa. Você perderá a simpatia pela esposa se ela fizer isso. Algumas dessas regras talvez não tenham nenhuma base nos fatos. Há muitos programas que dizem: não queremos ver gente pobre roubando ou matando gente pobre, o público não está interessado nisso. Há certas coisas que as pessoas decidiram ao longo do tempo. Se você observar a televisão aberta, não acho que haja mais séries estritamente negras.

É verdade.

E assim é muito penoso se você assiste a *NCIS* ou *CSI*, ali de repente você vê crimes de negros contra negros, que são aliás o tipo de crime mais comum nos Estados Unidos. Você não vê mais isso na televisão americana – as vítimas em muitos dos programas sobre crimes costumam ser pessoas ricas, os assassinos são muito ricos. *Southland* é uma exceção, mas a maioria dos crimes na TV se dá nas altas camadas. Porque ninguém realmente acredita que o público quer ver os crimes do gueto.

E é aí que se tem uma distorção.

Sim. Mas se você experimenta fazer isso e os índices de audiência caem menos de três episódios depois, eles dizem: está vendo?

Você sente que há espaço suficiente para fazer experimentações?

Bem, em *Criminal Intent* eu fazia isso uma ou duas vezes por ano e aguentava um bom número de críticas de Dick Wolf. Acho que um dos melhores episódios que fizemos foi baseado num absurdo tríplice assassinato em Nova York. Uns garotos imigrantes mataram uns garotos negros que estavam em casa passando as férias da faculdade, quer dizer, tinham escapado daquele bairro e foram mortos sem absolutamente nenhum motivo. Esse foi um episódio desolador. Tenho quase certeza de que não perdemos espectadores por causa dele, mas recebi muitas lições sobre "não faça muitas coisas assim". (risos) Outra coisa: se a série é sobre policiais, eles não querem ver um bando de policiais corruptos. Talvez porque as séries sobre policiais tenham boas relações com os tiras porque eles filmam lá. A velha guarda acredita que os personagens devem ser heroicos, assim a TV aberta quer que os policiais sejam heróis, não cometam erros. Na TV a cabo é diferente. *The Wire* não foi assim, *The Shield* não foi assim.

Mas você acha que a TV a cabo está ficando cada vez mais conservadora?

Bem, é isto que está acontecendo com a TV a cabo: ela está excessivamente competitiva agora. Assim, tenho um ótimo programa sobre um pugilista e ele tem de enfrentar um programa chamado *The Game* sobre jogadores da NFL e suas namoradas, tem de enfrentar *Southland*, tem de enfrentar *Teen Mom*. Antes, era diferente. Se você tinha um drama roteirizado na TV a cabo, era o único drama roteirizado daquela noite naquela faixa de horário, e todo mundo se saía bem. Você sabe, domingo à noite era HBO, sábado à noite era FX, mas agora há muita competição. Há marcas fortes na TV aberta agora, de modo que cada rede de TV aberta tem certo tipo de programa que sabe que pode promover, que a audiência dela sabe que pode encontrar quando a sintoniza. Não sei se isso torna a coisa mais conservadora, mas há mais do mesmo em cada rede. Eu ainda diria que os programas mais contestadores, conduzidos por personagem, são programas da TV a cabo. *Nurse Jackie* não poderia ser um programa da TV aberta. *Lights Out* não poderia ser um programa da TV aberta. *Southland* fracassou como programa da TV aberta. Há séries que não durariam uma hora numa rede aberta. E há programas na TV a cabo que se parecem com os programas de verão da rede aberta.

Grey's Anatomy *tinha uma esposa que traía, aliás.*

Ah, sim. Mas esse é um programa em que há vários protagonistas, nesse caso você pode se dar ao luxo de ter algo assim. Mas, falando sério, *Mad Men* teve uma enorme discussão sobre isso. E *Mad Men* é transmitido pela TV a cabo e pretende ser um programa anticonvencional, e Matt (Weiner) vem da sala de roteiristas de David Chase. E no entanto... Você sabe, é assim com todas essas crenças. As pessoas não as questionam, agarram-se a elas com todas as forças.

Isso não depende também da sua influência como showrunner?

Acho que muitos showrunners, mesmo aqueles que sabemos ser mais anticonvencionais, intransigentes, internalizaram certas regras. Para ser sincero, não acho que a pressão para que Betty não traísse teria vindo da AMC. Acho que Matt é que deve ter ficado nervoso em relação a isso. E provavelmente é aí que uma sala com pessoas que não se parecem com você é boa. Se houver roteiristas inspiradoras na sala quando esse tipo de situação se apresentar, você sabe, haverá uma discussão diferente. E as pessoas, os roteiristas têm uma perspectiva cultural em relação ao seu trabalho da qual nem sempre estão cientes. Assim, preciso de alguém na sala para defender a filha de quinze anos porque um dia foi uma menina de quinze anos – provavelmente é mais fácil para ela do que para mim. É mais fácil ter alguém dizendo: "Ah, não, eu odiava meus pais quando eles faziam isso."

É fascinante que você faça isso através da constelação da sala de roteiristas.

Eu tento quase escalar os integrantes da sala.

Então na verdade você considera a biografia das pessoas. Quero dizer, além do trabalho e da filmografia delas.

Tento ler o que elas estão escrevendo. E na maior parte das vezes as pessoas escrevem organicamente, escrevem sobre si mesmas e suas vidas de uma maneira ou de outra, em tudo o que fazem. Assim, quero saber que temas interessam a elas e ter certeza de que as estou escalando corretamente.

A TV é satisfatória para você como dramaturgo?

Escrever *Lights Out* foi uma experiência emocionante, senti que estava criando um dos melhores textos de minha carreira. Foi empolgante criar um enredo mais longo. Uma peça ou um roteiro de cinema é algo que você faz somente uma vez. E ali eram treze episódios. Pode acabar sendo só treze, mas isso já é um arco bastante longo.

Então você pensa na temporada como um único roteiro?

Sim. Tivemos uma estrutura de três atos para a temporada. E tínhamos muita consciência de que estávamos preparando o clímax do retorno dele. Os quatro primeiros episódios foram o primeiro ato, no fim do quarto episódio está claro que o drama não termina, que eles não estão aceitando que ele volte ao ringue. Do quinto ao nono episódio temos o segundo ato, o meio da temporada, que é a página 60 de um roteiro em minha mente. Foi o primeiro retorno à luta, e os últimos episódios conduzem à grande revanche. E além disso houve o piloto, e cada um dos doze episódios deveria girar em torno de uma luta. Ele vai se voltar contra a família, contra a família de origem, contra o patrocinador. A temporada tinha uma estrutura cinematográfica.

Isso não acontece com muita frequência na TV.

Não. E não tenho certeza de que seja sempre possível fazer isso acontecer. Não estou certo sequer de que tenha conseguido fazer isso com a segunda temporada da série, porque ela não tem uma missão predominante como essa. Acho a estrutura de três atos valiosa, mesmo dentro de uma cena. Acho que deveríamos ter sempre uma estrutura de três atos. E certamente uma temporada deveria sempre transmitir uma noção de onde está um personagem em sua jornada. E, se você nada até a metade do lago, está exausto demais para chegar à outra margem e está tarde demais para voltar – esse é sempre para mim o ponto intermediário. O ponto intermediário é a luta que ele tem contra um adversário do qual nunca deveria ter se aproximado. Eu tinha de fato esse grande arco avançando dentro de mim, e de certa maneira tinha a impressão de estar escrevendo a coisa toda – eu realmente escrevi o piloto, o segundo episódio e o final, esses são meus roteiros e eu obviamente contribuí para os outros. Assim, você está abrindo e encerrando a história. Eu queria escrever o final, e o escrevi em uma noite quando chegou o momento, estava simplesmente esperando que ele chegasse.

Você gosta de mudar de forma? Variar entre TV, teatro, cinema?

Gosto, mas o teatro é glacial no que diz respeito ao tempo que se leva para ter algo produzido. E cinema na maior parte das vezes significa roteiros que não são filmados. Existe uma alegria na TV – tenho mais controle sobre meu roteiro, de certo modo mais do que como dramaturgo. E é difícil ter uma peça encenada, é muito difícil conseguir que sejam montadas hoje em dia. Enquanto em quatro meses fiz 35 episódios de *In Treatment*, em quatro meses em *Lights Out* fizemos treze episódios – isso é uma quantidade enorme de histórias. Você tem sorte se consegue montar uma peça a cada três anos em Nova York, sabe, e a espera me deixa louco. Gosto de estar sob esse tipo de pressão.

Então o que virá depois de Lights Out?

Não sei. Essa é a outra coisa sobre a TV. Nós nos matamos em *Lights Out* e acho que este é em parte o melhor ano de televisão que tive, e as críticas foram as melhores que recebi desde *Side Man*, que ganhou o Tony.[5] Mas críticas de TV não importam tanto. Estávamos numa faixa de horário ruim, lutando pela nossa sobrevivência. É um pouco como o teatro. É um lançamento de dados a cada vez. Você se acostuma com isso a partir do teatro, sabe. Você pode ter uma peça que todos amam. E, se o *New York Times* fizer uma crítica ruim, ela se encerra, ou você pode ter boas críticas e mesmo assim não ter boa bilheteria, porque não tem um ator famoso. Por isso, você está sempre consciente de como sua vida pode ser curta no teatro, e na TV é a mesma coisa. Na TV praticamente toda primavera você se vê perguntando a si mesmo qual será seu próximo trabalho. Será preciso começar outro programa do zero? Isso é uma trabalheira enorme. A primeira temporada de *Lights Out* foi muito mais difícil do que a sexta de *Criminal Intent*, meu segundo ano como showrunner. Eu poderia ter morrido e provavelmente sete programas seriam exibidos antes que alguém notasse. A equipe sabe o que está fazendo, não tem ninguém novo chegando, você não precisa ensinar nada aos editores, os diretores estão com você há vários anos, existe uma estenografia, você não está inventando a roda. O primeiro ano de uma série de TV é um esforço enorme.

Especialmente quando se trata de material original.

Os atores estão imaginando onde estão seus personagens, o diretor de fotografia está imaginando como gravar as cenas e como iluminá-las e quanto tempo temos.

Mas é fascinante também.

Sim, mas você não pode pensar em mais nada. *Lights Out* tinha de ser gravada em sete dias e esse era um cronograma completamente diferente de uma gravação em oito dias, e não percebi o quanto era mais complicado. Isso não só torna mais difícil organizar seu dia com relação à produção, como a pré-produção é mais curta. E você precisa daquele fim de semana extra. Quando trabalha em oito dias, você obtém esse fim de semana extra quase todas as vezes. Quando está num regime de sete dias, não, você só tem um fim de semana. A logística é simplesmente mais difícil. Percebi que não podíamos movimentar a equipe, tínhamos de manter o programa na locação, porque o tempo de viagem iria acabar conosco, não podíamos nos dar a esse luxo.

Então você sempre tem projetos prontos para serem tocados?

Não. Escrevi um piloto este inverno, mas acho que não será aproveitado. E agora estou numa encruzilhada. Estou esperando para ouvir sobre *Lights Out*, estou recebendo ofertas. Se *Lights Out* não emplacar, estou tentando pensar no que quero fazer. Segundo ano dessa série, décimo ano daquela série – não sei o que estou com vontade de fazer no momento. E é difícil que não venham a ser noventa horas por semana.

Que sensação isso dá?

É desorientador.

Mas você precisa de algum tempo livre também.

Sim, não tive isso nos últimos quatro anos. Uma série terminava e a seguinte começava imediatamente, eu tinha de pular dentro do barco. *In Treatment* terminou naquele momento inconveniente do ano, e tive sorte de *Lights Out* ter se apresentado logo na sequência – mas isso significou que em vez descansar naquele verão eu estava ocupado em agosto, tentando desesperadamente manter a série em andamento. Se eu estivesse fazendo apenas TV aberta, haveria uma espécie de temporada natural – porque eu passei da TV aberta para a TV a cabo e para a cabo fora do calendário, é complicado. E é mais fácil para mim estar no sexto ano de uma série do que, digamos, no segundo. Posso seguir sem parar, mas na verdade não me importaria de diminuir o ritmo por algum tempo.

Isso é possível ou há sempre uma angústia de que você de certo modo perca o embalo?

Ah, sim, se eu não pegar alguma coisa até maio é possível que fique sem trabalho durante um ano.

E isso é tão ruim assim?

(risos) Sim.

Por quê?

Bem, acho que você precisa sempre ter alguma renda. E é um músculo estranho para manter em boas condições, é muito difícil pô-lo em funcionamento a partir do zero. Há muitos roteiristas que aproveitariam esse ano para escrever sua própria peça, mas sempre fui um roteirista de prazos finais e funciono bem nesse regime – a esta altura já aprendi isso. Preciso saber que alguém está esperando pelo texto e que ele tem de ser feito.

Você não se esgota, não tem um bloqueio criativo?

Tenho esse bloqueio quando não há nenhum prazo final. Tenho todo bloqueio que posso me dar ao luxo de ter dentro da estrutura de ser obrigado a filmar na segunda-feira. (risos) Você realmente não pode ter um bloqueio criativo quando vai gravar na segunda-feira e é sexta à noite. Você simplesmente continua escrevendo até terminar.

Você gosta do lado da produção? Tenho a impressão de que sim.

É verdade. Gosto demais de trabalhar com os atores.

E isso é algo que aprendeu na prática?

Aprendi a trabalhar com os atores no teatro. O teatro me ensinou muito sobre quem escalar, qual é o processo deles. Isso é uma grande ajuda para mim. Acho que muitos showrunners só escreveram em salas, mas gosto de trabalhar com os projetistas, eles em geral são muito inteligentes e cultos, e estão cada vez melhores. Se você tem essas pessoas nos lugares certos, quero dizer, mesmo os gerentes de produção… Muitas vezes há uma solução criativa para o que parece ser um problema de orçamento bem chato. Tivemos uma cena em *Lights Out*, queríamos que o *teaser* acontecesse no aquário, que fica em Coney Island. Mas, depois que a coisa começa a andar, estamos no meio do nada e não podemos nos dar ao luxo de dirigir e gastar duas horas para gravar uma única cena. Também tínhamos uma cena com o principal adversário dele, ia ser uma espécie de entrada em contato com a cena. Assim, decidimos que o adversário teria alguma coisa rolando nos conjuntos habitacionais. Era uma cena de andar e falar, isso fazia perfeito sentido para o personagem e foi uma solução muito engenhosa. Nesse caso, deixei a produção tomar a decisão. Era coerente com o personagem que ele tivesse crescido ali. Foi uma montanha-russa e funcionou muito bem, e isso é divertido para mim.

E quanto a dirigir?

Dirigi um filme, e dirigi um episódio de *In Treatment*. Você faz muito trabalho de direção como showrunner, você está no set. Os diretores são sensacionais, mas não conhecem tão bem a história e os personagens. Assim, quando chega ao set, você já repassou com cada ator o que é o episódio de maneira tão detalhada quanto necessário, e depois você está no set e repassa as cenas essenciais – faz-se muita direção de outra maneira. O arco do ator é responsabilidade minha, não do diretor no set. Sei para onde vai o personagem, sei onde o personagem esteve, ao passo que o diretor está lá por um certo número de dias e depois parte para a próxima. E, se eles vêm para o oitavo episódio, eles são boas pessoas e assistiram a todos os sete anteriores, mas mesmo assim... Esse arco do personagem é responsabilidade minha.

E você escolhe os diretores, certo?

E a esta altura conheço tantos. Eu tinha esse cara de *Criminal Intent* e o trouxe para as regravações de *Lights Out*, e ele dirigiu mais três. Éramos perfeitos juntos, essas são ótimas colaborações. Se eu parasse para dirigir um episódio, depois o episódio seguinte não estaria pronto, e o posterior a esse não estaria com o enredo pronto, de modo que o único episódio que você pode realmente dirigir é o último da temporada, e o último episódio da temporada foi uma luta de boxe em grande estilo com multidões, e isso estava muito além da minha capacidade como diretor. Posso dirigir atores decentemente, posso encenar algumas pessoas numa sala de forma adequada, posso bloquear a câmera, mas a TV é muito exigente do ponto de vista técnico. Acho que quase todo mundo pode dirigir seu próprio longa-metragem porque, mesmo num filme de baixo orçamento, você tem 28 dias, o que é quatro vezes mais tempo de filmagem para muito menos texto. Mas, do ponto de vista técnico, dirigir esses episódios de 45 páginas em sete dias é uma tarefa muito exigente, por isso me sujeito à expertise técnica deles e eles se submetem a meu conhecimento dos personagens, e a coisa funciona bastante bem.

Isso é normal, sete dias para 45 páginas?

Na TV aberta são oito, em algumas emissoras da TV a cabo são sete, na HBO são cem. (risos) Sim, sete dias é a norma agora na maioria das emissoras de TV a cabo. E é difícil. A pressão que isso gera… Primeiro dia de pré-produção, você tem uma reunião de produção, em algum momento também tem de escalar o elenco, encontrar locações, você tem de ter um elenco que tenha estudado o roteiro, tem de fazer uma reunião na véspera do início da produção, tem de conversar com o diretor sobre o tom da série, tem de instruí-lo sobre o roteiro… Isso pode demandar horas. Então, como fazer tudo isso durante a pré-produção? Se isso significar quatro dias de trabalho na pré-produção, prefiro ter esses quatro dias de um total de oito do que quatro dias de um total de sete, e é nessa hora que começam os ataques de todos os lados.

Impressionante. E, apesar disso, há muitas séries que parecem cinema.

Nosso programa é deslumbrante. Eu trouxe um diretor de fotografia do cinema independente, e ele é um artista, tivemos um visual realmente bom por sete dias. Quase não houve cenas perdidas. Acho que não chegamos a apagar nem cinco cenas em toda a temporada. Tive de escrever de maneira muito mais econômica, e simplesmente decidi não gravar nada que não fôssemos usar. O risco é ter uma cena de que você não gosta e ser obrigado a usá-la porque não há mais nada. Em *Criminal Intent* nós publicávamos roteiros de 58 páginas, e a primeira montagem vinha com quinze minutos a mais, e depois a edição era brutal. É terrível quando você corta fora as pistas falsas porque não deram certo, isso é idiotice. Assim, nesta série, as primeiras montagens vinham em geral com 45, 46 minutos, para um programa de 41 minutos. Nesse caso, você está cortando sobretudo ar.

Você usou menos diálogos?

Depende. Os editores vão dizer: por que simplesmente não cortamos todo esse blá-blá-blá? Eles não querem dizer isso para o roteirista, geralmente não querem o roteirista na sala. Eles querem que, ao entrar na sala de edição, você esteja olhando para tudo com um olhar novo, não importa o que você escreveu, não importa o que gravou, agora você tem de encontrar a melhor história. Os roteiristas se matam para levar o filme para onde queriam que ele fosse e têm muita dificuldade em realmente ceder. Mesmo que alguma coisa não funcione, eles ficam loucos... Eles acabarão dizendo: "A resposta é sim, você provavelmente não precisa dessa cena. Mas gosto muito dela."

Isso depende da origem do roteirista, não é?

Certamente. Acho que dramaturgos se apegam mais. Mas isso é algo que você tem de aprender, e na maior parte do tempo os roteiristas não entram na sala de edição, isso é trabalho do showrunner ou do produtor. Quando você roda um filme, tem duas semanas de folga e o editor faz a montagem nesse meio-tempo; assim, quando volta, você tem uma pequena distância em relação a ele, há tempo. A TV é um processo tão rápido que aprender a se desapegar é importante. Sobre as reescritas: recebo um rascunho, o roteirista está morto, preciso de uma revisão em um dia, e sou tipo: corte isto, livre-se daquilo. Alguns roteiristas não conseguem fazer essa transição com rapidez suficiente – e depois é hora de editar e é realmente difícil. Essa é a vantagem de um showrunner na sala de edição. Em geral eu não começava o episódio, ou aprendi a ser brutal, para mim a edição era mais um estágio da escrita. E gosto muito dessas colaborações com os editores. Mas quase todos os editores com que trabalhei, se eu lhes disser, "ouça, não posso ir para a sala de edição, quer que eu mande o roteirista?", eles vão dizer não. (risos)

E no cinema eles não querem o roteirista no set também.

Mas isso decorre de uma estrutura de poder. Na TV nenhum diretor pensa que é o autor. É um ambiente muito mais colaborativo. E tenho sempre meus roteiristas no set quando filmamos. Acho importante, porque eles sabem melhor quais eram as intenções originais. Idealmente, eles também sabem onde puxar o freio. Se forem catorze horas lá dentro e isso não funcionar, é hora de deixar para lá. Isso é algo que os roteiristas têm de aprender, apenas estar lá e saber quando dizer alguma coisa. Em *Law & Order*, antes que eu me encarregasse da série, não se esperava que os roteiristas estivessem no set. Dick não quer os roteiristas interferindo na produção e não quer a produção interferindo na edição.

Embora ele próprio seja um roteirista.

(risos) É um estranho conjunto de habilidades que você precisa ter como showrunner. E muitos roteiristas não podem ser showrunners, a vasta maioria.

Os roteiros da TV de hoje por vezes me lembram os filmes dos anos 1970.

Sim, sim. E eles pararam de fazer aqueles filmes. Olho para eles e penso: como aquilo seria vendido hoje? Como aquilo seria sequer proposto? Não poderia acontecer. Sabe *Cidade das ilusões*, o filme de John Huston sobre boxe, com Stacey Keach no papel do pugilista? Ele é o pai no nosso programa de TV. Fui assistir a *Cidade das ilusões* quando esse trabalho surgiu, foi assim que pensei em Stacey. Mas não haveria a menor possibilidade de alguém fazer aquele filme agora. É algo como o caminho espiritual dos derrotados. Bem, esse é um argumento terrível. Os filmes – não todos, mas um número excessivo deles – tornaram-se grandes, e é preciso muita coisa para promovê-los, por isso eles precisam de estouros de bilheteria, sequências, tornou-se um tipo diferente de negócio, e o filme independente tem cada vez menos salas. Por isso – e não pense que estou dizendo isso porque estou fazendo TV agora –, acho que a TV, neste momento, é o melhor lugar para um roteirista estar. Não há praticamente nenhum meio de se ganhar a vida no teatro, e não há nenhum interesse numa peça isolada a menos que você escale superestrelas, geralmente inadequadas. E o cinema... Estou pensando apenas nas grandes corporações, elas são como transatlânticos, são grandes empresas, não podem se mover muito rapidamente. Com os filmes independentes, você passa todo o seu tempo tentando fazê-los. Com um pequeno programa na TV a cabo, você faz treze episódios, dois milhões e meio de dólares cada um. Ninguém vai à falência por causa disso, há lugares suficientes para vendê-lo no exterior e há muitas reprises depois da primeira exibição, e vendas de DVDs. O programa acabará compensando. E as pessoas passaram a esperar coisas mais desafiadoras na TV a cabo. Talvez eu não queira gastar cem dólares para chamar uma babá e ir ao cinema com minha mulher, mas se puder ligar na AMC e ver um episódio de *Breaking Bad* vai ser muito bom. É interessante como isso mudou. Ninguém teria previsto vinte anos atrás que a TV seria o que ela é agora.

Mas não acontece às vezes de você ter uma história que gostaria de ver transformada num filme?

Gosto de escrever roteiros, mas em geral eles não são produzidos, ou quando foram eu fui humilhado pelo processo.

Você quer dizer pelo diretor.

É o diretor e é a escolha inadequada do elenco, isso acontece demais. Nunca terei esse poder, a menos que escreva e dirija meu próprio filme. Mas levei três anos para conseguir fazer o filme que escrevi e dirigi, foram dez horas por dia ao telefone. Na TV você pode sofrer uma pressão debilitante, mas por outro lado pode rodar treze episódios em quatro meses. E você aprende tão mais escrevendo e editando um episódio e depois escrevendo e editando outro, você aprende tanto nesse processo, mais do que escrevendo seu próprio roteiro na esperança de que ele seja feito. Você sabe, onde estou agora como roteirista em relação a onde estava quatro anos atrás, antes de começar a trabalhar como showrunner – foram provavelmente perto de noventa episódios em quatro anos.

É muita coisa.

Exatamente. E há um momento em que você sabe o que está fazendo e dali em diante pode improvisar. Tenho as coisas sob controle agora.

Esta é uma excelente questão que você está propondo aqui. E quanto aos filmes para a TV?

Isso desapareceu. O canal Lifetime ainda faz filmes do tipo estuprada-por-um-serial-killer. Mas esse gênero desapareceu. No momento, as séries para a TV a cabo são algo bastante bom, mesmo que os orçamentos e as equipes sejam reduzidos. É a escrita mais expressiva que você pode fazer, e da qual tirar seu sustento. Sinto falta de meus filmes. Penso em propô-los, em sair por aí e tentar me associar a um diretor. Mas detesto perder tempo esperando que alguma coisa obtenha sinal verde, não é um tempo que se pode recuperar.

Muito obrigada, e se eu tiver mais alguma coisa que queira perguntar...

Pode simplesmente inventar uma resposta para mim.

Tom Fontana

Tom Fontana escreveu e produziu *Os Bórgias* e *Copper* [e, mais recentemente, foi produtor executivo de *Killing Fields*, Discovery Channel]. Também escreveu e produziu *St. Elsewhere, Homicide: Life On The Street, Oz* e *The Philanthropist*. Recebeu, entre os outros, três prêmios Emmy, quatro prêmios Peabody, três prêmios do Sindicato de Roteiristas, quatro prêmios da Associação de Críticos de Televisão, o Cable Ace Award, o Humanitas Prize, um Edgar especial e o primeiro prêmio no Festival de Cinema Tout Écran, em Genebra.

Então, como foi que você passou a escrever para a TV? E conseguiu permanecer em Nova York enquanto isso?

(risos) Nasci em Nova York, em Buffalo, numa família sem nenhuma relação com o showbiz. E comecei a escrever quando era muito jovem. Meus pais me levaram para ver uma montagem de *Alice no País das Maravilhas* e voltei para casa e comecei a escrever diálogos, embora não tivesse a menor ideia do que era aquilo, e simplesmente continuei escrevendo. Escrevi durante o ensino médio e a faculdade, escrevi peças, depois me mudei para Nova York. Uma peça minha ia ser montada no Festival de Teatro de Williamstown, em Massachusetts. Então, naquele verão, chegou Bruce Paltrow, que era marido de Blythe Danner e que hoje é falecido. Blythe era atriz em uma das companhias. Minha peça estava sendo montada pela Second Company. Blythe levou os dois filhos para ver a peça, Gwyneth e Jake Paltrow (ambos muito jovens na época). Eles adoraram e ficaram dizendo para Bruce: "Você precisa ver isso." Bruce era um grande produtor de TV e eu era um dramaturgo, não gosto de TV. (risos) Enfim, o verão acabou e Bruce não foi ver a peça, e Blythe ficou furiosa com ele por causa disso. Ele estava começando a fazer esse programa, *St. Elsewhere*, e ela de certo modo o obrigou a me contratar para um episódio. E estou convencido até hoje de que, se tivesse visto a peça, ele nunca teria me contratado. Portanto, toda a minha carreira está baseada em não ter absolutamente nenhuma ambição e em ter tido boa sorte e um dulcíssimo anjo da guarda chamado Blythe Danner.

É uma coisa bonita o que você acabou de dizer. Estou sempre ouvindo dois nomes em Nova York, o de Bruce Paltrow e o seu. E todo mundo diz a mesma coisa sobre vocês dois, dizem que você é como o Bruce.

Bem, ele foi meu mentor, meu rabino... você sabe.

Bruce Paltrow parece ser aquele mentor lendário, sempre reunindo pessoas muito generosamente ou levando-as para o show business. E você é conhecido pela mesma generosidade. Mesmo sendo agora um renomado e poderoso roteirista de TV, a primeira coisa que as pessoas me dizem toda vez que seu nome é mencionado é o quanto você é generoso. A competitividade e a confidencialidade não são o mantra dessa indústria? Por que e como você é diferente?

Na verdade, perguntei a Bruce certa vez: "Bruce, o que vou fazer, como poderei algum dia retribuir?" E ele me respondeu: "Bem, Tom, a verdade é que você nunca poderá me retribuir. Não haverá uma ocasião sequer em que você possa fazer por mim o que fiz por você. Mas haverá um momento em que você poderá fazer isso por outra pessoa. Portanto, faça isso e terá me retribuído."

Que sujeito extraordinário.

Sim. E eu levei isso a sério. Veja, nossa indústria é realmente muito competitiva, mas não preciso ser bem-sucedido passando por cima dos outros. Se vou fazer sucesso, quero que seja porque aquilo que faço tem valor, e não porque arrebentei a carreira de outra pessoa. Não acho que apreciaria o sucesso sabendo que o obtive dessa maneira.

E você é tão bem-sucedido que as emissoras europeias vieram procurá-lo. Você foi provavelmente o primeiro roteirista americano a ser encarregado de uma série de TV completamente financiada pelo mercado europeu. E está lidando com profis-

sionais europeus, acostumados a trabalhar com autores muito menos mimados que você. Quero dizer, o roteirista de TV europeu, embora esteja em melhor situação que os roteiristas de cinema, está longe de ter o poder e a liberdade criativa de um roteirista da TV americana. Como foi trabalhar num ambiente como esse, depois de estar acostumado a dar as cartas?

(risos) Para ser absolutamente sincero, estou gostando muitíssimo da experiência de não ter de lidar com um estúdio americano.

Sério?

Bem, da mesma maneira que um roteirista europeu está acostumado às provações e tribulações de lidar com uma rede europeia, estou acostumado aos percalços de lidar com estúdios americanos. É uma experiência diferente, claro, mas você ainda fica frustrado. Tive duas outras grandes experiências de liberdade criativa. Uma delas foi trabalhando na MTM com Bruce. A empresa não existe mais, mas naquela época era muito influenciada pelo roteirista. A segunda foi quando fiz *Oz* para a HBO. O grau de liberdade criativa e estímulo que eles me deram foram extraordinários.

Não é TV, é HBO.

Exatamente. Foram Chris Albrecht e Anne Thomopoulos. Havia um forte sentimento de "nós o contratamos porque você sabe fazer isso e vamos deixá-lo em paz". E é assim que me sinto aqui. Não é que os executivos não devam ter opiniões, mas na HBO e no Lagardère há um forte sentimento de "vamos lhe dar nossa opinião e depois você vai tomar uma decisão, porque você é o único com uma visão de como essa série deve soar e do que deve cobrir tematicamente".

Então eles o tratam como um diretor. Porque na Europa só diretores recebem o tratamento que você descreve. Como conseguiu fazer com que o tratassem assim?

Sim, eles estão observando o modelo americano do showrunner e finalmente percebendo que dar ao roteirista pelo menos algum poder resultará num programa de televisão melhor. E esta é a situação paradoxal do acordo com o showrunner: todos os roteiristas querem total liberdade criativa. Mas junto com isso deve estar a responsabilidade financeira pelo modo como o programa é produzido. Assim, você não pode ser um showrunner e dizer "não me importa o quanto isso custa", porque nesse caso você não é um showrunner, você não é um roteirista-produtor, é simplesmente um roteirista. E, se quisermos fortalecer os roteiristas europeus, tem de haver uma mudança na atitude dos roteiristas também. Não é só uma mudança na atitude do estúdio ou da emissora. Entende o que estou dizendo?

Nesse caso, como um roteirista pode ser preparado para ser um produtor?

Eu não era um produtor. Bruce Paltrow me ensinou a ser um produtor. Ele me ensinou a escrever para a televisão e me ensinou a produzir para a televisão. E ele deixava muito claro que eu tinha a responsabilidade moral de proteger o investimento financeiro, que aquele dinheiro não era meu, mas eu tinha de tratá-lo como se fosse. E é isso que ensino quando introduzo jovens roteiristas e os promovo ao longo da cadeia de comando. Essa é uma das grandes lições. É uma lição muito difícil. Sei como fazer uma série funcionar.

Sem comprometer a qualidade.

Exatamente. É mais ou menos assim: "Tenho este set e escrevi esta cena para outro set, mas, em vez de construir todo um novo set, será que posso rodá-la no set que tenho e ainda assim torná-la viável?" Acredito que uma boa cena funciona em qualquer lugar. Por isso, posso pôr você e eu nesta sala, ou numa esquina em Praga sob uma tempestade – o cerne da cena será o mesmo, qualquer que seja o ambiente. A menos que você esteja encenando uma missa; nesse caso tem de estar numa igreja.

Ainda é difícil acreditar que as emissoras europeias lhe dão total controle.

Bem, eu não teria aceitado o trabalho se fosse estar na posição de um roteirista europeu. Porque entendo como essa posição é fraca. Portanto, toda a ideia foi: se você quer um showrunner americano, tem de jogar de acordo com as regras convencionais. E foi um ajuste. Mas me sinto bem com a colaboração. Não foi fácil, está fácil agora.

Qual é a principal diferença, a seu ver?

O mais difícil para mim não foi em termos da escrita, nesse aspecto eles foram maravilhosamente abertos. Foi o lado da produção. Conheço equipes em Nova York. Sei quem é o melhor carpinteiro de estúdio. Sei quem é o melhor cenógrafo. Não conheço ninguém na Europa. E não apenas não conheço ninguém, não sei sequer se as funções são as mesmas que nos Estados Unidos. Assim, estes últimos meses foram para mim uma educação. Preciso acrescentar que temos profissionais de dezoito diferentes países entre atores e equipe técnica. É assim que as coisas são feitas lá, por isso tive de ajustar a mentalidade deles à minha para fazer com que funcionassem melhor. Mas também tive de reconhecer que às vezes é assim que as coisas são, para o bem e para o mal. Tive de aprender a me adaptar ao que não podia mudar. A dinâmica num estúdio de gravação em Nova York é diferente da que encontramos num estúdio tcheco. Não melhor, apenas diferente.

Você acha que a série teria sido diferente se tivesse feito o programa nos Estados Unidos?

Bem, do ponto de vista das locações não teria sido possível fazê-lo aqui. Não há nada que se pareça com aquilo. Por outro lado, como as coisas parecem levar mais tempo em Praga do que nos Estados Unidos, segundo a minha experiência, teríamos tido mais cobertura e mais tempo para cada cena. Mais uma vez, porém, levei todo esse tempo para descobrir por que a filmagem avança assim tão devagar. Será que é apenas essa circunstância particular e todas as outras equipes normalmente avançam mais depressa, ou ocorre simplesmente que esse é um tipo de coisa de Nova York, "vamos gravar isso rapidamente", e em Praga não há esse imperativo? Existe uma espécie de energia e uma agressividade nova-iorquinas na maneira de gravar que as pessoas em Praga, perfeitamente maravilhosas e talentosas, não têm. Elas simplesmente não parecem estar com pressa. (risos)

E quanto à escrita? Será que os roteiros teriam sido diferentes se você estivesse trabalhando com uma rede americana?

Como eu disse, o Canal+ e a ZDF foram muito pouco invasivos. Tivemos muitas conversas antes que eu começasse a escrever – sobre como o programa poderia ser em termos temáticos e visuais, quanto sexo deveria haver, quanta violência.

Quanto?

Bem, os franceses queriam mais sexo e os alemães queriam menos. (risos) Em parte, acho que isso se devia ao fato de que na Alemanha estaríamos na TV aberta, ao passo que o Canal+, a rede francesa, é TV paga. Assim, o Canal+ é muito mais parecido com a HBO, enquanto a ZDF se parece mais com uma rede de televisão aberta americana. Estamos literalmente fazendo duas versões do programa, mas elas não são diferentes em termos de personagens ou tema. É só que em uma você verá pênis e vaginas, e na outra não.

Essa é uma ideia extravagante, fazer um programa para HBO e ABC ao mesmo tempo... Então nunca lhe disseram que os personagens deveriam ser mais simpáticos?

Não.

Tem certeza de que trabalhou na Europa?

(risos)

Você tinha uma sala de roteiristas?

Bem, eu nunca faço uma sala de roteiristas típica. Nós nos reunimos, mas não de uma maneira "vamos nos sentar e escrever histórias". Na maioria das salas de roteiristas, todo mundo chega às nove da manhã para produzir histórias, mas em oito horas você passa pelo menos uma hora e meia comendo, pelo menos duas horas falando sobre sua mulher, uma hora ao celular, e assim a quantidade real de tempo em que o trabalho necessário é feito é uma parte relativamente pequena de um dia muito longo. O que funciona para mim é eu me sentar com cada roteirista que vai escrever determinado episódio, só ele e eu. Normalmente o que faço, e faço isso com *Os Bórgias* também, é escrever uma bíblia para todos os doze episódios. E digo: "Aqui estão algumas possíveis cenas para esse episódio." E, depois que fiz a bíblia, todo mundo a lê e nos sentamos e conversamos, mas isso é uma reação ao que fiz, e não um "vamos todos nos sentar numa sala e iniciar o processo". Acho que uma única pessoa tem de ser responsável pela visão do programa, e você convida outros roteiristas para ajudarem-na a moldá-lo, a completá-lo. O que me agrada nos roteiristas com quem trabalho é que eles estão sempre sugerindo coisas em que eu não teria pensado. Mas todas as ideias são extraídas de um esboço que escrevi.

Então você de fato discute o esboço.

Sim, e o esboço se torna um documento tão inútil quanto poderia ser.

Mas até que ponto esse esboço é detalhado?

Ele é detalhado ao enumerar uma série de incidentes. "Este é o incidente desse momento." Mas o importante é que eu não digo "isto é o que eu quero", porque, se você diz a outro roteirista "isto é o que eu quero", é aquilo que você terá, e não quero que me entreguem de volta cenas que eu mesmo poderia ter escrito. Quero que alguém me dê algo que me faça dizer: "Puta merda, nunca pensei nisso, essa abordagem é sensacional para a cena, aquele diálogo está simplesmente genial, um assombro." E é por isso que todo esse negócio de sala de roteiristas me parece de certo modo redutor.

Então você não acha que esse é o segredo do sucesso da TV americana?

Não. Tenho roteiristas aqui, eles têm escritórios, eles correm para cima e para baixo pelo corredor trocando ideias, resolvendo problemas, compartilhando.

Mas eles têm suas próprias salas.

Todos têm suas próprias salas, exatamente! E, se alguém tem um problema, vem falar comigo, ou vai falar com um dos outros roteiristas. É mais uma comunidade de roteiristas, não estamos presos nesta sala por oito horas.

Então você recebe o primeiro rascunho de volta e depois faz uma revisão?

O que eu sempre digo ao roteirista é: "Com o primeiro rascunho você me ensina como escrever este programa. Com o segundo rascunho, eu vou lhe ensinar como escrever este programa." Assim, quero que eles se sintam inteiramente livres para experimentar qualquer coisa que queiram. E, quando recebo um roteiro, não sou crítico, o que digo é: "Pense sobre isso, pense sobre aquilo." Porque o outro erro que alguns showrunners cometem é dizer a outro roteirista como eles próprios teriam escrito o roteiro. Acho isso errado. Depois faço comentários para o autor, digo: "Isso não estava muito claro", "Não compreendo realmente a jornada dela", "Como ela chegou a esse ponto?" Faço perguntas e por vezes dou sugestões, mas nunca sou dogmático com relação às minhas sugestões. Depois que o segundo rascunho é feito e tenho de prepará-lo para produção, é hora de arregaçar as mangas e fazer tudo o que for preciso, seja consertar alguma coisa que o outro roteirista não compreendeu ou não conseguiu fazer ou algo que a produção exige. Assim, tenho que apresentar uma solução para quaisquer problemas. Os primeiros rascunhos de todos os episódios de *Os Bórgias* tinham provavelmente 75 páginas no total. Quando chegamos à produção eles tinham se reduzido para cinquenta páginas.

Quanto tempo você tem para um episódio?

Algo entre 48 e 52 minutos. Assim, no caso de *Os Bórgias*, eu tinha de pegar o roteiro de outra pessoa e cortar 25 páginas. Você sabe tão bem quanto eu que, se você corta uma cena, tem de consertar aquela outra, ou cortar uma terceira. Tento não jogar nada fora, tento conservar tanto do material original quanto possível. Às vezes roteiristas me telefonam e dizem: "Escrevi uma fala para tal cena e de repente ela estava lá na frente, em outra." Isso acontece porque, quando vejo um diálogo excelente, eu o ponho num banco e encontro um lugar melhor para ele.

Tudo está sendo gravado em inglês. Vai ser dublado?

Na Alemanha, sim, e na França creio que será exibido dos dois jeitos.

Os italianos também estão participando?

Não sei de todas as negociações. Não sei quais negociações estão abertas e quais estão fechadas.

Na Europa, quando você diz produtor, está se referindo à pessoa também encarregada de todas as negociações financeiras.

Sim. Veja, isso é o que a empresa francesa que me contratou está realmente fazendo.

Então você não está lá com sua empresa.

É sempre assim. A Levinson/Fontana é contratada pela Warner Brothers, mas não tratamos de finanças.

Você não se arrisca de nenhuma maneira, nem na fase de desenvolvimento nem mais tarde. Isso é muito diferente do modelo europeu, você sabe. Quando se diz a roteiristas europeus que eles têm de se tornar produtores, a ideia é que teremos de captar o dinheiro, adiar nossa remuneração, pelo menos em parte, cobrir o déficit, arriscar.

O que tenho em mente é o produtor no modelo americano... O produtor é responsável pelo custo, mantém o custo da produção. Em outras palavras, você concordou com um orçamento e vai trabalhar para se manter dentro desse orçamento, esse é seu trabalho.

Outro dia, ouvi Bill Goldman dizer algo que realmente me impressionou: "Não gosto do que escrevo, nunca gosto do que escrevo." Você gosta do que escreve?

Não, não! Detesto o que escrevo. É muito engraçado ele dizer isso, porque, quando ponho a coisa no papel, penso: "Não, isso não está bom o bastante." Sempre penso que poderia ser melhor. A parte mais difícil para mim quando assisto a um episódio de *St. Elsewhere* ou *Homicide* ou *Oz* é pensar: "Droga, agora eu sei como escrever aquela cena." Porque, à medida que passa pela vida, você vai ficando melhor nisso. Espera-se que você fique melhor. Vou lhe contar uma história bem rápida: eu estava no restaurante Elaine's com três roteiristas, e um deles, que trabalhava em *Law & Order*, perguntou a nós: "Vocês viram o episódio da semana passada de *Law & Order*?" E nós todos dissemos: "Não." E ele continuou: "Talvez tenham sido as melhores horas da televisão de todos os tempos." Então, falou como tinha sido e nós dissemos: "Parece ótimo." Perguntei: "Mas e então? Quem o escreveu?" E ele: "Eu." Ele foi embora e nós três continuamos bebendo, e eu disse: "Vocês alguma vez gostaram do que escreveram?" E todos responderam: "Não! Ficamos extremamente chocados com a noção de grandeza dele."

Bem, ele é um abençoado. A maioria dos roteiristas é insegura.

Bem, a grande lição que aprendi fazendo televisão episódica é que você pode continuar trabalhando até certo ponto e depois tem de parar. Porque eles têm de gravar aquilo, e depois você tem de editar. Então você precisa parar, chega um momento em que você tem de dizer: "Está tão bom quanto possível." A vantagem da televisão episódica é que você pode dizer: "Tenho a semana quem vem, posso consertar isso na semana quem vem, vou começar de novo. Aprendi o que fiz de errado neste episódio, por isso o próximo vai ser muito melhor."

Você escreveu peças de teatro, filmes e séries para a TV, documentários. Qual é a sua forma favorita?

Gosto de fazer séries para a TV porque gosto do tipo de natureza novelesca desse formato, que permite levar o personagem numa jornada no curso de cinco anos. Assim, penso que, se tenho uma ideia e é um haicai, escrevo o haicai. Certas coisas deveriam ser peças, certas coisas deveriam ser séries de TV, certas coisas deveriam ser filmes, certas coisas deveriam ser peças radiofônicas e certas coisas deveriam ser um poema épico. E a outra coisa é que gosto de escrever. Considero uma bênção poder escrever cada manhã, e em algum momento não serei mais capaz disso, portanto quero escrever tudo agora mesmo. Porque minha capacidade de escrever vai terminar, e antes que ela termine quero ser capaz de dizer: consegui fazer tudo. Gosto de escrever. Não sou um poeta, essa é a única coisa que não consigo fazer.

Você não usa computador de jeito nenhum, é isso mesmo?

Escrevo à mão e dou as páginas para Kate e Larry (assistentes de Tom). Você sabe, há uma sensualidade nisto (ele imita a escrita com uma caneta) que isto (imita a escrita num computador) não tem. Não sei, o teclado não me empolga. A outra coisa é que você quer fazer isto. (ele pega um pedaço de papel sobre a mesa e o joga do outro lado da sala) Eu estaria jogando computadores do outro lado da sala desse jeito a cada dez minutos. (risos) É por isso que não uso computador, seria caro demais. E num computador a cena parece tão acabada, a ortografia é verificada e ela parece tão pronta... Um primeiro rascunho nunca deveria parecer pronto, não deveria parecer bonito, ele deveria parecer horrível. Trabalhar no computador é uma coisa limpa e ordenada demais. Escrever é um caos, escrever é anarquia, você não acha?

Eu simplesmente não consigo mais imaginar não trabalhar no computador.

Só restam uns dois de nós. Sei que David Kelley ainda escreve à mão.

Isso é incrível. Fale-me sobre os roteiristas que utilizou em Os Bórgias.

Contratei roteiristas com quem havia trabalhado antes, assim pudemos poupar muita conversa. No primeiro ano de uma série, é importante saber quem são os jogadores. Depois você pode começar a experimentar. Como disse, eu não conhecia ninguém da equipe técnica, só conhecia dois dos atores antes das gravações e não conhecia nenhum dos diretores, ou seja, havia uma grande porção de risco para mim, pondo o bebê na mão de estranhos. Mas tive muita sorte. Isto é, Oliver Hirschbiegel – nós nos respeitamos muito um ao outro. Continuo esperando que tudo venha abaixo – mas isso nunca aconteceu. (risos)

E quanto aos seus roteiristas? Eles estavam com você no set?

Há sempre um roteirista no set. Neste momento, Brant Englestein, um de nossos supervisores de produção, está lá, enquanto estou aqui. Kyle Bradstreet, um de nossos outros supervisores, logo estará lá também. É importante ter um roteirista no set, para poder ouvir o diálogo e saber se a cena está funcionando. Porque na televisão as coisas acontecem tão depressa que é realmente importante ter por perto um roteirista que possa dizer: "Veja, essa é a intenção da cena", porque, se o roteirista não participar ativamente, meu instinto é explicitar demais a cena e deixar muito óbvio do que ela trata. Para mim, esse é o pior tipo de escrita, porque não tem sutileza. É isso que um roteirista precisa fazer quando não está no set, e isso contribui para uma TV ruim.

Essa é uma questão interessante.

E você sabe, o engraçado é que todo diretor nos primeiros dois dias pensa: "Por que ele fica falando comigo?" E depois: "Ah, isso na verdade é uma conversa." Um dos diretores de *Os Bórgias* chegou a me dizer que nunca tinha tido esse tipo de experiência antes, a possibilidade de se virar para o roteirista e perguntar: "É assim mesmo, não é? Nós acertamos?" Acho que ele teve uma pequena revelação, isso é bom.

Exato.

Às vezes há tanta coisa acontecendo durante a gravação, o diretor está olhando para alguma outra coisa ou trabalhando com o diretor de fotografia, e estou sentado ao monitor e a única coisa que tenho de fazer é assistir.

Que tal você mesmo dirigir?

Não. Eu poderia me contratar para dirigir a qualquer momento. Mas jamais faria isso.

Por quê?

Não sou uma pessoa visual. Se você me diz "fica a três metros de distância", não sou capaz de dizer o que são três metros. Sou um roteirista, e um roteirista pensa como roteirista. Isso não quer dizer que não haja muitos excelentes autores-diretores. Mas também acho realmente bom soltar o roteiro. Claro, posso soltá-lo porque sei que o terei de volta.

Essa é outra excelente afirmação.

Além disso tenho a montagem final.

Você participa da montagem final?

Sempre.

Isso é espantoso. Não ouvi isso de outros showrunners.

Não sei.

Sempre pergunto e eles respondem que não, pelo menos em termos contratuais. Mas, na prática, é como a coisa funciona.

Em última instância, nos Estados Unidos, se a emissora diz que um episódio é inaceitável, o estúdio pode montá-lo. Porque se eles não entregarem o episódio estarão quebrando o contrato. Assim, tecnicamente, o estúdio e a emissora podem tirá-lo de mim, mas criativamente tenho a montagem final.

Não é o diretor?

Não.

Então você edita aqui em Nova York, sem Oliver?

Oliver fez a montagem dele, a montagem do diretor.

Em Praga?

Sim, e agora estou trabalhando nela.

E ele está confortável com isso?

(risos) Até agora.

*Há alguma coisa que eu não tenha perguntado, Tom, que você considere impor-
tante?*

A única coisa que eu acrescentaria, e este é um ponto de vista muito não
hollywoodiano, é que acho essencial que nós, roteiristas, escrevamos o
que é importante para nós, o que nos toca, o que nos faz rir, sem tentar
agradar a todo mundo. E isso não quer dizer que você não queira agradar a todo mundo, quero que todo mundo goste de tudo o que escrevo,
mas acho que o que acontece em Hollywood, e não sei se na Europa
também, é que as pessoas procuram ter sucesso em contraposição a
serem fiéis. E quando digo fiéis quero dizer fiéis a si mesmas e à verdade
dentro delas. E acho que é muito fácil perder isso devido à necessidade
de ser bem-sucedido – "Ah, quero os troféus, quero o dinheiro, quero o
carro, quero a casa." E só digo isso porque fui seduzido por essas coisas
e depois despertei: "Bem, espere aí, era realmente isso o que eu queria
alcançar sendo um roteirista?" Portanto, eu provavelmente poderia ter
tido uma carreira de mais sucesso, porque muitas vezes optei por não
fazer a escolha comercialmente mais sensata. Sinto que fui fiel, e por
isso, por ter sido continuamente fiel à escrita, não sinto necessidade de
ser bem-sucedido em minha carreira. Isso me dá a liberdade de convidar outras pessoas para a dança. Entende o que quero dizer? Mas é fácil
perder isso, especialmente na nossa profissão.

Se você pudesse voltar vinte anos no tempo, faria alguma coisa diferente?

Acho que não. Deixe-me dizer isso da seguinte maneira: há coisas que gostaria de ter feito melhor. Mas não é algo como "ah, eu deveria ter aceitado aquele trabalho naquele filme de Spielberg", não tenho esse tipo de remorso. Há momentos em que você diz: eu poderia ter feito aquilo melhor e gostaria que isso fosse possível.

Por que você não faz mais filmes?

Vou lhe dizer uma coisa. Reescrevi roteiros de filmes. Nunca tive veneração por filmes, da maneira como as pessoas têm. Para mim, contar a história, explorar personagens, definir o tempo em que vivemos – é disso que se trata, e, se posso fazer isso na TV e ter a liberdade que tenho, por que trocaria isso pela possibilidade de escrever um filme em que vão cagar em mim, porque diretores notoriamente cagam em roteiristas? Para que preciso disso? Além do mais, os filmes que estão sendo feitos neste momento... não tenho nenhum interesse por eles.

Mas por que pessoas como você não revertem isso?

Porque nesse caso tenho de participar do levantamento do dinheiro. E estou ocupado demais levantando o dinheiro para a WGA East Foundation [o Sindicato de Roteiristas da Costa Leste dos Estados Unidos]. (risos)

Jenny Bicks

Jenny Bicks foi roteirista e produtora executiva da série *Sex and the City*, da HBO, várias vezes premiada com o Globo de Ouro e o Emmy, e atualmente é roteirista e produtora executiva da série *The Big C*. É também a criadora e roteirista da série *Men in Trees*, da ABC, e escreveu o roteiro do filme *Tudo que uma garota quer*, de 2003.

Você escreveu para a sua primeira série em 1993. O que a levou até lá? O que você estudou, qual foi a sua formação?

É bom que você tenha encontrado toda a minha história desde 1993! Eu me formei em literatura inglesa numa pequena faculdade e trabalhei com propaganda durante cinco anos em Nova York. E depois acabei conseguindo um emprego numa sitcom em 1993, que era *It Had to Be You*, com Faye Dunaway. Foi uma combinação muito rara, porque ela nunca tinha feito uma sitcom antes. Eu só pensei "é meu primeiro emprego, tenho tanta sorte" e me mudei para a Califórnia para trabalhar nisso. Em seguida trabalhei em mais seis ou sete sitcoms (entre as quais *The 5 Mrs. Buchanans*, *The Naked Truth*, *Almost Perfect*, *Leap of Faith*), e, nos dois anos seguintes, no filme *Tudo que uma garota quer*. A maioria das pessoas não conhecia essas séries e elas não duravam muito, uns dezessete episódios, o que não era sequer um ano inteiro. Mas aprendi a fazer sitcoms, a escrever roteiros e a trabalhar em salas de roteiristas, porque nessa época a sitcom estava no auge, por isso eles estavam gastando muito dinheiro e enchendo as salas de roteiristas. Assim, tive uma chance de trabalhar em salas cheias de, bem, sobretudo homens, isto é, geralmente era eu e um bando de caras.

Isso não mudou muito, não é?

(risos) Não. Ainda é assim. Foi ótimo para mim aprender ali a estrutura da piada. A comédia de câmera única não existia – câmera única era para uma hora ou mais e para a TV a cabo. A primeira vez que trabalhei num programa de uma hora foi numa série chamada *Dawson's Creek*, que não existe mais. Depois fui para *Sex and the City*, na qual trabalhei por seis anos. Foi aí que em grande medida aprendi sobre planejamento de história e escrita. (observação: Jenny escreveu quinze episódios de 1998 a 2004) Nós gostamos de pensar que foi *Sex and the City* que levou a comédia de meia hora de câmera única para a consciência da televisão. Depois eu criei *Men in Trees*, que era um programa de uma hora para a ABC, e isso foi tudo por dois anos, e finalmente cheguei a *The Big C*, que é onde estou agora. Esta é nossa segunda temporada, e é um programa de meia hora de câmera única. Nós o chamamos de comédia, mas ele assumiu agora aquela forma de comédia que é ao mesmo tempo muito dramática e muito cômica. De certo modo nós reformulamos o significado de comédia.

Você falou sobre participar de uma sala de roteiristas numa sitcom. Onde e como esse conceito começou?

A sala de roteiristas já existia desde os anos 1950. Aquelas velhas lendas da comédia, três ou quatro daqueles sujeitos se reuniam em salas. E acho que isso se desenvolveu a partir daí. O que aconteceu foi que nos anos 1980 e 1990 as salas ficaram maiores, passou-se de três ou quatro roteiristas numa sala para quinze. Eles eram chamados de diferentes lugares e reunidos numa sala. A sala de roteiristas destinava-se originalmente a permitir que os comediantes experimentassem suas piadas e seu material. E nas salas de que participei... ainda era isso que estava acontecendo. Você lançava uma piada ali e via se obtinha uma reação. Cada sala funcionava de maneira um pouco diferente, dependendo de quem era o showrunner e de como ele gostava de fazer isso, mas em geral tratava-se de reagir às piadas e histórias uns dos outros, tentando fazer a sala rir, isso se tornou significativo... Você sabe, se você consegue fazer a sala rir, então aquilo merece ser investigado.

Vocês tinham uma sala de roteiristas em Sex and the City? *Como funcionava?*

A sala de roteiristas era muito pequena. Quando a série começou, nós éramos três. Quando terminamos, tínhamos seis pessoas, e isso nos parecia muito. Passávamos muito tempo na sala no início de cada temporada, delineando os arcos de cada um dos personagens, definindo onde queríamos que eles começassem e terminassem. Assegurando que esses arcos funcionassem bem em conjunto, traçando-os num quadro, garantindo que os clímaxes de todos não fossem alcançados ao mesmo tempo... É como compor uma partitura, você quer ter uma ideia de qual instrumento está tocando com mais força em determinado momento. Assim, passávamos um longo tempo na sala e depois planejávamos cada episódio, e também passávamos muito tempo juntos, conversando sobre a história... É assim que faço ainda hoje. E mesmo quando fiz meu programa de uma hora, *Men in Trees*, acredito que foi isso que fizemos: realmente mapeamos bem no início onde queríamos que as coisas começassem e terminassem. Em geral você decide quais você quer que sejam sua primeira e sua última imagem, para cada temporada. Por exemplo, é isso que estamos fazendo exatamente agora. Acabamos de fechar a sala de roteiristas de *The Big C*, três semanas atrás. Passamos de uma semana a dez dias construindo esses arcos maiores, depois começamos a planejar os quatro primeiros episódios. Vamos fazer o arco maior, depois passar a cada episódio, e cada um deles será incumbido a um roteirista. Por exemplo, hoje vamos falar sobre os episódios três e quatro, tentando pôr coisas no quadro, conversar sobre elas, os *beats* de cada história, assegurar que eles funcionem dentro de cada história, mas também no quadro maior e no contexto do que veio antes, o episódio anterior.

E depois cada roteirista sai e escreve seu primeiro rascunho?

Basicamente é assim que faço as coisas, e acho que é muito comum trabalhar assim... Em *Sex and the City* nós chamávamos isso de esboço independente... Cada roteirista cuida de seu próprio episódio, do começo ao fim. Assim, paramos nesse ponto e começamos a escrever um esboço, depois que ele é decomposto, um esboço cena por cena, o que acontece em cada cena. Depois (como showrunner) eu os levo de volta para a sala e recebo comentários, em seguida faço observações para o autor do que penso, quais comentários ele deve ou não considerar. Eles vão embora, escrevem seu roteiro, e o mesmo processo se repete, o roteiro volta à sala, todos o leem, fazem comentários, depois eu faço as mudanças e somente então ele irá para estúdio, e depois para o canal.

De quantos rascunhos você está falando?

Bem, depende do tempo. No início temos muito tempo para fazer mais. Com certeza são feitos dois rascunhos, talvez três, se você considerar o rascunho do estúdio e o da emissora como dois rascunhos separados. Há vezes em que você não tem todo esse tempo. Houve casos em que tive que pegar um roteiro e fazer mudanças a toda a pressa. Idealmente, um rascunho chega à sala, sofre mudanças, depois segue para o estúdio e eles fazem mudanças, depois segue para o canal e eles fazem mudanças.

E há casos em que você, como showrunner, tem de mudar a maior parte do que o roteirista original escreveu?

Isso é muito raro. Acho que na última temporada tivemos um caso, e não foi culpa do roteirista; às vezes há uma história que não funciona em forma de roteiro, você espera que isso não aconteça e que possa resolver o problema antes de chegar a esse estágio, e depois nós desmembramos o roteiro e cada roteirista pegou uma cena, e uma vez peguei também todo um roteiro e o reescrevi. Mas não é útil para mim gastar meu tempo fazendo isso. Certamente, há alguns programas em que o roteirista-chefe estará encarregado de mais coisas. Ele pega e reescreve todos os roteiros.

Entendo que a ideia é que a série tenha uma voz, que transmita a impressão de que foi escrita por uma só pessoa.

Faço isso através de minhas anotações para o roteirista em contraposição a polir cada um. Acredito também – e isso mais uma vez se deve ao que aprendi em *Sex and the City* – que uma série funciona melhor se houver mais de uma única voz, se um aspecto diferente de cada personagem for representado por cada roteirista. Se você assistir a *Sex and the City*, vai perceber que cada episódio parece talvez um pouco diferente. Eu sei qual roteirista o escreveu, porque é talvez um pouquinho mais cínico, mais de um lado cínico de Miranda, mais esse tipo de Carrie, e no fim são os diferentes personagens, mas não é exatamente uma só voz. É uma só voz com diferentes ângulos.

Isso é muito interessante. Realmente gosto disso que você está dizendo. Parece corresponder à natureza colaborativa da sala de roteiristas da melhor maneira possível – como um método para chegar a diferentes perspectivas das personalidades dos personagens. Agora, tirando o tamanho da sala de roteiristas, há alguma outra diferença entre drama e sitcom? Você diria que há um tipo diferente de desenvolvimento ou colaboração entre os roteiristas? Ou na maneira como as salas são estruturadas?

É uma boa pergunta. Não estive numa sala de sitcom desde o final dos anos 1990, e talvez as coisas tenham mudado. Você queria fundir sua voz o máximo possível com a do showrunner. Você queria deixá-lo feliz e ser um mímico realmente bom. O que acontece no drama é que é mais importante que você saiba estruturalmente como fazer um roteiro. Talvez isso se deva também ao fato de que nos últimos dez anos venho trabalhando mais na TV a cabo do que na TV aberta. Há muito mais estrutura, sobretudo se for um programa de uma hora. Especialmente agora, porque a maioria das redes abertas de TV quer que você tenha seis atos, pois cada intervalo comercial cria um ato, então você está o tempo todo escrevendo para um grande momento no qual eles possam interromper o programa, o que é muito falso. Esta é uma maneira longa de dizer: acho que a diferença é que na sitcom você está menos preocupado com a estrutura e mais preocupado em ter uma piada, e no drama você está mais preocupado com a natureza serializada dos personagens e com a estrutura do roteiro. Mas talvez não seja mais justo dizer isso sobre as sitcoms, porque faz muito tempo que não participo de uma.

Jenny Bicks

E quanto a conteúdo e material? A TV a cabo e a TV aberta não estão cada vez mais próximas uma da outra?

Tenho de dizer que continua sendo um problema para as redes abertas de TV que elas simplesmente não toquem em certas áreas e que não tenhamos permissão para explorar certas áreas. É interessante porque estou escrevendo esse programa para a Showtime, mas é a Sony Television para a Showtime. Assim, a Sony é o nosso estúdio. A Sony faz principalmente televisão em rede aberta. Desse modo, às vezes as observações que recebo deles são observações próprias da TV aberta, querendo dizer coisas como: Como vamos ter certeza de que gostamos desse personagem? Há uma preocupação maior na TV aberta com a possibilidade de as pessoas não gostarem do seu personagem e o desejo de que ele seja simpático. Sobretudo se for uma mulher. Assim, você pode lhe dar defeitos, mas tem de ter muito cuidado. Ainda há um sentimento na TV a cabo em geral de que seus personagens podem ser muito poderosos e cheios de defeitos, e você realmente não pode fazer isso na TV aberta. Ainda há um desejo na TV aberta de ter um começo, meio e fim, de modo que há uma espécie de desfecho em cada episódio, ao passo que na TV a cabo você não precisa fazer com que o personagem aprenda uma lição ou chegue ao final de um círculo completo, você sabe, amarrar todas as pontas. Na TV a cabo temos permissão para simplesmente estar com nossos personagens, podemos fazê-los cometer erros enormes sem necessariamente aprender com eles. Esse ainda é um problema com a TV aberta. Ela ainda não se desenvolveu como seria de esperar, com base em todos os sucessos que estão acontecendo na TV a cabo. Fiquei surpresa, quando voltei à TV aberta por um breve período, depois de ter feito *Sex and the City* por seis anos, ao ver que eles realmente não tinham aprendido com o sucesso de *Sex and the City* e *Família Soprano*. Não acredito que eles confiem no espectador americano. As pessoas sabem do que gostam de assistir, mas eles não lhes dão crédito suficiente.

Basicamente, é o gosto de algumas pessoas que determina ao que o público vai assistir, certo? Elas são como porteiros. E, como você disse, principalmente homens. Mas eles não mudam e passam do cabo para a rede aberta e voltam, por exemplo?

Estão começando a fazer isso cada vez mais, e isso é bom. Bob Greenblatt, que dirigiu a Showtime e foi a pessoa que orientou *The Big C*, além de *Weeds* e *Nurse Jackie*, que são programas sobre mulheres muito fortes, muito cheias de defeitos... ele acabou de ir para a NBC. E essa é uma grande mudança para nós. Normalmente isso não acontece muito. Você tem esses... bem, principalmente homens que têm esses empregos em redes abertas, e eles estão sempre sendo promovidos e todos permanecem no mundo do estúdio da TV aberta. Há roteiristas indo e vindo, então você precisa ter esses sujeitos encarregados de tomar decisões indo e vindo também, certo? Paul Lee, por exemplo, que está dirigindo a ABC aqui, assumiu o cargo de Steve McPherson, e é britânico: ele já está introduzindo uma espécie de sensibilidade ao tipo de programas que deseja que nunca foi vista aqui antes. Ainda é espantoso quanto poder umas duas ou três pessoas podem ter. E não canso de me espantar que os encarregados da comédia não tenham um pingo de senso de humor. Quando você se encontra com eles, realmente se pergunta por que são eles que escolhem qual será a próxima coisa engraçada por aí. Penso cada vez mais – ou sem dúvida ouço cada vez mais – que dentro de um ou dois anos eles vão iniciar um sistema mais baseado em trazer o showrunner e encarregá-lo de fazer aquilo em que é bom do que em lhe dizer do que a rede aberta precisa. Assim, talvez tragam mais visão. Isso significa que basicamente o showrunner pode chegar e dizer: sabem, sou fascinado por Sarah Palin, me impressiona o quanto a política conservadora ganhou força e realmente quero escrever uma série sobre isso. E em vez de eles responderem "ótimo, mas será que isso poderia ter uma padaria como cenário?", (risos) eles diriam: "Isso parece ser muito interessante e é o que ele sabe fazer bem, portanto vá em frente e faça isso."

Cada showrunner tem sua própria empresa de produção?

Eu tenho minha própria empresa, mas é realmente apenas em nome da vaidade. Ninguém está financiando seus próprios programas. Mesmo como uma produtora eu tenho de ter um estúdio, que vai financiar o que quero fazer, e depois vamos juntos a uma rede de TV, portanto todos nós dependemos de um estúdio e de uma emissora em termos do que eles vão financiar. Talvez Dick Wolf... mas não tenho certeza de que ele faça isso. Se você quiser ser pago por desenvolvimento, vai negociar com um estúdio, que lhe dará um acordo de desenvolvimento, e depois você tem de desenvolver com eles.

Então basicamente você tem os executivos tanto da rede de TV quanto do estúdio à mesa quando conversa sobre uma história?

Você a desenvolve primeiro com seus colaboradores do estúdio, com as pessoas que realmente o estão financiando como o roteirista. Você sugere a eles essa ideia, trabalha com eles. Num caso como o da Sony, quando eles não têm um negócio com apenas uma rede de TV... Essa é uma das coisas que aconteceram nos últimos dez anos, a integração vertical, em que basicamente cada estúdio tem uma rede de TV, por isso se você tiver um acordo com os estúdios ABC terá de propor sua ideia para a ABC. E se eles não a quiserem você pode ir a algum outro lugar, mas é difícil vender em alguma outra parte. A Sony pode vender para qualquer lugar. Mas hoje essas companhias são mais raras que nunca. A maioria delas está vinculada a uma rede de TV.

Sendo uma roteirista que gosta de escrever, você prefere ser showrunner ou uma roteirista na sala de roteiristas?

Sabe, o ideal, mesmo sendo showrunner, é estar na sala. Isso talvez não se aplique a todos os showrunners, mas, como fui criada em salas de sitcom, gosto de colaboração, gosto de conversar, de poder desenvolver histórias em conjunto. Sem dúvida há dias em que, como showrunner, você preferiria estar longe dessa posição. Porque tomar as decisões e ter de suportar aquele tipo de pressão além de simplesmente ficar numa sala e criar é um aborrecimento, e às vezes você não quer esse tipo de responsabilidade, você quer ser o que chamamos de número dois. É a pessoa abaixo do showrunner, que tem bastante poder, mas não precisa tomar as decisões finais. Pode ser apenas um roteirista.

Você vê uma evolução nos formatos? Quero dizer, há uma tendência específica neste momento?

Neste momento as TVs abertas são muito favoráveis à comédia de meia hora com câmera única. Não foi sempre assim. Câmera única, quando comecei, no final dos anos 1990, era para o drama de uma hora ou para a TV a cabo, não para a TV aberta.

A TV a cabo começou como o lugar onde você não precisava de altos índices de audiência porque não havia propaganda. Mas agora eles prestam atenção aos números, não é?

Eles são importantes, mas, como não são usados como instrumento de vendas na TV a cabo, a quantidade de pessoas que assistem ou não ao programa não altera os números. *Mad Men* obtém uma audiência pequena na AMC, mas tem muita aprovação da crítica, assim há uma compensação.

Então você está dizendo que eles podem manter algo porque é bom por razões de prestígio.

Sim. Isso os torna aptos e dispostos a se arriscar. Eles estão em busca de assinantes. Por isso, estão em busca de atenção e publicidade. As pessoas vão assistir ao Globo de Ouro e, você sabe, *Boardwalk Empire*, que programa é esse? E de repente vão assinar. Eles estão realmente procurando aumentar sua base de assinantes mais do que qualquer outra coisa. E com certeza internacionalmente, e isso é em parte do que se trata. Eles terão uma programação que atraia a Alemanha ou a Itália tanto quanto espectadores dos Estados Unidos.

Há outras tendências, especialmente por causa da internet?

Sabe, o interessante é que uns cinco anos atrás as pessoas pensavam que a internet criaria uma grande bonança para a programação. Não acho que isso já tenha acontecido. Quero dizer, as pessoas criam séries para a web, mas não acho que alguém tenha descoberto como ganhar dinheiro com isso. E isso certamente não gerou programas mais curtos na TV a cabo ou aberta. Há uma ou duas coisas que vieram da internet, como *Web Therapy*, que é um programa de Lisa Kudrow que começou na internet e agora está na Showtime. Mas além disso eles permaneceram muito clássicos na maneira de contar histórias. Há uma tendência na HBO apontando para minisséries, o que é ótimo. São cerca de dez episódios, e é tudo. A HBO explorou muito esse formato, a Showtime, menos.

Os orçamentos estão se elevando? Há séries cujos orçamentos parecem imensos.

Sim, eles estão gastando dinheiro. A HBO sempre gastou muito. Eles gastam mais que qualquer outra rede aberta, emissora a cabo ou o que seja. Mas até a comédia de meia hora com câmera única é significativamente mais cara que uma sitcom. Eles estão gastando com a produção.

Como um showrunner decide quem convidar para uma sala? Como ele escolhe seu número dois, como seleciona os outros roteiristas?

É uma combinação de muitas coisas. Primeiro você considera que programa está escrevendo e que tipo de experiência quer para esse tipo de programa. Eu pessoalmente gosto de escolher pessoas com quem já tenha trabalhado antes, porque isso é importante, a sala de roteiristas é uma pequena corporação, você tem de assegurar que todos se dão bem com todos, que você selecione a sala corretamente. Portanto, você pergunta a si mesmo: quem eu conheço que poderia fazer isso bem? Depois: com que tipo de pessoa queremos fazer isso? Por exemplo, neste programa queríamos evitar cair no lugar-comum. Será que iríamos querer, por exemplo, dramaturgos, pessoas que não têm muita experiência com TV, mas trabalham bem com personagens? Porque, quando você é treinado dentro de certo sistema por um tempo longo demais, adquire alguns hábitos ruins. Se você é bom em sitcom, não é necessariamente capaz de fazer um ótimo programa baseado em personagens. Assim, lemos muito, encontramos pessoas. Precisamos de pessoas que sejam abertas com relação às suas vidas, pois tecnicamente elas têm de extrair coisas de suas vidas. Pessoas que pareçam trabalhar bem com outras, colaborar bem. Às vezes você não sabe, você as põe numa sala e tem de ver.

Você fez muitos programas com personagens mulheres. Os roteiristas também são estereotipados, como os atores? Isso simplesmente aconteceu com você como roteirista ou foi sempre sua própria escolha concentrar-se em certo tipo de programa?

Acredite em mim, não quero outra coisa. Tenho certos pontos fortes e não estou sendo requisitada para coisas diferentes. Há outras pessoas especializadas em outras coisas. Eu não faria séries policiais, não posso fazer séries de espionagem, não sou esse tipo de pessoa. Por isso suponho que a resposta seja as duas coisas. Eu poderia dizer que em certa medida fui etiquetada porque quis ser. Acho que escrevemos melhor sobre o que conhecemos. Assim, não tenho problema com isso. O problema para mim é que as pessoas digam que não sei escrever sobre homens. Porque isso acontece. Gosto de escrever sobre relacionamentos – não necessariamente relacionamentos românticos –, e isso me pôs no mundo da comédia romântica. E também no cinema. Tendo a escrever comédias românticas.

E o que me diz sobre escrever para cinema versus TV?

Isso é algo que eu não faço. Só tenho um filme que chegou realmente a ser produzido. Ele se chama *Tudo que uma garota quer* e foi escrito uns quinze anos atrás. É um *remake* de *The Reluctant Debutante*, um filme dos anos 1950. Esse é um bom exemplo das diferenças entre escrever para o cinema e escrever para a TV. Foi o primeiro filme que escrevi. Tive sorte porque não tinha realmente um roteiro especulativo de filme para lhes mostrar, e, quando ele foi filmado, talvez dez anos depois de eu tê-lo escrito, provavelmente oito roteiristas haviam trabalhado no projeto. Ele se transformou de um pequeno filme pessoal sobre uma moça na casa dos vinte anos que vai para Londres em um filme muito convencional sobre uma menina de dezesseis anos que vai para Londres: isso mudou tudo. Trata-se realmente de o roteirista ser um conduto para o projeto, em contraposição a estar no comando. E tenho sorte de ter feito um bom número de filmes a esta altura, de modo que as pessoas sabem o que levo para o processo. Em geral os roteiristas são deixados de lado. Bom ou ruim, depois que você produziu aquele material, ele é entregue ao diretor, e é o diretor que é o showrunner. Tive a sorte de trabalhar com diretores colaborativos e que valorizavam o que eu tinha a dizer, mas o que costuma acontecer é que eles pegam o roteiro e fazem o que bem entendem. Na TV, o roteirista é rei. Faço um grande esforço agora para só trabalhar com produtores de cinema que saibam quem eu sou e queiram trabalhar comigo. Estabeleci isso dessa maneira. A menos que eu precise de dinheiro. (risos) Sou também consultora de roteiro, por isso posso ganhar dinheiro facilmente editando roteiros. Mas não vejo isso como arte. Em geral, no cinema, a coisa avança assim: ah, não gostamos deste roteiro, bem, vamos contratar outro roteirista, o que a meu ver é um erro, não apenas por uma questão de ego, mas também em termos de criar uma voz singular.

Tende-se a dizer que a atividade dos roteiristas de TV e a dos roteiristas de cinema não se comunicam. Você acaba sendo uma coisa ou outra. Você concorda com isso?

Na verdade, não. De qualquer forma, ao trabalhar num programa de TV a cabo, como faço agora, tenho mais tempo. Esta é a segunda temporada que estamos gravando de *The Big C*, e são treze episódios. Não são 22 ou 24. Tenho um longo período, cerca de metade do meu ano, em que não vou estar fazendo isso. Assim, posso trabalhar em roteiros de cinema.

Há séries em que parece que cada episódio está sendo dirigido por um diretor diferente.

Nos três últimos anos, mais ou menos, foi estabelecido que há um diretor principal em cada série. Um diretor que vai dirigir mais que qualquer outro. E que também estará lá para ajudar a orientar os outros diretores que chegarem. A verdade é que quando você tem diretores que estão entrando e saindo, não há nenhuma consciência sobre o que é o programa. Você não quer que ele pareça completamente diferente a cada semana. Outra coisa que fazemos é o chamado *crossboarding*, que é quando você grava dois episódios ao mesmo tempo. Então você não está recebendo uma nova pessoa a cada cinco dias, mas pegamos dois programas e os preparamos e filmamos juntos.

Quantos projetos você de fato tem sempre em andamento, desenvolvidos até certo ponto?

Houve muitas mudanças nos últimos anos com relação a isso. Antes, acontecia de você fazer esses grandes acordos de desenvolvimento. Não acho que isso seja necessariamente uma ideia tão boa. Você ganhava muito dinheiro e depois eles tinham de escolher uma ou duas ideias. Você saía do caminho e eles iriam vendê-las, para que fossem produzidas. Economicamente, não era um modelo muito inteligente. Assim, o que aconteceu foi que os acordos de desenvolvimento ficaram menores em termos de dinheiro. Eles também começaram a se esforçar para obter projetos especulativos, que estão por aí. Assim, nesta temporada, eles irão escolher mais roteiros que as pessoas escreveram por conta própria. O que isso significa é que o roteirista tem de mostrar qual é a sua visão antes de se associar a um estúdio. As pessoas que tiveram sucesso nisso foram principalmente roteiristas que eles conhecem, roteiristas que podem ser showrunners. Assim, eles trazem um projeto que já está embrulhado. Aqui está ele, eu o conduzirei se vocês gostarem do roteiro. Às vezes eles trazem um diretor também. Eu, pessoalmente, vou ter oito ou nove ideias na cabeça ou no computador, e sei que quero criar uma série com elas em algum momento. Se vou escrever todas elas ou desenvolvê-las antes de encontrar a pessoa certa com quem trabalhar é algo que não sei. Houve um tempo em que se gastava muito dinheiro com grandes nomes, David Kelley ou Aaron Sorkin, por exemplo – e eles são grandes entidades. Agora, de certo modo, estão espalhando a riqueza um pouco mais e gastando dinheiro também com showrunners, que estão ganhando proeminência e são promissores, em vez de gastá-lo com pessoas que vão lhes custar 7 ou 8 milhões por ano. A economia mudou, não se está mais gastando tanto dinheiro. E há muitos roteiristas de longas-metragens que estão se transferindo para a TV. Durante um tempo éramos nós que íamos para o cinema, agora há pessoas do cinema chegando e escrevendo pilotos.

E quanto a The Big C? *Você não criou esse programa, certo?*

Certo. Esta é na realidade a primeira vez que conduzo uma série que não criei. E isso sem dúvida tem aspectos positivos e negativos. Conseguimos de fato trabalhar bastante bem juntas. Darleen, a criadora da série, é atriz, e sabia que seu forte é personagem.

Então não é o tipo de via de mão única, em que você se torna criador e não pode voltar atrás?

Sim, é possível voltar atrás, mas tenho sorte também porque cheguei àquele ponto em minha carreira em que posso fazer o que bem entender. O programa era excelente e eu queria voltar a fazer TV a cabo, e tinha uma história pessoal com câncer. As pessoas são impelidas pelo desejo de ganhar um Globo de Ouro, mas não preciso de mais prêmios. Não precisamos repetir isso.

Você é uma pessoa de muita sorte por ser capaz de entender isso e não ter de repeti-lo.

Sei disso, acredite. Escreva sobre o que você sabe, escreva o que quiser escrever, vá em direção ao amor. É isso que digo aos roteiristas. Escreva sobre as coisas pelas quais você se sente atraído.

O prêmio é a liberdade criativa, não é? E esse é o lugar onde você criará seu melhor material.

Sem dúvida. *Sex and the City* foi esse lugar. Nós adorávamos aquilo. Gostávamos de trabalhar uns com os outros, gostávamos de escrever aqueles personagens, gostávamos daquelas vozes. O sucesso foi apenas a cereja do bolo. E, se você é capaz de encontrar uma situação como essa, tem muita sorte. E depois você ganha o prêmio, ótimo. Mas você não pode escrever alguma coisa porque pensa: ah, isto vai me dar aquilo. Porque eu fiz isso e não gostei das consequências.

Trabalhar numa sala de roteiristas é como ter irmãos competindo pelo amor da mãe?

Muita coisa está acontecendo neste momento em termos de forma versus conteúdo, mas uma coisa não está mudando: continua sendo incrivelmente difícil ser uma mulher nesta indústria. Tenho muita sorte por ter ultrapassado aquele ponto em que as pessoas vão me julgar, mas muitas mulheres são detidas em determinada altura e são rotuladas, é uma indústria dirigida por homens. Eu gostaria que fosse diferente, e acho que isso tem de ser dito porque é algo contra o que todas nós estamos lutando.

Alguma sugestão?

O que tento fazer à minha modesta maneira como showrunner é contratar mulheres e dar a elas mais oportunidades de ascender. Mostrar que as mulheres também podem fazer isso. Sei de salas de roteiristas de sitcoms em que não há absolutamente nenhuma mulher. Gostaria que percebessem que as mulheres são divertidas. E que elas dão conta do trabalho tão bem quanto os homens. E digo isso publicamente também: acho que as mulheres são mais adequadas ao papel de showrunner do que os homens. Acho que temos uma habilidade para a multitarefa. Muitos testes feitos em cérebros de homens mostram que eles são capazes de compartimentalizar – mas nós somos diplomatas melhores, nós ouvimos as pessoas. Quando estou num restaurante, estou ouvindo as conversas à minha volta... Os homens às vezes ficam tão fixados em sua visão que não conseguem enxergar o que está à sua volta. E, francamente, acho que quanto mais de nós conduzirem programas, e os conduzirem bem, tanto melhor.

Robert Carlock

Robert Carlock foi showrunner de *30 Rock* [*Um maluco na TV*], junto com Tina Fey [repetindo a parceria a partir de 2015 em *Unbreakable Kimmy Schmidt*, da Netflix]. Antes disso, participou da equipe de roteiristas de *Saturday Night Live* (*SNL*, 1996 a 2001) e de *Friends* (2001 a 2004). Ganhou, entre outros, três prêmios Emmy, três prêmios do Sindicato de Produtores, seis prêmios do Sindicato de Roteiristas, um prêmio Peabody, um prêmio da Associação de Críticos de Televisão, um prêmio GLAAD e um Globo de Ouro.

Então, como foi que você chegou a showrunner?

Não existe uma linha direta para chegar a esse ponto. As pessoas chegam de todos os lugares, mas eu provavelmente trilhei o caminho mais enfadonho, pelo menos na comédia, que é: trabalhei para a *Harvard Lampoon*, a revista de humor em Harvard.[1] Ingressei nela quando estava na graduação. Venho de uma família com muitos jornalistas, publicitários e pintores, então entrei lá para conviver com pessoas de mentalidade semelhante. E depois você se dá conta de que todo mundo que sai dali passa a fazer *isso* para ganhar a vida. Sempre fui fã de *SNL*, por isso, em pânico, não tendo adquirido nenhuma outra habilidade com minha especialização em história e literatura e sem o desejo de entrar na academia, comecei a tentar escrever. Surgi num momento propício na vida da comédia. Havia muita comédia na TV. Em meados dos anos 1990, havia cerca de quarenta sitcoms, programas de meia hora, e todo o mundo do Late Night. E consegui um agente logo ao sair da faculdade, um bom agente, e ser lido. Em pouco tempo eu estava num programa de humor de esquetes no horário nobre (*The Dana Carvey Show*), que mais adiante bateu o prego no caixão da comédia de esquetes no horário nobre. (risos) Aquilo não funcionou sabe-se lá por que razão, e depois fui para o *SNL*.

Então você arranjou um agente antes de ter um trabalho. Isso é muito incomum atualmente.

Sim, os agentes naquela época estavam à procura de clientes, o que realmente não acontece hoje. De todo modo, comparado com o pessoal da Second City, fazendo stand-up e tudo mais o que envolve um conjunto de habilidades e uma formação muito diferentes, minha história é um pouco monótona. Mas tive sorte de trabalhar desde então.

Você basicamente aprendeu a escrever no trabalho.

Sim. Aprendi a escrever para encenação. Vinha escrevendo ensaios e coisas moderadamente cômicas e convivi com algumas pessoas realmente engraçadas. Grande parte do que fazemos é sentar numa sala e compartilhar piadas. E a intenção não é ser competitivo, porque estão todos voltados para o mesmo objetivo, tornar o roteiro o melhor possível, mas ainda assim... Você sabe que todos estão registrando as coisas no fundo da mente, quem está contribuindo, quem é o mais engraçado, você se sente tipo "quero ser capaz de me encaixar". O *SNL* é um lugar muito empolgante, muito competitivo. Programas ao vivo são tão emocionantes e difíceis de encontrar hoje em dia. Há grandes autores de esquetes que ficam lá por um longo tempo, mas eu não queria isso, queria escrever histórias, por isso saí e fui para *Friends* por três anos.

Como foi isso?

Foi ótimo. Parece que cheguei bem no fim da vida do programa. Eu era apenas um membro da equipe de roteiristas, e cheguei a produtor ali, então ainda estava aprendendo. Mas, para ser sincero, não acho que o programa tenha jamais recebido o reconhecimento que merecia em termos de narrativa e complexidade narrativa. Na realidade ele era muito sério com relação à forma das histórias e à interconexão de histórias nos melhores episódios, o que é uma coisa que realmente gosto de fazer. Há uma espécie de brilho naquele programa, todas as pessoas são tão bonitas e a

vida é tão fácil naquela espécie de Nova York ficcional que eles criaram...
Então eles nunca receberam o reconhecimento que o programa merecia
pela escrita. Era ótimo sentar com aquelas pessoas e ver como constru-
íam histórias e as perguntas que faziam sobre histórias. Tento fazer o
mesmo aqui em *30 Rock*, faço perguntas muito específicas aos roteiristas:
isso é satisfatório? Está desenvolvendo? Está empurrando a história para a
frente? – e com frequência há respostas muito interessantes para isso. Em
Friends, por exemplo, Ross poderia passar seu tempo com um membro
do elenco convidado, e nunca entrar em contato com seu pessoal, mas é
nisso que as pessoas se ligam, é claro – na interação entre amigos. E você
está perguntando a si mesmo por que a leitura ou o ensaio não pareceram
tão satisfatórios quanto deveriam. Muitas vezes você tem que desmontar
alguma coisa e pô-la de volta ou mudá-la por completo. O que fizemos
muito com *Friends*. Às vezes, se uma história não estava funcionando, nós
a jogávamos fora inteiramente.

Vocês tinham uma sala de roteiristas no SNL?

No SNL você é deixado por sua própria conta. Os roteiristas se encontram
uma vez por semana. Isso é o que tende a acontecer com programas de
variedades. Cada um joga suas ideias na grande panela. Eles estão simplesmente sacando cinquenta coisas da leitura na grande mesa toda quarta-
feira, cada uma das quais tem iniciais ou nomes individuais no alto... Depois onze ou doze são produzidas e oito ou nove delas são transmitidas
pela televisão naquela semana.

Então os roteiristas decidem juntos?

Os produtores decidem. É realmente um processo menos colaborativo,
por necessidade, e também por causa da natureza da fera, um processo
mais competitivo. Todo o sentido de um programa de variedades está em
ser uma multiplicidade de vozes diferentes, ao passo que uma sitcom tem
de ter uma única voz. Assim, uma edição equilibrada do *SNL* tem muitas
pessoas com diferentes vozes e muita gente sendo excluída de uma semana

para a outra. O que significa que a sala de roteiristas lá é muito menos importante do que a de uma sitcom, e bem diferente. Por necessidade, para sobreviver, atores têm que se associar a roteiristas, e roteiristas, é claro, precisam da força da voz desses atores para fazer com que seu material seja ouvido, de modo que há uma constante colaboração entre roteiristas e atores. Mas em termos do esforço do grupo, que é tão essencial para uma sitcom… No *SNL* e na maioria dos programas de variedades você não tem nenhum incentivo para ser prestativo numa leitura conjunta. No *SNL*, você estaria escrevendo o material de outra pessoa para que ela recebesse todo o reconhecimento, e isso contribui para uma experiência diferente. O *SNL* tem uma equipe para selecionar o maior número possível de vozes individuais. Enquanto aqui nós reunimos uma equipe para tentar ter uma diversidade de vozes – mas depois nós as fundimos para produzir uma voz singular variada, mas característica, que está, espera-se, muito próxima de algo que Tina (Fey) quer ser.

Quantos roteiristas há na sala de 30 Rock?

Contando com Tina, acho que somos treze este ano. Em *Friends* eram entre doze e catorze nos poucos anos que passei lá. O que esses números lhe permitem fazer, o que é de certo modo decisivo, é dividir-se em dois grupos. Grande parte do trabalho é feita com todos, você quer a opinião de todos quando um roteiro chega, ou, se um roteiro está sendo proposto antes de ser escrito, você precisa estar certo de que todos sabem em que consiste cada texto. Mas para maximizar a eficiência você divide o grupo em dois. Um pode estar trabalhando num roteiro que será gravado dali a duas semanas, e o outro, na criação de histórias para o roteiro depois desse. No começo, como Tina e eu não queríamos dividir grupos no momento de criar aquele tom de que estávamos falando, tínhamos uma equipe de oito ou nove pessoas, e com Tina atuando, e alguém observando no estúdio como produtor, não estávamos dividindo muito. Isso era intencional, porque naquele momento todos nós nos educamos em termos do que o programa queria ser.

Então você ou Tina ou ambos estão sempre na sala de roteiristas?

Sim, e é claro que a situação de Tina é única, a meu ver, pois ela está trabalhando quase todos os dias como atriz. Por isso, muito do que faço é tentar puxá-la para que ela possa estar lá em momentos decisivos. Quando proponho alguma coisa, sugiro-a para Tina. Um dos grupos auxiliares propõe uma história e eles vêm a mim e trabalhamos nela. Mas depois, se for alguma coisa que queremos fazer, nós a planejamos de certo modo passo a passo, e ela vai para os quadros, e depois eu a levo para Tina e a encontro em sua vida maluca, ocupada, e a mostro para ela, e ela pode ter sugestões. Na maioria dos programas não há essa coisa de ir à procura da atriz, mas ela realmente não é a atriz, é uma roteirista-produtora. Também vou sugerir coisas para Alec porque gosto de mantê-lo informado, e se estamos fazendo algo para o personagem eu sem dúvida quero que ele compreenda o que estamos pensando, antes que ele o veja na página. Assim, estou mandando os roteiristas saírem para fazer um trabalho que sempre retorna através de mim. Há uma hierarquia de precedência: há certas pessoas que vão conduzir uma sala, certas pessoas que estão aprendendo a conduzir uma sala e pessoas que são roteiristas da equipe.

O que você quer dizer com "conduzir a sala"?

Dirigi-la.

E reportar-se a você?

Sim, no fim do dia ou do dia seguinte. Em geral nós nos sentamos todos os dias com os roteiristas-produtores principais.

Você pode me falar mais sobre o desenvolvimento de um roteiro?

Na versão platônica, que não acontece com frequência, mas acontece num bom número de casos, você está na sala e alguém a está conduzindo, digamos que seja eu. Assim você está dizendo "foi assim que terminamos a última temporada", e você quer tentar se concentrar no próximo passo da história mais ampla. Nesse momento, com sorte, vocês estão divididos nessas salas menores, digamos que seja eu e outras quatro pessoas, e vocês realmente discutem a coisa em detalhe. Depois você a põe no quadro e vê como soa. Você examina o esboço, em seguida provavelmente convoca a outra sala, compartilha suas ideias com ela e faz seus ajustes. Estamos habituados a fazer três ou quatro histórias para um episódio...

E cada história está ligada a um personagem diferente, certo?

Sim. Esta é a história de Jack, ele precisa estar fazendo isto porque acabou de ter um bebê... Esse tipo de coisa. Acredito muito em histórias que tentam se interconectar. Assim, falamos sobre a história A, a história B e o *runner* – muitas vezes acabamos tendo duas histórias A, uma história B e um *runner*. Sou um grande adepto do *runner*, porque muitas vezes são quatro ou cinco *beats* cômicos, e isso não tem impacto emocional.

Você pode me dar uma definição de runner?

Em geral isso tem a ver com um dos personagens secundários. É a história de menos impacto emocional, mas muitas vezes uma história puramente cômica, e por isso, porque não possui muita forma, é em geral a mais curta. Tendo a pensar nela como uma pequena válvula de escape. Se você está contando duas histórias de peso, pode se desviar para essa coisinha boba. Tendemos a escrever demais, de modo que nossos *runners* não são a clássica história de quatro ou cinco *beats*. Aqui (ele aponta para um quadro branco em sua sala no qual há um esboço de episódio) temos um com sete *beats*... Depois passamos isto para Tina e recebemos seus comentários, obtemos sua aprovação, e em seguida o designamos a um roteirista. Com um esboço ou uma lista de *beats*. Acho que detalhar uma história ou um episódio é como um domar um cavalo bravo... (risos)

Essa é uma metáfora engraçada. Ainda estamos na versão platônica?

Sim, estamos. Assim, o roteirista ou a equipe de roteiristas escreveria um esboço e no mundo ideal eles teriam quatro ou cinco dias para essa tarefa.

No início do ano as coisas são mais lentas, e esse é um documento que tento manter por volta de seis páginas, mas em geral acabamos escrevendo cerca de sete ou oito páginas. Ele basicamente apenas descreve as cenas, algumas das piadas; nós realmente só tentamos acompanhar os fios narrativos e mostrar como essas coisas se conectam.

Então essa é a primeira vez que vocês realmente têm uma linha do tempo, onde veem como as histórias se desdobram, como se interconectam.

Bem, uma das coisas que fazemos antes disso é numerar as cenas em ordem.

Então é um trabalho fácil para os roteiristas, não é?

Está tudo lá, e eles ainda assim estragam tudo. (risos) E você passa por coisas como "aqui é onde o dia muda" etc., e às vezes você está errado – você aprende tanto em cada um desses estágios. No esforço para avançar, às vezes você deixa escapar coisas que não se encaixam, ou que se repetem. E quando você pede aos roteiristas para transformar isso em páginas, eles podem perceber que essas coisas são muitas e voltam confusos, e têm questões. Sempre dialogamos enquanto eles estão trabalhando no esboço. E geralmente faço uma revisão no esboço antes de entregá-lo a Tina. Depois o mandamos para o estúdio/rede, para a aprovação deles. Portanto, haverá comentários sobre o esboço.

Alguém que não escreve pode realmente ler um esboço e compreendê-lo?

Essa pergunta é muito boa. Muitas vezes a explicação de uma coisa pequena pode tomar mais espaço que a explicação de uma complexa história emocional. E muitas vezes vamos ouvir o seguinte: parece que essa história leve está ficando pesada demais. E sempre descubro que, quando vamos ao roteiro, ele se torna novamente o que deve ser. Mas explicar "alguém compra um chapéu novo" demanda tanto tempo quanto explicar "a mãe de alguém morreu" – por isso pode-se ter a impressão de que há um desequilíbrio. É uma ótima pergunta. Os executivos estão cientes de que não são os roteiristas, e alguns são melhores que outros. Tivemos muita sorte. Quero dizer, é difícil, mas acho que a esta altura da vida de nosso programa os executivos o conhecem tão bem que não fazem as perguntas que costumavam fazer. Ao mesmo tempo, pode ser chato ter um grupo separado que não faz o que fazemos dando opiniões – mas se pensarmos neles como um público...

Mas o público vai ver o programa real, é diferente. Não vai ler alguma coisa que ainda está a caminho de chegar lá.

É claro. Veja, executivos bons são melhores que executivos ruins.

Vou citar essa frase sua.

(risos) Quando temos dúvidas sobre alguma coisa... Por exemplo, dois anos atrás estávamos terminando uma temporada e Liz, o personagem de Tina, queria ter um bebê, e terminamos o ano com "vou tentar adotar". E a maneira como fizemos isso no episódio final foi saltar três meses à frente na história. Tínhamos um plano para o ano seguinte, como isso seria encenado e como ajudaria a pôr um marco naquela história maior de Liz. Mas, quando gravamos, tivemos umas duvidazinhas preocupantes e a emissora nos passou comentários do tipo: "Isso não é muito maluco?", "Esse não é um ponto estranho para deixar Liz?" Eles estavam preocupados em deixar Liz o verão todo com aquilo, estavam inquietos. Assim, discutimos a questão. Mas, para voltar ao que acontece... O esboço é aprovado, o roteirista recebe comentários e começa a escrever um primeiro rascunho. E, como você sabe, sendo roteirista, ao escrever um rascunho a partir de um esboço você descobre erros. É tão fácil num esboço, mas agora você tem de dramatizar isso e encontrar uma razão para que alguém diga ou faça tal coisa. Muitas vezes o canal irá perguntar: Bem, mas qual é o real objetivo da cena? Assim, no esboço, tentamos deixar isso incrivelmente explícito, esquecemos as piadas e deixamos claro o que o personagem está pensando e sentindo naquele momento, o que o relaciona com a cena anterior e posterior. Então, pode ser que o rascunho volte e não funcione. Ele não faz sentido.

O que não funciona?

Acho que, quando você tem vinte minutos para contar uma história, tem de ser muito conciso ou se safar sendo um pouco menos conciso. Não há espaço ou tempo para o luxo de cenas que não fazem a história avançar. Se uma cena não está lhe dando informação nova e as pessoas nela não têm atitudes claras, há algo errado. Talvez a estrutura da cena esteja errada ou talvez as pessoas erradas estejam conversando umas com as outras.

Você pensa em termos de atos?

O que geralmente tentamos fazer é indicar onde pensamos que os intervalos entre atos devem ocorrer. Em geral escrevemos três atos, sim. Mas, para ser totalmente franco, muitas vezes encontramos os intervalos ao editar. Porque a NBC insiste em dois intervalos, e o que geralmente acontecia era que um desses intervalos era para os créditos principais, mas depois eles queriam a história continuando após os créditos para manter a audiência, o que faz sentido – e isso pôs em vigor a estrutura em três atos. Mas alguns episódios querem ser dois atos, ou algumas histórias querem ser dois atos dentro do mesmo episódio, e algumas querem ser três... Um *runner* é como uma história em um ato; não há intervalo num *runner*. Do ponto de vista de uma história, deveria haver intervalos. Mas, quando a história principal em que você quer ter um intervalo quer ser dois atos, você tenta inventar outro intervalo. Portanto, pensamos de fato dessa maneira, mas tento não impor isso cedo demais.

Quais são os problemas clássicos?

Sério? A história não começa antes da metade do caminho. Temos muito pouca informação. Ela é satisfatória em termos narrativos e criativos? Há surpresas, temos uma complicação no segundo ato – que frequentemente é o segundo comercial, se você está fazendo três atos... Se você está no segundo de dois atos e nada de novo está acontecendo, há alguma coisa errada também. Você quer que tudo seja coeso, e há muitas maneiras de acabar não tendo isso. Depois discutimos a questão em conjunto e chegamos de certo modo a um consenso sobre o que precisa mudar. Escrevemos tudo na sala de roteiristas e todos recebem os mesmos comentários. Precisamos ser nossos melhores críticos. Porque, quando vierem os verdadeiros críticos, que são os espectadores, será tarde demais para fazer mudanças. Assim, fazemos a revisão, e isso costuma levar mais dois ou três dias.

Isso é feito pelo roteirista inicial?

Se estivermos sem tempo, às vezes posso pegar as cenas e simplesmente escrevê-las eu mesmo, mas elas ainda serão revisadas pelo grupo.

Vocês fazem o segundo rascunho na sala?

Num pequeno grupo, sim. Você o projeta na tela e o percorre, e se estiver tentando consertar uma piada acaba com uma página e meia de possíveis piadas, por isso tem de escolher uma, apagar as outras e inserir aquela. E são em geral trinta a 35 páginas que você está revisando. Depois você leva esse material para uma leitura em grupo. Muitas vezes nossa leitura, em termos de cronograma, quando chegamos a essa altura do ano, ocorre uma semana antes da produção. No início estávamos fazendo duas revisões gigantescas, assim tínhamos a leitura e as cenas eram lidas por atores e depois voltávamos para a sala. (mais uma vez, ele aponta para o quadro branco em que está esboçado um episódio) Por exemplo, aqui está uma nova cena, ela passa de ter uma briga com Tracy para uma cena com Jack, que deveria motivá-la a voltar para Tracy e resolver o problema com o conselho de Jack. Mas o que estava faltando aí era que Jack não estava dando um conselho específico, assim que ação Liz empreenderia para levar adiante seu próprio plano? Alguém sugere o que poderia ser. E como isso termina de maneira diferente.

E esses comentários vêm dos atores?

Converso de fato com cada um deles depois de uma leitura. Mas não, somos principalmente nós. Você está apenas ouvindo aquilo.

E os atores sabem que o que estão lendo ainda não está lá?

Sim, mas eles são ótimos, eles nos dão 100%. E isso é muito, muito útil. Porque você não pode culpar a atuação, você só pode culpar o material. Assim, nesse momento você tem pela frente, se tiver muita sorte, mais três ou quatro dias de revisão, novamente num pequeno grupo.

Vocês fazem um episódio depois do outro?

O mais comum é fazermos dois episódios ao mesmo tempo. Começamos a escrever em junho e começamos a gravar em agosto, portanto a essa altura estamos falando de uma dianteira de dois meses e meio. Neste momento, Tina, eu e outro roteirista estamos escrevendo nosso centésimo episódio, que deverá ter uma hora, o que nunca fizemos antes. Não é nem mesmo o fim, temos mais dois episódios depois dele. Assim, cada um de nós está escrevendo sua parte e esperamos juntá-las durante o fim de semana, de modo que todos possam ler e tenhamos os atores na semana que vem; vai ser um pouco arriscado. Em outras palavras: agora, em vez de termos uma dianteira de dois meses e meio, estamos cerca de uma semana e meia à frente. Portanto essa é a versão platônica da escrita do programa – a versão ideal, a versão todo-mundo-feliz-todo-mundo-incluído. (risos)

Vocês estão na quinta temporada. Com que frequência experimentou essa versão?

Cerca de metade das vezes, eu diria. Porque você tem os dois meses e meio no verão, e depois o tempo começa a ficar mais curto. Temos 22 episódios por temporada, assim gravamos de agosto até o fim de março. Em geral fazemos quatro episódios e depois temos um hiato na produção, de modo que há um pouco mais de tempo para escrever, e em seguida vem a pausa do Natal. Se você faz uma série como a nossa, com uma só câmera, como um filme, então a semana de folga é uma semana de preparação para um episódio. Ao passo que numa sitcom multicâmera a semana de folga é uma semana puramente de escrita, de modo que ficamos duas semanas à frente, porque eles precisam de um roteiro publicado para se preparar. E temos felizmente um diretor muito paciente que vai receber um roteiro no fim do dia e depois passará uma hora se preparando e começará a gravar, penso que uma semana depois da segunda-feira. E ele tem um esboço, o que é útil. E depois vamos ler isso, se for possível na quarta-feira, na esperança de que funcione, e vamos revisar o texto todo durante o fim de semana. Assim, no início do ano você é capaz de criar mais espaço antes de revisar e gravar...

Em algum momento vocês têm uma verdadeira pausa?

Quando terminamos de gravar, no final de março, Tina e eu tiramos uma semana de férias. Em geral ainda temos três ou quatro episódios para editar, de modo que isso nos tomará todo o mês de abril, e depois começamos de novo no meio de junho. Assim, temos esse mês e meio para ver nossos filhos.

Esse deve ser um dos empregos mais duros que existem, não?

Levamos realmente a sério o fato de haver muitas pessoas contando com este programa. Tina tende a cometer o erro de tornar a qualidade parte da equação, e isso fez as coisas mais difíceis. Tudo, comédia e drama, tem de parecer com pequenos filmes e ser muito mais intenso e caro. E os índices de audiência são importantes. Sim, tendo trabalhado em cinema – nada que tenha sido produzido, mas pelo menos recebi para isso –, eu diria que é muito pior em certo sentido, mas o bom é que você tem controle. Temos a última palavra. É uma responsabilidade que eu não gostaria de dar para outra pessoa.

Mas a pressão dos prazos é imensa...

Realmente acho que, se você tem quatro pessoas na sala, todas estão se concentrando e contribuindo. Com seis ou sete, duas escapam. A pressão pode ser boa, sabe. Ela pode fazê-lo ver coisas que não veria se tivesse muito tempo para pensar a respeito. Mas você também vê coisas que deveria ter feito melhor, sabe, o princípio do chuveiro...*

Você ainda consegue ter esses momentos? O espaço que lhe permite ter ideias a partir do nada?

Às vezes. Com frequência ficamos aqui até as cinco da manhã. Se eu puder escolher, prefiro ir cedo para casa e chegar aqui de manhã bem cedo – às vezes três madrugadas serão mais produtivas do que uma noite em claro. Mas você nem sempre tem essa escolha. Acho que faz uma grande diferença tê-la.

Friends *funcionou da mesma maneira?*

Foi diferente, porque a produção foi muito distinta. Em *Friends* nós gravávamos nas noites de sexta. Levávamos de cinco a seis horas para gravar tudo. Diante de uma plateia. Em *Raymond e companhia* fazíamos a coisa toda em três horas, a meia hora completa. Mas você está gastando o resto da semana reescrevendo e ensaiando, o que às vezes... Você sabe, é divertido na segunda-feira, mas nem tão divertido na quinta, porque ficamos cansados daquilo, os atores ficam cansados, aquilo se torna uma coisa velha... Mas toda noite você está revisando com base no ensaio que viu, está recebendo mais informação. Assim, estávamos no comando da coisa, podíamos dizer conscientemente "o problema na verdade está aqui", e deixar o resto de lado. Assim, por necessidade, a sala funcionava de uma maneira diferente. Toda noite havia gente fazendo serão. O processo básico continua sendo o mesmo. Há somente a distinção entre multicâmera e câmera única. Acho que quando (David) Mamet estava fazendo um programa de TV, um programa de ação militar, ele disse, no momento em que

---

* Princípio do chuveiro é a expressão usada por cientistas para descrever os momentos de inspiração que ocorrem quando o cérebro se distrai do problema a resolver, como quando estamos embaixo do chuveiro, por exemplo. (N.T.)

entrava em produção, que "fazer um filme é como correr uma maratona, enquanto fazer um programa de TV é como correr até morrer". (risos)

Boa frase!

Sim, eu a ouvi numa entrevista sobre aquele programa. Você sobe numa esteira de corrida e ela não para. E você anda depressa. Quando o programa é bom, ajuda. Estive em programas que foram considerados ruins, e ainda assim eu estava me esforçando ao máximo.

Você sempre faz um polimento final?

Fazemos o polimento na sala, e estou à frente disso. Assim, se há quatro piadas sendo consideradas, teremos nossa discussão em grupo e eu tomarei uma decisão – tudo isso é precedido por uma discussão entre Tina e eu sobre a questão. O que envio para ela está tão perto do que penso ser a versão final que, quando ela manda de volta seus comentários, tento incorporá-los eu mesmo.

Você às vezes pensa que se tivesse mais tempo poderia fazer tudo sem uma sala, que poderia simplesmente escrever a coisa toda?

Sabe, certamente não poderíamos fazer o número de episódios que fazemos no tempo de que dispomos. E também não acho que seriam tão bons. Se temos uma média de três histórias por episódio, estamos fazendo quase setenta histórias por ano. Com começo, meio e fim, para uma variedade de personagens. Mas acho que, quando funciona, é uma combinação de trabalho individual e trabalho colaborativo – quero dizer, todo autor genial tem um grande editor de texto! A colaboração é importante, mas, para além disso, no fim das contas tem-se a impressão de que é a voz de Tina. Sinto muito orgulho por ter liderado esse esforço, mas você só se beneficia dele se tiver uma boa sala. Estive em salas que foram montadas com muito cuidado e não funcionaram...

Então como você monta uma sala?

Você lê material, encontra pessoas, muitas vezes contrata profissionais com quem trabalhou antes. E tenta encontrar uma mistura de habilidades. Sobretudo se houver muitos personagens diferentes para escrever. Tracy é um afro-americano pobre, tão diferente de Liz, que vem da classe média da Filadélfia, com formação universitária.

Então você tem alguém para cada personagem?

Não exatamente. Pondo Tracy de lado como um caso específico – se alguém tiver uma origem parecida com a de Tracy é ótimo –, o que você quer são pessoas que possam escrever todo mundo. O que você procura é diversidade. Tivemos roteiristas que não fizeram faculdade. Roteiristas que cresceram como testemunhas de Jeová. Temos comediantes de stand-up que querem essa outra vida após rodarem pelo país à cata de bicos. Temos um punhado de nerds de Harvard. Temos tantas pessoas. Algumas coisas vão ajudar certos personagens e outras não. Em termos de processo criativo, gosto de ver experiências feitas por diferentes pessoas, diferentes abordagens à criatividade, e você quer conviver com gente diferente.

Você mantém a mesma sala durante toda a série?

Idealmente, você quer ter uma sala fixa. No ano passado tivemos muito revezamento.

Você faria uma série policial?

Gostaria muito de fazer uma série policial.

Acha que teria a chance de fazer um programa assim?

É disso que eu gosto nesta série. Acho que é difícil dizer que um roteirista saído desta série não pode fazer alguma coisa. Acho que *30 Rock* é um excelente campo de treinamento e vejo meu papel como showrunner sendo, em linhas gerais, o de formar e treinar os roteiristas sob minha direção.

Você também os incentiva a correr riscos? Tenho a impressão de que você corre riscos por aqui.

Bem, Tina é uma pessoa que deseja correr riscos.

Uma última pergunta. Você gosta do que escreve?

De vez em quando. Muitas vezes me sinto constrangido pela minha escrita, mas às vezes também sou capaz de me orgulhar dela. E na TV há um certo ponto em que você tem de entregar o material, seja o que for que pense dele. (risos) Então isso ajuda.

Janet Leahy

Os créditos de Janet Leahy na televisão incluem *The Cosby Show, Cheers, Roseanne, Boston Legal* e *Gilmore Girls*. Mais recentemente, ela trabalhou em *Mad Men*, série dramática da AMC. Ganhou dois Emmys e um prêmio do Sindicato de Roteiristas.

Como você se tornou roteirista de TV?

Cursei a Universidade da Califórnia em Los Angeles e recebi um belo prêmio da Sociedade de Rádio e Televisão de Hollywood. Isso acabou me valendo um emprego como secretária na sitcom *Newhart*. Foi lá que aprendi o básico da boa narrativa, tomando notas numa sala cheia de roteiristas engraçados, talentosos. Como todo mundo, tentei escrever um roteiro, que acabou sendo bastante medíocre, mas o segundo foi melhor, o programa o comprou e decidi que talvez pudesse ser roteirista.

O que você estudou na UCLA?

Fiz uma especialização em produção na Escola de Cinema e Televisão. Definitivamente, não tinha planos de me tornar roteirista. Esperava ser diretora e produtora, mas sabia que precisava aprender a contar histórias. Escrever aqueles primeiros roteiros foi mais como tentar fazer uma coisa e, se não funcionasse, era isso aí. Não foi algo inteiramente planejado.

Você escreveu para três das muito poucas séries que as pessoas conhecem no mundo todo e que ainda estão sendo transmitidas em todos os cantos do planeta: Cheers, The Cosby Show *e* Roseanne. *Deve ser uma mulher muito rica.*

(risos) Bem, vou lhe dizer o que é muito interessante. Você recebe cheques residuais, e os cheques residuais de *The Cosby Show* deveriam ter se esgotado há muito tempo numa progressão natural das coisas... mas de todos os cheques residuais que estou recebendo, os de *The Cosby Show* são os que mais aparecem. *Roseanne* e *Cheers* também aparecem. Mas você ficaria chocada de ver como os cheques residuais continuam chegando para *The Cosby Show*. Devemos ter alcançado algo muito universal.

Sem dúvida. Eu viajo muito e, sempre que ligo a TV em algum hotel em algum país, há sempre ou The Cosby Show *ou* Cheers *ou* Roseanne. *Essas séries parecem familiares.*

(risos) Tenho muita sorte nesse sentido.

E depois você começou a escrever para um dos mais ousados programas de todos os tempos na TV, Boston Legal. *Parece que vocês não tinham quase nenhum limite – especialmente com relação a questões de correção política. Isso é verdade?*

Mais uma vez, tive muita sorte. Meu chefe e criador da série, David E. Kelley,[1] me permitiu tomar as rédeas e escrever tudo o que quisesse. Além disso, como David tinha muita influência e por isso uma grande medida de liberdade no que era capaz de produzir, trabalhei livremente sob seu guarda-chuva. A equipe e eu tínhamos de tomar cuidado com os aspectos legais. Seguíamos as mesmas normas do jornalismo investigativo, citando nossas fontes. E passávamos tudo pelo departamento jurídico. Mas, contanto que fôssemos cuidadosos, podíamos fazer o que quiséssemos, e eu me sentia realmente orgulhosa do programa nesse sentido. Ele foi transmitido numa época em que havia um desequilíbrio de poder entre o governo e a mídia, e o programa fornecia espaço para mais de uma voz.

Quando você se referia a Obama e Hillary Clinton, isso era numa época em que o país estava no meio das eleições, certo? O programa não influenciou as pessoas em termos de em quem elas iriam votar?

Não estou certa quanto a isso. Tenho orgulho, porém, do que de fato fizemos. A equipe e eu estávamos curiosos com relação a muitas coisas, e tínhamos pesquisadores incríveis. Nós os mandávamos sair para pesquisar e o resultado era material original. Às vezes acontecia de nosso programa – cuja produção demandava de seis a oito semanas – ser transmitido quase no mesmo dia em que uma reportagem importante era publicada no jornal. Assim, *Boston Legal* parecia muito mais ousado do que outros programas de televisão.

Vocês deviam receber cartas irritadas de políticos ou lobistas contrariados, não?

Sim, recebíamos cartas contrariadas, mas com maior frequência um enorme número de cartas de apoio. Recebíamos cartas de professores, médicos, mães, pessoas cuja voz não costumava ser ouvida. (risos) Na verdade, éramos o programa favorito do presidente Clinton na época, foi o que ele disse a Oprah.

Para mim, que sou europeia, ele parecia mais um debate – fosse qual fosse a questão com que estivessem lidando, vocês eram realmente capazes de ouvir os dois lados, ou mais.

Mas o importante é que, como em *The Cosby Show* – eu aprendi muitas coisas em *The Cosby Show* –, você não pode ter esse debate a menos que esteja entretendo sua audiência. Sou uma especialista, espero, em entreter pessoas, e é aí que a comédia entrava. Ela nos permitia jogar com o drama e criar um passeio de montanha-russa. Porque justamente no momento em que parece que você vai pregar para as pessoas, ou levar-se a sério demais, você escapa dali com alguma coisa engraçada. E, justamente como na vida, você podia estar rindo num momento e de repente as coisas tomavam um rumo sombrio. Os brilhantes atores davam conta disso. Assim, para mim, a tarefa número um em todos os momentos é entreter as pessoas, e o fato de poder ter sua opinião ouvida é apenas uma questão de sorte.

Vocês tinham uma sala de roteiristas?

Sim, embora salas de roteiristas funcionem de diferentes maneiras em diferentes programas. Vim da comédia televisiva de meia hora, por isso dirigi a sala mais ou menos nessa linha. Tínhamos também um grupo diversificado de roteiristas com diferentes conjuntos de habilidades. Havia aqueles que eram melhores no drama, aqueles que eram melhores em comédia, especialistas legais (advogados que se tornaram roteiristas), alguns dotados para o relato de histórias. Dado esse conjunto de circunstâncias, eu usava nossos recursos de maneira estratégica. Cada programa continha em geral três histórias, assim planejávamos cada história individualmente e depois as combinávamos, equilibrando o tom de drama com comédia. Criávamos a primeira história nos quadros, eu distribuía cenas para cada roteirista. Reuníamos esse material, eu fazia uma revisão, depois passávamos à história seguinte. Quando todas as três histórias estavam concluídas, eu ia trabalhar com outro roteirista e as reunia.

Então você não dava o roteiro todo para um roteirista.

Não. Embora isso ocorra na maioria dos programas de televisão, não teria sido eficiente no caso de *Boston Legal*. Havia o fator tempo envolvido, bem como o melhor aproveitamento das habilidades que cada um de nós possuía. Foi uma estratégia específica para superar esses obstáculos. Eu fazia as revisões para que tivéssemos uma única voz. Você percebe a mesma coisa numa série como *Mad Men*. Aquela voz é a voz de Matthew Weiner.

E quanto ao estúdio? Quando eles podiam ver um rascunho?

Raramente recebíamos observações do estúdio ou da emissora em razão da influência de David. Nosso rascunho ia para David, ele ligava com suas observações. O outro produtor executivo, Bill D'Elia, fazia seus comentários e fazíamos nossas revisões. Houve ocasiões em que a rede ligou com um comentário, mas isso não deve ter acontecido mais do que três ou quatro vezes. Tínhamos muita liberdade para fazer o que queríamos. (risos) Para ter essa liberdade você tem de fazer um excelente trabalho.

E acho que o fato de ser David Kelley também ajuda, não é?

(risos) Realmente tive sorte, porque em *The Cosby Show* era a mesma coisa. *Roseanne* e *Cheers* também tiveram pouca contribuição da emissora.

Em que medida os atores contribuíram em Boston Legal? *Ou em* The Cosby Show? *Ou* Roseanne?

Nessas três séries em particular, os principais atores tiveram de fato uma voz – e serei específica. Em *Boston Legal*, David E. Kelley tinha prometido a James (Spader) que ele poderia contribuir para seu personagem, o que é muito raro. Assim, trabalhei em contato muito estreito com James sobre o material dele – passamos muitos fins de semana discutindo seus argumentos finais, pois ele os apresentava quase toda semana. Em termos de *The Cosby Show* – bem, essa era a série de Bill e ele dava uma grande contribuição. Após cada leitura, Bill comunicava seus pensamentos, e nós baseávamos todas as revisões posteriores nesses pensamentos, bem como em nossas observações a partir do que tínhamos ouvido. Na época, as comédias eram gravadas em vídeo ou filmadas diante de uma plateia. Em *The Cosby Show*, a primeira plateia chegava à tarde, e nós o gravávamos como uma peça, movendo as câmeras para cada cenário, para cada cena em progressão. Depois, uma segunda plateia chegava à noite, e gravávamos o programa uma segunda vez. Assim, tínhamos dois desempenhos. No programa da tarde, Bill seguia o roteiro tal como escrito, e depois o programa da noite era dele. Nunca trabalhei num programa assim antes.

Ou depois.

Ou depois. E Bill é um mestre da improvisação, assim ele às vezes simplesmente levantava voo a partir de um improviso num programa noturno. E você não sabia para onde estava indo, e era tarefa de Phylicia (Rashad), ou quem quer que estivesse contracenando com ele – normalmente ele fazia isso com Phylicia ou Malcom Jamal Warner –, fazê-lo voltar para o programa com uma fala não roteirizada. Isso era realmente maravilhoso, ver até onde ele conseguia ir. Depois, editávamos os dois programas juntos. Isso foi incrivelmente diferente de qualquer programa em que eu tenha trabalhado antes ou depois. Em *Roseanne*, atuei nas temporadas finais. Quando eu estava lá, Roseanne recebia contribuições no estágio de enredo, aprovando as histórias. Ela tinha um senso muito forte de veracidade. E, se a coisa não fosse sincera, você ouvia sobre isso, o que aliás não era muito divertido. Ela contratava muitos comediantes de stand-up de seu tempo na estrada, e essa era uma grande reserva de talento. Tínhamos livros inteiros de piadas de reserva, alternativas para cada frase, isto é, livros grandes... Mais uma vez, tudo isso contribuía para tornar o programa excelente.

E quanto às salas de roteiristas nesses programas? Como era uma semana típica?

Ah, sim, sitcoms, é claro. Vou lhe dar a descrição de uma semana típica. Na segunda-feira tínhamos uma leitura, de manhã. Com base no que ouvia, você trabalhava na revisão do texto durante a tarde e a noite. Na terça de manhã, os roteiristas trabalhavam no roteiro da semana seguinte ou sugeriam um episódio futuro. Em seguida, um roteirista pegava essa história, ia embora e a escrevia. Na terça à tarde, você ia ao estúdio ver um ensaio em que os atores encenavam o roteiro para os roteiristas e os produtores. A noite da terça era dedicada à revisão – dependendo do programa, isso podia se prolongar até a madrugada. Na quarta-feira de manhã você estaria trabalhando em futuros roteiros e à tarde haveria um ensaio do episódio atual com o estúdio e a rede. Mais uma vez, uma revisão seria feita com base no que tinha sido visto. A quinta-feira seria para o posicionamento de câmeras. As câmeras eram trazidas, os atores encontravam suas marcas específicas no palco e ensaiavam com o diretor. Na tarde de sexta havia um ensaio de figurino, se fosse filme. E, se fosse videoteipe, haveria uma plateia e você iria realmente gravá-lo. O segundo programa seria filmado na mesma noite. Nos intervalos de tudo isso você estaria sugerindo novas histórias e fazendo revisões em roteiros existentes.

Então basicamente você está num campo de treinamento militar e não pode ter vida durante esse tempo.

Você tem amigos e família que com sorte compreendem a situação, e às vezes fica intratável. (risos) É muito difícil quando se está em produção. Mas você teve férias na primavera, em geral março e abril e parte de maio.

Você utilizou improvisação em Boston Legal *também? Por vezes tem-se a impressão de que sim.*

Não, nunca. Era tudo roteirizado. O único programa em que houve improvisação foi *Cosby*. Nunca vi nada igual. Esse programa foi incomum em muitos, muitos aspectos.

Você também escreveu para Gilmore Girls, *e ali você teve o caso de uma showrunner que se afastou.*

Sim, Amy Sherman-Palladino, que criou a série. Mas ela conduziu o programa por quase todo o tempo que durou.

Isso acontece com frequência?

Ah, sim. Não é exatamente incomum. É um trabalho árduo.

Na sua opinião, qual é a importância do conceito da sala de roteiristas para o sucesso global da TV americana?

Acho que é tudo. Até onde sei, nenhuma pessoa jamais chegou com todas as histórias prontas para uma temporada de televisão. Isso é uma falácia. Uma sala de roteiristas é decisiva. Não apenas pelas histórias individuais que cada roteirista traz, mas pela explosão de narrativas que acontece em resultado da reunião dessas pessoas. É realmente extraordinário.

Quando uma pessoa escreve um filme, escreve sozinha. Na TV, há muitas mentes numa sala. Tudo isso se combina ou há o perigo de que o resultado se afaste da verdade?

Ah, isso pode acontecer, sem dúvida. E pode acontecer se o showrunner não tiver um forte senso de narrativa, ou entrar em pânico sob pressão e aceitar algo menos que excelente. Os melhores showrunners são aqueles com uma forte voz em defesa da verdade, da originalidade e do entretenimento. E as salas de roteiristas são ditaduras. Isso é importante para se ouvir essa voz. A televisão é um esporte de equipe. Você tem de seguir a visão do criador, e isso às vezes é difícil para as pessoas. O objetivo é exibir um grande programa, e para isso você faz tudo o que for preciso fazer. Os melhores roteiristas de TV sabem que são parte de uma equipe. Os mais difíceis são aqueles que não compreendem o conceito de equipe, e eles em geral não duram muito.

Então como é que uma pessoa se torna showrunner? Como você faz o treinamento no Programa de Treinamentos para Showrunner?

O programa, que está em curso no Sindicato de Roteiristas e é aberto a qualquer roteirista de TV, reúne-se todos os sábados durante vários meses. Showrunners renomados participam e transmitem seu conhecimento. Executivos de estúdio e profissionais de outras indústrias também participam e compartilham sua experiência. É um programa de muito sucesso, muitas pessoas que saíram de lá agora conduzem programas.

Você também trabalhou em Life Unexpected, *uma série que foi cancelada após a segunda temporada. Isso acontece muito hoje em dia...*

Sim, acontece. Nessa série, Liz Tigelar criou um piloto maravilhoso, mas ela nunca tinha conduzido um programa antes. Eles me pediram para entrar e conduzir o programa com ela. Liz é uma roteirista muito talentosa e uma produtora incrivelmente bem organizada. Assim, minha maior contribuição foi no sentido de manter a narrativa avançando segundo o planejado. Meu objetivo era deslanchar a série e fazer a segunda temporada engrenar. Fizemos isso. Infelizmente, ela foi cancelada em algum momento durante essa segunda temporada. Eu não estava mais com o programa nessa ocasião, por isso não sei o que aconteceu.

Ao que parece há mais homens showrunners que mulheres. Por que mulheres não ascendem até o topo?

Elas ascendem. Apenas não são tão numerosas quanto os homens. Acho que isso ocorre porque os homens gostam de trabalhar com pessoas que conhecem e com quem se sentem confortáveis, e normalmente são outros homens.

Então não é que as mulheres não tenham autoconfiança suficiente para subir até o topo?

Não. Há realmente muita discriminação nessa profissão. Há muita discriminação por idade também. Tenho muitas amigas que estão sem trabalho porque têm mais de quarenta anos. Mas essa atividade muda todos os dias. E é difícil para mim dividir as coisas em linhas de gênero, sobretudo quando vejo tantas mulheres bem-sucedidas por aí criando programas todos os dias. As oportunidades mudam constantemente. As plataformas estão mudando. O modo como recebemos nossas histórias muda o tempo todo. O que quero dizer é que podemos olhar para essas coisas com desânimo, ou podemos criar nossas próprias oportunidades.

O que você tem feito ultimamente?

Nos últimos anos venho trabalhando em *Mad Men*. Fui consultora do programa durante dois anos, e este ano estou trabalhando em tempo integral como produtora executiva.

Pode nos contar algum segredo sobre a temporada?

(risos) Nunca!

Eric Overmyer

Eric Overmyer ingressou na equipe de *The Wire* em 2006 como produtor consultor e roteirista – era a quarta temporada da série. Anteriormente, havia trabalhado em *St. Elsewhere*, *Homicide: Life on the Street* e *Law & Order*. Junto com David Simon, foi um dos criadores do drama *Treme*, da HBO [e, mais recentemente, escreveu e produziu *The Affair*, da Showtime, e *Bosch*, da Amazon]. Ganhou um prêmio do Sindicato de Roteiristas e um Edgar.

Por que você acha que a TV americana exibe uma escrita melhor do que a dos filmes americanos?

Muita coisa na televisão americana é tão ruim quanto o cinema americano. É apenas a TV a cabo que proporciona esse ambiente em que se pode fazer coisas diferentes.

Você sempre trabalha com salas de roteiristas?

Nós reunimos nossa equipe de roteiristas em *Treme* – e foi a mesma coisa com *The Wire* – três semanas antes de começarmos a escrever os roteiros para a temporada. Não temos um encontro diário – quero dizer, em alguns outros programas as reuniões ocorrem diariamente, o que nunca entendi, porque como você vai escrever se vocês se reúnem todos os dias? Você fala e fala e fala, e é entediante, por isso não sou fã desse sistema. Na verdade tivemos uma sala de roteiristas realmente maravilhosa, e nos encontramos umas duas vezes entre o piloto e o início das gravações, e uma ou duas vezes também durante a temporada. Mas, por exemplo, quando estávamos gravando o oitavo episódio, David (Simon)[1] estava reescrevendo o seguinte, e David, George (Pelecanos)[2] e eu nos encontrávamos e conversávamos sobre os três últimos episódios da temporada. Esse é o nosso tipo de sala de roteiristas.

O que vocês fazem quando se encontram? Apenas trocam ideias ou realmente criam a história juntos?

David e eu, e mais uma ou duas pessoas talvez, chegamos a um consenso sobre a questão da história. Às vezes David e eu fazemos o primeiro rascunho, mas muitas vezes isso é feito por um roteirista de fora. Um roteirista freelancer. Não se trata exatamente de roteiristas de fora, pois eles estiveram envolvidos no processo o tempo todo.

Vocês realmente usam terminologia como atos, momentos decisivos etc.?

Em nosso caso não precisamos de atos. Fazemos um *teaser*, mas é só isso. É bom não ter atos.

Como você organiza a história?

Nós organizamos os roteiros, sim. Mas em *Treme*, como se trata de um programa sobre música, alguns dos personagens são músicos de verdade e gravamos toda a música ao vivo, nós imaginamos isso no local. Não há música tocada em playback, portanto há uma boa energia, mas também é complicado decidir quando entrar numa música e quando sair dela. É um elemento muito interessante para trabalhar. E é uma verdadeira alegria, um grande prazer.

Podemos sentir a alegria quando assistimos à série... E quanto a The Wire*? Li em algum lugar que as histórias domésticas foram atribuídas a você.*

Isso não é verdade! Houve certas ocasiões em que David disse: "Você poderia por favor escrever esta cena?" – ele não queria escrever as cenas entre o personagem e sua mulher. Estávamos brincando sobre isso. E só estive lá durante uma temporada, a quarta. Quando eles começaram eu estava ocupado com *Law & Order*. Integrei a equipe de roteiristas da série durante cinco temporadas. E, quando deixei *Law & Order*, David me perguntou se eu gostaria de entrar. E, quando a temporada terminou, como a HBO tinha uma programação muito longa, não pude esperar pela quinta temporada, por isso peguei outro trabalho.

Suas ideias nunca se esgotam quando você fica numa série por tempo demais?

Acho que isso poderia acontecer. Trabalhei em *Homicide* durante três anos e, falando de maneira geral, se a situação é boa, você quer ficar.

Onde você aprendeu a escrever para a TV?

Conheci Tom Fontana...

É claro.

(risos) Sim. Eu o conheci no teatro em Nova York, e depois ele se tornou um roteirista-produtor muito poderoso, então ele me ligou e perguntou se eu gostaria de escrever um roteiro, e eu disse que sim. Há certas coisas parecidas com o teatro, personagem e trabalho com diálogo, mas tudo o mais é diferente: o fato de você ter de escrever personagens que foram criados por outra pessoa, e ter de executar isso da maneira apropriada, no estilo da casa, por assim dizer. Há certa dose de ego envolvida aí. É uma questão de a quem pertence a propriedade intelectual. Quando você está na equipe de roteiristas de um programa de televisão, quer introduzir alguma coisa nele, quer torná-lo melhor, mas ele não lhe pertence. Teatro e TV são formas muito diferentes, não há dúvida.

Sente falta do teatro?

Isso depende da minha situação na televisão. Neste momento estou muito satisfeito. Tive uma ligação com Nova Orleans por muito tempo. Temos uma casa na cidade, mas minha família está em Nova York, portanto moro em Nova York. Também já tive frustrações na televisão, ela pode ser exaustiva – mas escrever para o teatro tem igualmente seus desafios.

Como foi trabalhar com Pelecanos? Sendo ele um romancista, vocês não têm um processo criativo diferente?

Mas ele fez muita televisão. Se você conversasse com ele, descobriria que ele preferiria de longe estar escrevendo seu novo romance a qualquer outra coisa, mas acho que gosta de escrever para nós.

Ouvi duas opiniões predominantes com relação à reescrita. A maioria diz que ela é necessária para dar à série uma voz única, e há uma outra opinião segundo a qual é preciso manter a voz individual de cada roteirista no programa.

David e eu desejaríamos estar no segundo caso... Realmente acho que alguns showrunners são fanáticos por controle e reescrevem tudo. Mas este programa não tem uma equipe de roteiristas. Somos David e eu. Se tenho uma equipe, realmente fico irritado quando recebo um roteiro que preciso reescrever, porque essas pessoas ganham muito dinheiro, e tenho de passar meu sábado reescrevendo o roteiro de outra pessoa. Não fico feliz. Neste programa não esperamos que os roteiristas façam isso tão bem quanto nós, é uma série muito complicada, mas queremos que eles façam alguma coisa diferente com os personagens, que sigam para lugares a que nunca fomos, que tenham um novo ângulo sobre alguma coisa. E que um pouco de sua voz característica se faça ouvir. Por isso desejaríamos estar no segundo caso, e acabamos a maior parte das vezes no primeiro. O que você quer é alguém que capte a voz do programa, mas a partir de sua própria perspectiva original. E esperamos ter de fazer o mínimo polimento necessário para ter o rascunho pronto para a produção.

Às vezes trata-se de ter um gosto diferente, você não acha?

É uma questão de fazer a história avançar e captar a essência dos personagens. Há séries como *The West Wing* em que todos os personagens têm de falar de certa maneira. Mesmo assim, aquele bate-papo... E as pessoas que gostam desse programa, isso é importante para elas, elas querem que eles soem da mesma maneira. Você sabe, todo mundo é inteligente, e isso é apropriado para aquele programa. Se outras séries tivessem isso, seriam fracas. Nesse caso eles estavam realmente escrevendo para um personagem.

Você às vezes tem a impressão de que alguma coisa é destruída no desenvolvimento?

Ah, sem dúvida. Executivos da TV aberta querem tudo explicado, querem simplificar tudo, e muitas vezes tem-se a sensação de que o rascunho fica cada vez mais fraco. Isso é lugar-comum. Não ocorre o mesmo com a HBO. Eles têm mais questões, tentam compreender o que está acontecendo ali, é uma abordagem criativa.

Parece ser o paraíso.

Eles de fato vêm de um lugar diferente. De certo modo, era uma filosofia da MTM também, contratar bons roteiristas e sair do caminho deles. O que parece lógico, mas a maioria dos executivos de TV não faz isso. Não é o caso da HBO, eles têm uma filosofia semelhante. Acreditam nesse projeto e confiam em David e em mim para fazermos nosso trabalho. Os estúdios são movidos pelo medo, eles temem os patrocinadores, antecipam e se asseguram de que desastres não aconteçam. Há muita gente cujo trabalho é fazer comentários. Você recebe anotações intermináveis, tornando a coisa mais palatável, menos picante, mais melodramática, mais parecida com o que foi feito antes.

Essa foi a minha experiência como roteirista de TV na Europa. Sempre pensei que isso é o que faz toda a diferença em termos criativos, se você está operando a partir do medo ou não – e que na TV americana há mais liberdade criativa. Você está destruindo minha ilusão.

(risos) Mas aqui também é assim na maior parte dos casos. Só existe liberdade criativa para um punhado de programas – HBO, Showtime e FX, talvez AMC. São muito poucos programas no vasto deserto da televisão americana.

Então você nunca recebe comentários da HBO?

Eles veem o primeiro rascunho publicado, que vai para a equipe de produção. E depois, se houver algum comentário, faremos uma nova revisão.

Então eles veem isso junto com os departamentos de produção? Eles não se envolvem no estágio em que vocês estão conversando sobre a história?

Antes que os roteiros sejam escritos, há um momento em que David liga para uns dois executivos e eles conversam em termos muito gerais.

Então vocês basicamente têm a palavra final e a montagem final.

Levamos as observações da HBO a sério. Podemos executar algumas, outras não. Ficamos felizes em fazê-lo, se isso não nos incomoda ou se concordamos com a sugestão. Se for uma boa ideia. Do contrário, diremos não e explicaremos por quê. Há muito poucas ocasiões em que eles insistirão. Se insistirem... bem, o programa é deles, pertence a eles. Mas a coisa nunca chega a esse ponto.

Há algum "não" não pronunciado?

"Não seja estúpido?" (risos) Não, não há nada que não seja permitido. Talvez um comentário racista ou sexista, que não vem de um personagem. Mas isso nós também não vamos querer.

Os roteiristas são estereotipados?

Sem dúvida. Você escreve sobre polícia ou sobre medicina.

Você nunca quis fazer comédia?

Sim. Isso é o mais difícil. Se você quer passar do drama para a comédia ou da comédia para o drama. Seria uma grande mudança de carreira.

E quanto a escrever para o cinema?

Esse é um negócio ciosamente protegido pelos roteiristas de ponta que ganham muito dinheiro fazendo reescrita. Eu gostaria muito de conseguir alguns trabalhos desses também, mas eles são difíceis. Se eu tivesse mais tempo, escreveria um roteiro especulativo.

Onde você encontra tempo para viver?

Houve uma greve de roteiristas alguns anos atrás.

Então essa greve salvou a vida de vocês, não foi? Às vezes, parece que vocês ficam presos por meses a fio.

É verdade, mas é gratificante também, por isso não parece uma prisão. Ano passado tive uma pausa em *Treme* e fiz *In Treatment*, de modo que foi interessante... Mas você quer continuar escrevendo. Fiquei ocioso durante alguns períodos, e não é nada divertido.

Você desenvolve projetos nas horas vagas?

Tenho umas ideias. Mas você não as sugere quando está num programa. Contratualmente, não é permitido que você trabalhe para mais ninguém. Imagino que teoricamente eu poderia tentar vender alguma coisa para a HBO, mas eles olhariam para mim e diriam: você não deveria estar trabalhando em *Treme*? Ficariam desconfiados da minha dedicação.

E, quando você terminar, vai puxar magicamente esses cinco projetos da cartola.

(risos) Exatamente.

As salas de roteiristas da TV americana são compostas principalmente por homens brancos que moram em Los Angeles. Essa é uma pequena porcentagem da população.

Há mais mulheres do que você imagina – mas elas também tendem a ser brancas. Não sei. Não acho que haja muitos bons roteiristas de TV, acho que a maioria deles é espantosamente medíocre. Você tem mais ou menos uma dúzia de roteiristas realmente bons, há muitos que vão de programa em programa porque receberam créditos, aí entregam um roteiro e são reescritos pelo showrunner e nunca avançam em suas habilidades. O estúdio os conhece, eles têm um currículo que fica cada vez mais longo, mas seu trabalho nunca realmente é produzido – seus roteiros são reescritos, eles não têm nenhuma produção real e isso é muito difícil. É um sistema muito estranho, de certo modo desencorajador. Se eu fosse começar um programa e me permitissem contratar uma grande equipe, eu seria capaz de propor uns dez nomes – e todos eles são pessoas com quem trabalhei antes. Isso porque não conheço outras pessoas. E porque é muito perigoso correr um risco com alguém que você não conhece. É um sistema muito fechado.

E quanto aos jovens roteiristas?

Já tentei isso, especialmente com dramaturgos. O que acontece é que você muitas vezes herda pessoas e há muito pouca gente que pode contratar, e você também precisa que todos sejam aprovados. Depois que está dentro, você se sai bem. Todo mundo está procurando um roteirista decente que seja negro e mulher. Mas é difícil entrar – e hoje em dia é cada vez mais difícil. É como uma dança das cadeiras, mas as cadeiras são cada dia menos numerosas e as pessoas não param de chegar.

As escolas de cinema continuam mandando novos profissionais.

Sim. Além disso as equipes estão ficando menores. Os estúdios pertencem a acionistas, eles olham para o balanço, não são mais estúdios.

Você escolhe os diretores?

Eles têm de ser encontrados pela HBO. Para um diretor, essa é uma experiência importante. É sempre uma jogada arriscada trabalhar com alguém que você não conhece. Como acontece com os roteiristas. Há muitos cineastas que gostariam de fazer o programa, mas não são importantes o bastante para que a HBO os aprove.

Então eles são mais rigorosos com relação aos nomes associados do que em relação ao conteúdo?

Eles se preocupam com a falta de experiência. Fazemos uma gravação em onze dias, é muito mais estressante que num longa-metragem, e em nosso programa temos o desafio adicional da música e das paradas. Ok, você fez alguns longas-metragens independentes, mas nunca fez um programa da HBO. Não tem a experiência. Mas como vou adquirir essa experiência, se vocês não me contratam? É um problema difícil. Não sei. Não tomo essas decisões. A produtora executiva e a HBO contratam os diretores. Eles me perguntam se eu tenho alguma objeção, mas ela resolve isso com os executivos da HBO, dá esses telefonemas e examina uma grande quantidade de material.

Há alguma coisa que deixei de lado sobre a qual você gostaria de falar?

Ah, puxa vida, acho que não. Você sabe do que está falando, uma vez que está na mesma atividade.

Ok, então tenho uma última pergunta: você está naquele ponto muito cobiçado na sua carreira em que consegue fazer tudo o que quer?

Não, de maneira alguma! Posso chegar e sugerir, mas se isso vai ser feito é outra história. Posso até ter problemas para fazer meu próximo programa. Há tantos fatores… é como dar nó em pingo d'água.

Jane Espenson

Os créditos de Jane Espenson na televisão incluem *Buffy, a caça-vampiros*, *Battlestar Galactica*, *Game of Thrones*, *Torchwood*, *Once Upon a Time* [*Era uma vez*] e a série original *Husbands*, criada com Brad Bell. Recebeu dois prêmios Hugo.

Na sua opinião, por que a TV americana apresenta neste momento uma escrita tão melhor que a da maioria dos filmes americanos?

A TV em geral é um meio do roteirista. Você é capaz de impor a história, produzir seu próprio material, estar no set e tudo o mais... supervisionar a edição... Mesmo um roteirista de TV de baixo nível tem possivelmente mais controle sobre o produto final do que um roteirista de longa-metragem muito mais experiente. Creio que há alguns roteiros de filme esplendidamente bem escritos por aí, mas, sim, a TV tem tão mais a oferecer que não me surpreende que muitas das vozes mais criativas estejam aqui.

Onde você aprendeu a escrever e quando se sentiu confortável o bastante para responder à pergunta "O que você faz?" com "Sou escritora"?

Não acho que você precise de alguma coisa para aprender a escrever além de observar e pensar criticamente sobre o que está vendo. É como aprender a construir uma máquina – a melhor educação vem de estudar outras máquinas e aprender a extrapolar os princípios gerais da mecânica a partir delas, e não de aprender os princípios e depois se dispor a inventar alguma coisa a partir deles. Entre outras coisas, isso é difícil demais. Assim, comecei a aprender a escrever TV quando era criança, assistindo a episódios de *Barney Miller* ou *Soap* ou *M*A*S*H* ou *Welcome Back, Kotter* e refletindo sobre o que os fazia funcionar. Eu pensava muito sobre personagem, diálogo e piadas – em retrospecto, deveria ter olhado também para a estrutura, mas o que eu fazia funcionou bastante bem. Não estudei escrita na faculdade além de alguns cursos, nenhum deles sobre escrita para a TV – a Universidade da Califórnia em Berkeley realmente não oferecia nada de relevante na época. Acho que fui obrigada a aprender isso nas ruas. Quanto à pergunta sobre responder "Sou escritora"... é engraçado você perguntar isso. Eu costumava pensar sobre isso o tempo todo – ansiava por dizer isso. Pude fazê-lo quando consegui meu primeiro emprego numa equipe de roteiristas na TV – no programa *Família Dinossauros*. Eu gostava de dizer isso – ainda gosto. Ainda é emocionante. Quem é que consegue ganhar a vida por meio do hobby mais divertido que já existiu?! É como ser um "pensador" remunerado. Lembro-me de gostar de escrever isso até nos formulários de seguro-desemprego durante um ano em que não fui contratada para nenhum programa.

Você também é uma acadêmica. Como uma coisa influencia a outra?

Rá! "Acadêmica" soa muito como algo de dois séculos atrás. Mas gosto disso. O que aconteceu é que fui uma daquelas eternas estudantes, até que encontrei uma maneira de cair do ninho. Eu estava estudando metáfora, que veio a se revelar muito importante para o que faço – especialmente quando estou escrevendo uma série de ficção científica. Ficção científica diz respeito sobretudo a metáfora. Mas não posso dizer que alguma coisa que estudei tenha realmente afetado as histórias que escrevi. O que acontece é que o que estudei e o que escrevo são ambos produtos da mesma maneira geral de desejar fazer generalizações sobre o mundo. Gosto de abstrair coisas.

Você é um caso bastante raro de roteirista que está muito longe de já ter sido estereotipada, pois parece ser capaz de escrever comédia, drama e ficção científica. Como conseguiu isso? Além disso, você parece diferente da maioria dos roteiristas na medida em que não parece gostar de permanecer numa única série por muito tempo; você parece gostar da variedade de diferentes gêneros e histórias.

Creio que você descobrirá que a maioria dos roteiristas de TV fica desempregada a cada ano porque é isso que as estatísticas revelam. A maior parte dos programas é cancelada. Eu teria gostado muito de ficar mais tempo em muitas séries que escrevi. Na verdade, acho que *Gilmore Girls* e *The O.C.* talvez tenham sido as únicas séries que escrevi e que continuaram depois que saí, e *The O.C.* sempre se destinou a ser um trabalho temporário. *Eureka* – estive lá por um período muito breve... Todas as outras séries foram encerradas enquanto eu estava lá, forçando-me a sair. Por alto, acho que foram onze séries em que trabalhei que terminaram enquanto eu estava nelas. E acho que omiti umas duas. Talvez eu as tenha destruído! Mas isso não foi uma coisa ruim para mim – foi ruim para as séries, e algumas, como *Firefly*, mereciam ter sido exibidas por muito mais tempo. Mas, particularmente, gosto de uma surra – muitas ferroadas diferentes –, e estou satisfeita que minha carreira tenha sido assim. A transição de programas cômicos para o drama foi seriamente pensada – percebi que tinha mais a ver comigo. O resto foi por acaso – ofereceram-me tanto *The O.C.* quanto *Gilmore Girls* logo depois de *Buffy*, e acho que isso ajudou a me tornar palatável para séries fora do âmbito da ficção científica. Meu histórico na comédia tornou-me adequada para séries como *Jake in Progress* e *Andy Barker, P.I.*, assim pude voltar e fazer um pouco mais de comédia. E meu agente sabe que gosto de me movimentar por toda parte, de modo que não hesita em me trazer outras opções – desenho animado ou qualquer outra coisa. E, se ainda houvesse trabalhos em telenovelas, eu sem dúvida iria querer tentar isso também, pois é algo que nunca fiz.

Você está nesse ramo há bastante tempo. Acha que as coisas mudaram ou estão mudando na TV? Mais coisas estão sendo possíveis? Vocês realmente conseguem experimentar tanto quanto parece de fora? Têm a liberdade que dão a impressão de ter?

Meu Deus, estou nesse ramo há tanto tempo. Dezenove anos. Mal posso acreditar! Ainda me sinto como uma criança recém-chegada durante grande parte do tempo. As coisas mudaram em vários aspectos: há muito mais diversidade na sala de roteiristas. Menos dinheiro – os "contratos" enormes desapareceram. Mais programas, mais tipos de programas – coisas como *Spartacus*, *Torchwood*, *Mad Men* ou *Community*, elas teriam sido excessivamente "de nicho" quando comecei. Equipes de roteiristas menores. Mais conteúdo de internet. Sim, há enormes oportunidades para experimentar, mas ainda se trata de fornecer um produto para uma entidade corporativa que tem certas esperanças e expectativas. Nem tudo é tão livre. Mas os tipos de produtos que você pode oferecer... foi aí que a coisa se tornou mais livre.

Todos os programas em que você trabalhou tinham salas de roteiristas? Qual foi aquela que funcionou melhor para você e para o programa?

As salas são diferentes para cada série. Mas até agora todos as tiveram. Alguns programas não têm – cada roteirista trabalha individualmente com o showrunner em cima do seu episódio. Mas sempre trabalhei em séries em que no mínimo tínhamos um período no início de cada grande arco em que todos nos sentávamos juntos para traçar a história. Esse processo costuma ser bastante semelhante em toda parte – o showrunner chega com um mapa rodoviário geral e todos nós sugerimos ideias para marcos ao longo do caminho. Depois disso, as coisas divergem muito. Em salas de comédia, a sala é usada para que os roteiros sejam realmente reescritos em equipe. Em dramas, costuma-se fornecer ideias e estrutura para episódios futuros. Nós "domamos" os episódios. Às vezes os roteiristas ficam em volta de uma mesa; às vezes, ficam largados num sofá. Pode haver barulho, desorganização ou dispersão, ou calma e concentração. Você pode usar um monitor ou um quadro de cortiça ou um quadro branco. É tudo muito... variado.

Você ingressou em Caprica *como showrunner durante a primeira temporada. Como foi essa experiência?*

Foi interessante. Eu não sabia ao certo quais seriam as partes difíceis, mas sabia que seria difícil. E foi ainda mais difícil do que eu previa. Não acho que brilhei – não estava preparada para lidar com todas as exigências. E não gostei de não ter mais tempo para realmente mergulhar na escrita concentrada de um episódio. Corri de volta para esse papel quando tive a oportunidade. Se eu criar uma série no futuro, terei de imaginar uma maneira de preservar isso.

A TV a cabo começou como o lugar onde você não precisava de índices de audiência, porque não havia publicidade. Agora os índices tornaram-se subitamente importantes – as pessoas gostam de citar Caprica *como um exemplo que deixou isso bem claro.*

Hum… Isso é interessante. Mas não sei o suficiente sobre os modelos de negócios e não me dei o trabalho de aprender sobre isso. Atribua-me um roteiro e irei escrevê-lo. Realmente não sei muita coisa além disso.

Não tive oportunidade de ver muita coisa de Caprica, *mas o que vi me pareceu completamente fascinante e muito real. Era como se estivéssemos falando sobre nós hoje, e sobre o mundo antes da crise, mostrando o que nos conduziu à crise atual. Mas aí o SyFy cancelou o programa, antes que ele tivesse a chance de atrair a atenção do público. Isso pareceu a você impaciência demais – e um desperdício?*

Os índices não foram altos porque as pessoas não estavam assistindo. Em retrospecto, posso apontar coisas que suspeito que fizemos errado, coisas que eu fiz errado, ao construir o suspense e prender a atenção de um público amplo. Mas estou certa de que mesmo programas de sucesso podem apontar passos em falso – não está claro o quanto isso é útil após o fato consumado. Eu gostaria de pensar que o argumento tinha potencial para ser um grande sucesso, mas não atraiu os olhares. Imagino que o SyFy tenha uma maneira de projetar qual será o teto num programa depois de obter alguns dados básicos – eles devem ter tido razões para pensar que o programa nunca iria atingir um número suficiente de pessoas para fazer sentido do ponto de vista financeiro. É uma pena, mas tenho esperanças fantásticas para *Blood and Chrome*, o novo prequel* de *Battlestar* que eles estão fazendo com meu bom amigo Michael Taylor.

---

* Sequência literária, dramática ou cinematográfica que relata acontecimentos anteriores aos descritos na obra original. (N.T.)

Quando você conversa com outros roteiristas, utiliza termos como atos, momentos decisivos, clímax?

Sem dúvida! Atos, quebras de atos, pontos de virada, momentos do personagem, história A, história B, revelações... provavelmente qualquer termo que você tenha lido num livro "sobre como escrever para a TV"... usamos todos esses termos. Eles são os nomes para as partes da máquina que fazemos.

Onde você aprendeu a conduzir um programa?

Rá! Eu não aprendi! Eu simplesmente sempre quis escrever. Assim, quando trabalhei para grandes showrunners como Joss Whedon e Ron Moore, e agora Russell Davies, eu tendia a observar como eles elaboravam personagens, diálogos e cenas... não como eles conduziam o programa! Eu teria conduzido *Caprica* melhor se tivesse aprendido. O Sindicato de Roteiristas tem um curso sobre showrunning, mas não o fiz, pois não pretendo conduzir uma série.

Você poderia me falar sobre o desenvolvimento de um episódio de Caprica, *por exemplo? Você definia a história principal sozinha e depois a levava para a sala de roteiristas?*

Tivemos muita sorte de ter Ron Moore envolvido em *Caprica*. Ele nos levou para um retiro de escritores onde traçou, com nossa ajuda, o arco para dez ou onze episódios. A essa altura a ideia geral por trás de cada episódio estava determinada. Ao voltar à sala, a equipe e eu pegávamos essa ideia e a discutíamos num grande grupo para tentar encontrar alguma estrutura dentro do tema básico começo-meio-fim. Depois que tínhamos isso, ficávamos mais específicos, determinando cenas. Depois apresentávamos esse material a Ron e recebíamos mais contribuições... por fim, um roteirista era encarregado de escrever o episódio.

Quem decidia a que roteirista atribuir cada episódio?

O showrunner pode designá-los, mas em geral os roteiristas já se designaram, ao demonstrar certa afeição por um episódio ou outro. Em alguns programas isso gira numa ordem estabelecida, mas, mesmo nesse caso, um roteirista pode sair da ordem se tiver um apreço especial por um episódio. Isso muitas vezes acontece, porque se trata de uma ideia que eles trouxeram para a sala.

Ouvi duas opiniões predominantes durante as entrevistas. Uma é que o showrunner tem de polir ou até reescrever todos os roteiros para dar uma voz única à série. Há também aqueles que desejam manter as vozes distintas em cada episódio, até mesmo observar um lado diferente dos personagens acentuado a depender do roteirista. Nesse caso, eles só reescrevem quando absolutamente necessário. O que você pensa – como roteirista e como showrunner?

Compreendo as duas maneiras de pensar. Na verdade, acho que depende do programa. Acho que *Gilmore Girls* se beneficiou muito da voz específica de Amy Sherman-Palladino. Acho que *Battlestar Galactica* se beneficiou muito do estilo autoral claro e diferente de cada episódio. Eu diria, porém, que mesmo os programas que mais permitem aos roteiristas ser diferentes ainda precisam de alguma reescrita por parte do showrunner. Como roteirista, gosto de ouvir minhas palavras. Como showrunner, gosto de ouvir minhas palavras. Assim, provavelmente reescrevo um pouco mais como showrunner do que a roteirista que sou gostaria. Fazer o quê?

Que diferença há para um roteirista entre ser reescrito por um showrunner e o que ele experimenta no cinema, quando um diretor facilmente reescreve um roteiro para se apropriar dele? E o que é isso para você, essa necessidade de reescrever? Trata-se de ter um gosto diferente daquele do roteirista original? Imagino que você também tenha sido reescrita.

Um diretor pode "prontamente" reescrever um roteiro, mas não sei se "facilmente". Reescrever é difícil. Às vezes é mais difícil do que escrever, porque primeiro você tem de apagar o que acabou de ler. Muitas vezes é mais difícil preservar pedaços do original do que simplesmente começar de novo. Há tantos tipos de reescrita e tantas razões para fazê-la que é difícil falar sobre uma única coisa. Todo escritor reescreve seu próprio material várias vezes antes de entregá-lo. Depois ele recebe observações do showrunner, depois do estúdio e da rede. Em seguida o showrunner faz sua revisão. Então mudanças na produção exigem mais alterações. Depois uma cena é perdida na edição, de modo que o diálogo tem de ser alterado mais uma vez para cobrir alguma exposição perdida, e o ator é trazido para gravá-lo e inseri-lo sobre a cena gravada. É surpreendente que uma fala subsista desde o primeiro rascunho até a tela. A razão mais comum para reescrever provavelmente tem a ver com a necessidade de ajustar uma cena de maneira global – mudando o que acontece ou o ponto de vista que os personagens adotam. Mas às vezes trata-se da voz de um personagem ou do ritmo de uma piada. Muitas vezes, o showrunner simplesmente tem algo diferente em mente. Todos os showrunners foram roteiristas e foram reescritos dezenas de vezes. Não é uma coisa ruim ou ofensiva. O programa não está lá para dar aos roteiristas uma chance de ouvir suas próprias palavras. Os roteiristas estão lá para servir ao programa e ao show-runner. Este tem uma perspectiva global e trata-se da visão dele. Quando vejo uma cena que Russell, Ron ou Joss reescreveram, geralmente acabo concordando com o quanto ficaram bonitas.

Acredito que há também duas diferentes maneiras de proceder com relação aos créditos. Há showrunners que são creditados por quase todos os roteiros, ao passo que outros consideram a reescrita simplesmente parte de sua função como showrunners. Qual das duas você considera mais justa – como roteirista e como showrunner?

Já está bem estabelecido na TV que o roteirista original conserva o crédito. Que reescrever é, como você diz, simplesmente parte da função do show-runner. É assim que geralmente vejo a coisa ser feita – e é assim que faço. Alguns showrunners preferem créditos que reflitam mais precisamente a porcentagem de trabalho que eles fizeram. É simplesmente uma maneira diferente de considerar a questão. Eu não me aborreceria de compartilhar um crédito com um showrunner que aplicasse esse sistema. Simplesmente adoto a outra maneira.

A TV americana está sendo vendida no mundo todo com grande sucesso. Você pensa nessa audiência mundial quando escreve?

Tento não levar *nenhum* público em consideração. Já disse isso antes, mas acho que você tem de escrever o que *você* quer assistir. Se você escreve para qualquer outra audiência, está mirando no escuro. Se eu confio que tenho bom gosto, então aquilo de que gosto deveria automaticamente aplicar-se a outros. Se isso também se aplica internacionalmente...? Bem, não vejo por que não.

Parece haver uma tendência a escolher séries estrangeiras para remakes.

Sim. Minha série atual, *Torchwood*, teve três temporadas na TV do Reino Unido. Gosto muito do clima atual que torna isso possível.

Escrever uma série ao mesmo tempo que ela está em produção não deixa nenhum espaço para respirar. Há algum tempo para viver e experimentar coisas novas sobre as quais escrever?

Há tempo para viver, mas não muito para me manter atualizada com outras séries de TV – detesto estar ocupada demais fazendo TV e não ter tempo para assistir a ela. Mas este ano está sendo excelente. Estou amando meu trabalho em *Torchwood*, estou trabalhando também em um par de pilotos e em alguns novos quadrinhos de *Buffy*. É o bastante para me dar alguma coisa para escrever todos os dias até o começo do verão. Na verdade, acho que há sempre alguma coisa para escrever – é difícil lembrar um momento em que eu não tenha tido uma proposta, um esboço ou um roteiro para fazer.

Você se lembra de viver com o medo de que o que está entregando não seja bom o bastante?

Sim, claro, ainda tenho esse medo. Escrever é algo muito subjetivo, e não seria nada inédito para alguém com a minha experiência ser informado de que tem que recomeçar, ou ter um fracasso de algum tipo. E até que eu chegue a um rascunho completo, com "as palavras no papel", estou sempre certa de que será dessa vez que simplesmente não vou conseguir terminá-lo. Terminar um roteiro é algo que sempre me surpreende – Ei! Consegui!

Como parte da equipe de roteiristas numa série de TV, você já teve alguma vez a impressão de que algo foi reescrito na direção errada?

Muito raramente. Só consigo pensar em uns dois exemplos – uma vez numa sitcom, uma vez em um drama, em que senti que a reescrita foi, digamos, lateral. Geralmente, as coisas ficam melhores.

Você tinha a última palavra como showrunner?

Não – eu não era a única produtora executiva em *Caprica*. Mas, mesmo que fosse, ainda há os executivos da rede e o pessoal do Standards and Practices,* e, claro, o pessoal da produção, que lhe diz o que eles não têm recursos para fazer... Acho que é um trabalho colaborativo demais para que alguém realmente sinta que tem a última palavra.

Executivos são como porteiros. Você tem de passar por um portão vigiado por algumas pessoas para chegar ao público. Isso a perturba de alguma maneira, muda a forma como você escreve?

Humm. Isso certamente muda a escrita, uma vez que é para isso que eles estão lá – para lhe pedir que mude o texto quando sentem que este pode se beneficiar da opinião deles. Em geral isso não é assim tão ruim. Eles têm um pouco mais de perspectiva, por isso podem ver a história com um olhar diferente. Se isso me perturba? Na verdade, não – se eu quisesse escrever só e exatamente o que bem entendo, poderia produzir minha própria série na web. Mas, se quero usar o sistema deles, esse é o preço que pago. Só fico perturbada quando vejo alguma coisa que dá a impressão de que roteiristas estão sendo explorados.

---

* Nome tradicionalmente dado, numa rede de televisão, ao departamento responsável pelas implicações legais, éticas e morais dos programas transmitidos. (N.T.)

Quando você para de modificar o roteiro?

Em alguns programas, às vezes há mudanças no dia em que algo vai ser filmado. Em sitcoms, pode-se mudar ou acrescentar piadas entre tomadas diante de uma plateia. E, é claro, material pode ser acrescentado e gravado durante a pós-produção. Portanto, de certo modo, não se para de modificar o roteiro até que o episódio seja transmitido.

Há uma evolução de formatos? Você escreveu webisódios – em que medida eles são diferentes? Na sua opinião, qual é o futuro em termos de escrita e da internet?

Escrever webisódios é divertido e diferente. O formato parece estar se consolidando nessas histórias em pequenos bocados, de modo que é preciso ter pontos de virada na história a intervalos de algumas páginas. Mas, afinal, como os programas estão acrescentando cada vez mais intervalos, isso realmente não é tão estranho. O que eu realmente gosto nos webisódios é que eles se adaptam muito bem a uma das minhas coisas favoritas – tomar um personagem pouco importante e pô-lo no centro do palco. Na vida real, ninguém é coadjuvante – e, num programa bem escrito, o mesmo deveria ser verdade. Eles são todos estrelas cuja história ainda não foi contada. Sempre afirmei que tudo será uma coisa só – não haverá realmente distinção entre uma série para a web e uma série para a TV – e estaremos todos programando quando vamos assistir a tudo isso, sem que haja um horário de transmissão. Eu realmente achava que a coisa toda iria acontecer uns dez anos mais cedo. Será que isso faz de mim uma excelente ou uma péssima previsora?

Há proibições tácitas na TV americana?

Ah, acho que são todas bastante faladas. Às vezes você ouve uma nova: não ambiente uma série numa faculdade. Não tente vender uma obra de época. Ou coisas do tipo. E então alguém faz isso e é um enorme sucesso, portanto nada disso significa coisa alguma.

As salas de roteiristas parecem estar cheias de homens e situadas em Los Angeles. Parece haver uma porcentagem muito pequena da população mundial escrevendo para essa população. Sei por que isso começou dessa maneira, mas realmente não consigo compreender por que continua sendo assim. Alguma ideia?

Inércia, imagino. As coisas tendem a continuar como são até que haja uma contrapressão realmente forte tornando impossível que continuem. As salas estão na verdade um pouco menos brancas e masculinas do que eram quando comecei. Elas continuam localizadas sobretudo em L.A., apesar do fato de que a maioria dos programas agora parece ser filmada em outros lugares. Acho que poderíamos todos morar em qualquer lugar e fazer tudo por videoconferência ou algo do tipo, mas imagino que algo se perderia. A sala é melhor quando todos estão juntos.

Diana Son

Diana Son foi produtora consultora da série *Do No Harm*, da NBC, e roteirista-produtora das séries *NYC 22*, *Blue Bloods*, *Southland*, *Law & Order: Criminal Intent* e *The West Wing*. Também escreveu pilotos para a CBS e a A&E [e, mais recentemente, produziu a série *American Crime*, da ABC]. É autora das peças *Stop Kiss*, *Satellites*, *BOY* e *R.A.W. ('Cause I'm a Woman)*.

Parece que os estúdios americanos estão comprando agora cada vez mais formatos para séries de TV do exterior.

Sim. Estúdios e redes estão comprando cada vez mais programas estrangeiros... estão obcecados! (risos) Há alguma coisa com relação à ideia do programa de que eles gostam, mas depois eles querem que você o torne seu. Querem a sua "marca" nele. E lhe dão muita liberdade. Uma vez um produtor me enviou um livro sobre uma jovem advogada latino-americana em Washington. Ele disse: "A história não precisa se passar em Washington, ela não precisa ser advogada e não tem de ser latino-americana." E eu: "Tudo bem... mas, nesse caso, do que é que vocês gostam nesse livro?" (risos) Outra vez me deram o DVD de uma série alemã chamada *Der letzte Bulle* (O último policial). Na versão alemã, esse policial tinha passado vinte anos em coma e ao despertar encontrava um mundo transformado. Então, pesquisei um pouco e descobri que basicamente qualquer um que passe mesmo que apenas três meses em coma... não é mais uma pessoa viável. Não é mais uma pessoa capaz de andar e falar. Mas gostei da ideia de alguém despertando num mundo transformado, então decidi, tudo bem, digamos que ele tenha passado dez anos em coma. Ainda é totalmente irrealista, mas... ei, isso é TV. (risos) E houve tantas mudanças no mundo nos últimos dez anos – a tecnologia mudou, a política do Departamento de Polícia de Nova York mudou. Não é mais o "Tempo de Giuliani"... e sua vida pessoal teria mudado. Sua adorada filha de três anos seria agora uma adolescente mal-humorada. Pensei que poderia ser interessante sem ser absurdo demais. Mas a rede acabou recusando a história porque já estavam desenvolvendo um piloto com um argumento parecido.

Você é uma das raras roteiristas de TV que não mora em Los Angeles. Como consegue?

É difícil. Sem dúvida tenho menos opções. Agora mesmo há talvez três ou quatro programas – dramas, quero dizer, porque não escrevo comédia ou talk shows – que têm suas equipes em Nova York. Nesse meio-tempo, há mais de cem em Los Angeles, contando os programas das redes menores. Mas minha vida é aqui, é aqui que tenho minha casa, meus filhos estão na escola... Assim, sempre que há um novo programa em Nova York, tento ser contratada para ele. Às vezes dá certo, às vezes não. No caso do meu trabalho mais recente, em *Do No Harm*, eu ia e vinha entre Nova York e L.A. Ficava lá em semanas alternadas. Mas meu showrunner era um grande sujeito, um homem de família. Então, quando eu não precisava estar em L.A., quando estava escrevendo meu próprio esboço ou roteiro, por exemplo, ele me deixava ficar em Nova York. Ele dizia: "Vá para casa! Vá ficar com sua família." Quando estava em *Southland* eu passava três dias por semana em L.A. Era difícil para minha família, claro. Tenho marido e três filhos pequenos. Assim, minha meta é conduzir meu próprio programa baseado em Nova York. Escrevi alguns pilotos, mas nenhum chegou a ser transformado em série. Mas é bom ter objetivos! (risos)

Eram pilotos especulativos?

Não. Dois desses pilotos baseavam-se em ideias que o produtor me propôs. Os produtores haviam vendido as ideias para as emissoras e depois fui contratada como roteirista. Neste último ano, porém, vendi um piloto baseado numa ideia original. Todo ano cada rede compra cerca de cem pilotos. E decidem gravar algo entre cinco e onze deles. Assim, as probabilidades estão contra você, mas ninguém estaria nesse negócio se se preocupasse com coisas desse tipo! Todos nós gostamos de pensar: "Ah, mas eu vou ser a exceção!" (risos)

Posso lhe perguntar quanto eles pagam por um piloto?

Ah, isso realmente varia. Quero dizer, se você for um dos showrunners famosos? Mais de 1 milhão de dólares. Mas acho que uma boa remuneração para um piloto costuma girar em torno de 150 mil dólares. Você pode receber qualquer coisa entre o mínimo do Sindicato de Roteiristas e mais de 1 milhão, dependendo de sua experiência.

E isso é apenas para escrever o roteiro.

Exato. Se eles decidirem gravar seu piloto, vão lhe pagar para produzi-lo. Uma remuneração como produtor executivo. O que, mais uma vez, dependendo da experiência do roteirista, pode variar muito. De 25 mil dólares por episódio para um roteirista novato até meio milhão de dólares para um mais experiente. Essa remuneração continuará sendo sua remuneração como produtor executivo se o piloto for escolhido para virar uma série. Assim, você receberia essa remuneração a cada episódio produzido. A temporada média de um programa de televisão costuma ter 22 episódios. Portanto, você multiplicaria essa remuneração por 22. Agora você entende por que tantos dramaturgos famintos acabam escrevendo para a televisão! (risos)

Mas alguém na equipe vai receber o mínimo estabelecido pelo sindicato?

Bem, isso depende do que você entende por estar na equipe. Qualquer roteirista contratado por um programa está na equipe. Mas um roteirista em seu primeiro ano de fato recebe o mínimo do sindicato, acho que algo em torno de 3.500 dólares por semana. Mas depois disso, depois que você sobe um nível e se torna editor de história, na maioria das vezes você receberá acima do mínimo do sindicato. É para isso que serve um agente. Além disso, depois que você é editor de história, você começa a ser pago por seus roteiros. Cerca de 35 mil dólares por cada um. Assim, o ano que você passa como novato é realmente um ano de ralação. Isso põe você na porta. Mas não dá para quitar seus empréstimos estudantis ou comprar BMWs. É preciso perseverar por alguns anos.

Mesmo assim, parece bastante dinheiro.

Parece mesmo. (risos) Mas só um punhado de pessoas está ganhando uma grana preta. Os outros de nós estão apenas tentando viver vidas de classe média com suas famílias. Em cidades muito caras. (risos)

Então um editor de história é na verdade um roteirista, certo?

Sim. Depende do programa – porque cada programa funciona de maneira diferente –, mas, em geral, até que você se torne produtor, a única coisa que vai fazer é escrever, ou talvez produzir seu episódio no set. Títulos como "editor de história", "editor de história executivo" não são exatamente uma descrição de função. Significam apenas que você é o que se chama de roteirista de "escalão inferior". Isso soa medonho... mas não fui eu que inventei! De qualquer forma, no meu caso, foi apenas depois que me tornei produtora coexecutiva que passei a fazer mais do que apenas escrever meus próprios roteiros. E comecei a reescrever roteiros de outras pessoas, a produzir episódios de outros roteiristas no set etc. Mas venho dirigindo na TV há mais de 14 anos... trabalhei em seis programas e cada um era conduzido de uma maneira. Tudo se baseia nas preferências do showrunner. Em algumas séries, como *Law & Order: Criminal Intent*, a equipe de roteiristas nunca se reunia. Nunca. A mesma coisa em *NYC 22*. Um desses showrunners dizia: "Ficar o dia inteiro sentado numa sala com um bando de roteiristas é minha ideia de inferno." E ele era um sujeito excelente! (risos) Apenas estava sendo sincero. Mas, sabe, escritores são pessoas solitárias por natureza. Assim, é de certo modo irônico que tantas séries tenham salas de roteiristas em que estes se sentam e propõem ideias em voz alta de oito a dez horas por dia. Não é exatamente a mesma habilidade que escrever. Tem relação com ela, mas não é a mesma coisa.

Então, qual é a sua formação? Onde você estudou?

Sou dramaturga.

Diana Son

Estudou na Universidade de Nova York?

Sim, fiz graduação lá. Mas estudei literatura dramática, não escrita. Meus pais nunca permitiram que eu fosse para a Escola de Artes! Já era ruim o bastante que eu não fosse ser médica. (risos) Assim, durante quatro anos, li e analisei peças, e durante meu último ano fiz um estágio em La Mama, uma companhia de teatro experimental no East Village. Depois da faculdade, fiz tudo o que podia... trabalhei como garçonete, dei aulas de inglês para estrangeiros, tive empregos temporários como editora de texto etc. Qualquer coisa que pudesse fazer que me desse flexibilidade suficiente para passar parte do dia escrevendo minhas peças. Depois tive uma peça chamada *Stop Kiss* produzida no Public Theater que fez bastante sucesso e pude ir para Los Angeles e conhecer pessoas do mundo do cinema e da TV.

Essa era a meta, escrever para a TV, ou foi uma solução em que você cedeu?

Bem... (risos) O teatro é uma experiência mais prazerosa.

Na escrita propriamente dita?

Em um grande número de aspectos. Quero dizer, na escrita propriamente dita, sim, não estou tentando agradar a ninguém, exceto a mim mesma. O que é muito libertador. Ao passo que na TV você tem sempre de pensar: "Meu chefe vai gostar disto?" Ou haverá um momento em que quero fazer uma escolha, mas sei que meu chefe não vai gostar dela. Você se vê envolvida na tentativa de prever a atitude das pessoas. Você está sempre tentando corresponder à estética do programa e do seu showrunner. Quando você escreve uma peça, está escrevendo em sua própria voz. Não está imitando nenhuma outra pessoa. E o próprio processo de escrita é emocionalmente mais envolvente, você tem de olhar para dentro de si mesmo. Sempre penso que, quando você está escrevendo uma peça, deveria estar fazendo algo que realmente o amedronta... confrontando-se com algo profundo e pessoal. Com a TV... você sabe, você está escrevendo com um prazo, tem cerca de oito a dez dias para fazer um primeiro rascunho, portanto não é realmente uma experiência espiritual! (risos) Se todo mundo gostar dele, se o showrunner gostar, se o produtor gostar, o estúdio e a rede não fizerem um milhão de observações... então você pode sentir algo como: uau, legal, fiz um bom trabalho. E depois seus amigos assistem ao seu trabalho na TV e lhe mandam e-mails, dizendo "gostei do episódio". E isso parece ótimo. Mas no caso do teatro as pessoas vêm até você depois, lágrimas escorrendo pelo rosto, e mal conseguem falar: "Eu nem sei o que lhe dizer..." Sabe o que isso significa? É um tipo diferente de recompensa.

Tem mais a ver com a razão que a levou a se tornar escritora, antes de mais nada.

Exato.

Então por que você escreve para a TV?

A verdade é que, tendo crescido numa cidade pequena... eu não assistia a peças. Não havia nenhum teatro! Mas assistia a horas e horas de TV. Por isso gosto de escrever para a TV, e isso é sob muitos aspectos a realização de um sonho. Gostaria de conduzir minha própria série num futuro próximo. Outra coisa é que neste país não dá para ganhar a vida como dramaturgo. É impossível. Você tem ou de lecionar em tempo integral, dirigindo um departamento, por exemplo, o que não lhe deixa tempo e energia para continuar escrevendo suas peças, ou tem de escrever para a TV ou para o cinema. Mas não me entenda mal. Gosto de escrever para a TV e gosto de estar no set – trabalhando com os atores, em equipe. Talvez porque seja mais parecido com o teatro. Estamos todos numa sala fazendo alguma coisa juntos. Com a diferença de que, na TV, há serviço de bufê. (risos)

O mesmo se aplica a roteiristas de cinema também, não é? São muito poucos os que conseguem trabalho constante no cinema.

Talvez. Não sei muito sobre o mundo dos roteiristas de cinema. Mas acho que há menos gente ganhando a vida nessa área. Acho que é um grupo menor de roteiristas. Para cada filme, são dois ou três roteiristas. Para cada programa de TV, são de seis a doze. Gosto da TV porque gosto de trabalhar com outros roteiristas e tenho um salário regular. E há as reprises. (risos) Pelas quais você recebe cheques que são como dinheiro a troco de nada. São como presentes do Papai Noel. Sempre que vemos aqueles envelopes enviados pelo Sindicato de Roteiristas chegando pelo correio, meu marido e eu ficamos como crianças na manhã do Natal! "O que ganhamos?!" (risos) Há muitas razões que me fazem pensar que a TV é um lugar melhor para dramaturgos. Porque se você esteve no teatro, onde é a pessoa mais importante na sala, e ninguém estaria ali a menos que você tivesse escrito alguma coisa... E então você vai do teatro para o cinema, onde ninguém o convida para o set... é uma enorme mudança no papel. Na TV, até o roteirista mais novo da equipe vai para o set. Ele tem influência no processo de escalação do elenco. Tem encontros individuais com o diretor e revisa o roteiro com um pente-fino.

Então o que você está dizendo é que a TV é como o teatro, porque é um meio do escritor.

Sim, com certeza. Ambos são movidos pelo diálogo. O cinema é movido pela imagem. Como é o velho ditado? "Um filme é uma história contada em imagens."

Você acha que a razão é essa? Quero dizer, há muita coisa na TV americana neste momento que parece muito cinematográfica. Veja Boardwalk Empire *ou* Breaking Bad, *por exemplo.*

Sim, são séries lindamente fotografadas. São fotografadas para parecer um filme. Mas a narrativa continua sendo movida pelos personagens. Os filmes que os estúdios estão fazendo agora são filmes-catástrofe ou blockbusters. Super-heróis. Zumbis. O mundo está acabando. O mundo *acabou*. A Casa Branca vai ser atingida por um asteroide. Em 3-D. Eles são grandes espetáculos visuais com muita ação, e se espera que faturem tanto dinheiro que possam sustentar o estúdio. Não sou uma pessoa visual... por isso nunca poderia escrever um desses filmes.

Como foi começar em The West Wing? *E como é possível que um programa assim tenha sido produzido?*

Mesmo naquela época Aaron Sorkin era um roteirista muito bem estabelecido e John Wells era um grande produtor. Assim, acho que foi a combinação desses dois caras que vendeu a série. John Wells é conhecido como um administrador estupendo. Ele diz assim: "Você tem que entregar seu esboço na segunda-feira, seu primeiro rascunho duas semanas depois, o prazo para a entrega do segundo rascunho é uma semana depois disso…" E esses prazos são cumpridos, acredite. (risos) John é o dono da fábrica, e mantém tudo funcionando. Mas ele tem também uma grande humanidade. É um homem de família. Sabe que no fim do dia todo mundo quer ir para casa e ver seus filhos. Aaron tem um estilo completamente diferente. Se ele tem um prazo se aproximando e sente que precisa passar a noite em Vegas para espairecer, é isso que ele vai fazer.

São dois opostos. Caos e ordem.

Sim. Trabalhei apenas na primeira temporada do programa, por isso não sei se em algum momento eles propuseram uma maneira diferente de trabalhar.

Parece que a TV americana está sendo escrita sobretudo por homens brancos.

Ah, sim.

Por que você acha que isso acontece?

Posso apenas supor. Mas primeiro você tem de considerar quem diz "quero ser roteirista". Você sabe que é um tiro no escuro. Sabe que as chances de ter sucesso são exíguas. E que vai passar anos labutando sem nenhuma recompensa até que alguém o "descubra". Portanto, não são muitas as pessoas que podem se dar ao luxo de fazer isso. Alguns roteiristas têm pais que oferecem uma rede de segurança caso as coisas não deem certo. Mas muitos de nós não têm isso. Pessoas como eu, por exemplo, que são filhas de imigrantes. Ou qualquer pessoa que simplesmente não seja de família rica. Nunca tive nenhum apoio financeiro dos meus pais depois que me formei na faculdade. Eu dava aulas, trabalhava como garçonete, tinha três empregos ao mesmo tempo. E sabia que, se quisesse alcançar meus objetivos como roteirista, teria de fazer isso por mim mesma. Ninguém iria pegar o telefone e ligar para mim, me apresentar a um produtor, a um executivo de estúdio ou a alguém que pudesse me abrir uma porta. Eu tinha apenas que me sentar em meu apartamento no East Village e escrever. E tinha de escrever algo suficientemente bom para que as pessoas me notassem. Depois, outra coisa que é preciso considerar é quem toma essas decisões de contratar. Ao que eles estão reagindo quando leem o trabalho de um roteirista? Na maior parte dos casos, os executivos e showrunners são homens brancos, e todos nós reagimos a coisas que nos parecem familiares. Isso é cômodo, estejamos conscientes disso ou não. Há uma estética compartilhada, um interesse ou senso de humor compartilhados. Assim, enquanto homens brancos estiverem tomando as decisões, a maioria das pessoas que eles vão contratar serão aquelas que lhes parecerem familiares. Acho que tenho muita sorte por ter tido a carreira que tive, e, sim, se alguém apontasse para mim e dissesse "Como você pode dizer isso? Você é contratada o tempo todo e não é um homem branco", teria toda razão! (risos) Existem exceções, é claro. Assim, se eu quisesse me enaltecer, poderia dizer que ser um bom escritor é a única coisa que conta e que sou uma boa escritora. E talvez isso seja verdade. De uma mulher que escrevia peças experimentais em seu apartamento sem elevador no East Village, cheguei a ser a principal provedora da minha família.

Isso é ótimo em muitos aspectos.

Com certeza. Acredite em mim, conto minhas bênçãos todos os dias. Mas por alguma razão fico incomodada quando me dizem: "Ah, você tem tanta sorte, está se saindo tão bem, está tudo ótimo." É *mesmo* ótimo. Sou paga para escrever e meus filhos podem ver meu nome na TV... vamos ser honestas, não sou uma mineira de carvão. Tenho um trabalho divertido!

(risos) Mas não sei, simplesmente me irrito quando as pessoas fazem isso parecer perfeito. Nada é perfeito. Eu gostaria de ter mais tempo para escrever peças, nem todo programa é superdivertido... Às vezes tenho de trabalhar numa cidade diferente daquela em que minha família vive e tenho de deixar meu marido para trás com três meninos. É ótimo... mas não é perfeito.

Você participou de alguma sala de roteiristas em Los Angeles?

Sim. Nas duas séries que me obrigaram a viajar, *Southland* e *Do No Harm*, havia salas de roteiristas. É por isso que eu tinha de estar fisicamente lá. Não era nada impossível, mas era extenuante. Mas vale a pena fazer isso para manter minha família em Nova York. Não posso evitar, amo Nova York! (risos) Você pode ser anônimo em Nova York. Ninguém aqui se importa se você escreve ou não para uma série de TV. Você é apenas um idiota qualquer. (risos) Los Angeles é uma cidade de uma indústria só. Eu não poderia ter esta conversa com você se estivéssemos em L.A. Estaria preocupada com a pessoa sentada na mesa ao lado. Será que é um roteirista? Será que é um executivo? Iria ouvir alguma coisa que teria consequências negativas para mim?

O surpreendente é que vocês fazem filmes e séries ambientados em Nova York e eles são escritos por pessoas que vivem em Los Angeles.

Dá para perceber.

Você acha?

Eu consigo. Mas a maior parte do país não vive em Nova York, por isso não percebe.

Sei que não houve sala de roteiristas em Law & Order: Criminal Intent. *E quanto a* The West Wing? *Houve uma sala?*

Não, porque Aaron queria escrever todos os roteiros.

Então vocês escreviam o primeiro rascunho e ele o pegava e reescrevia?

Nós escrevíamos cenas.

Bem, disso eu nunca ouvi falar. Como funcionava?

Como funcionava? (risos) Você passava tipo semanas em sua sala fazendo pesquisa, sem saber ao certo o que estava acontecendo. E depois ouvia uma batida na porta. "Aaron quer todo mundo na sala de conferência em dez minutos." E você ia lá e ele dizia: "Ei, pessoal. Estou atrasado com o roteiro e não tenho nada. O que vocês têm?" E você dizia: "Bem, na verdade não recebi nenhuma tarefa, mas pesquisei sobre vouchers escolares." E ele dizia: "Ótimo, e o que você me diz sobre os vouchers escolares? O que há de fascinante neles? Quais são os argumentos?" E você respondia: "Bem, a direita pensa isso, mas a esquerda pensa aquilo, e o interessante..." E ele dizia: "Tudo bem, ótimo. Escreva isso." Mas não sabíamos o que isso significava. "Estou escrevendo o roteiro? Estou escrevendo o enredo? O que estou fazendo?" Então John Wells dizia: "Vá em frente e detalhe essa história. Imagine como ela é introduzida no primeiro ato, como se desenvolve no segundo etc." Mas você não sabia em que roteiro ela se encaixaria. Então você a desenvolvia. Você tinha a impressão de ser um pesquisador excessivamente bem pago. Porque não estava escrevendo. Estava fazendo pesquisa e criando um argumento. Então decidimos que o que faríamos seria escrever as cenas. No isolamento, o que era difícil... os enredos naquela série eram tão entrelaçados, e ali estava você, escrevendo-os no isolamento. Em seguida entregávamos esse material para Aaron e ele os dispunha no chão, curvava-se sobre eles e imaginava como fazê-los funcionar, como combiná-los num roteiro.

Essa é uma maneira bastante espantosa de trabalhar. É muito uma voz singular. E ainda assim, pelo que sei, Aaron foi convidado a deixar The West Wing *após quatro temporadas, não é? Foi essa a razão?*

Em algum ponto Kevin Falls assumiu como produtor executivo e acho que alguma ordem foi estabelecida. Aaron declarou muito abertamente na imprensa que, nos quatro anos que passou na série, nem um único episódio foi entregue no prazo ou dentro do orçamento.

E quanto a Southland? *O processo é inteiramente diferente quando você tem uma sala de roteiristas adequada?*

Não sou fanática pelas salas de roteiristas porque... são simplesmente cérebros demais, ideias demais. Vozes demais à mesa. Mas a maneira como operamos em *Southland* foi muito boa. Não passávamos oito horas por dia reunidos, que é como fazem alguns programas. Ouvi dizer que em *Grey's Anatomy* eles têm uma esteira e um elíptico na sala de roteiristas! Porque passam o dia todo lá. Mas em *Southland* nós nos encontrávamos três vezes por semana, por cerca de três a quatro horas por dia. O bom disso era que você colocava suas anotações para o esboço e suas primeiras anotações para o rascunho sobre a mesa. Assim, podíamos aprender com os esboços uns dos outros, saber do que os produtores gostavam e do que não gostavam. Mas não nos sentávamos muito para planejar histórias. Lançávamos algumas ideias, mas depois o roteirista ia para casa terminar o esboço sozinho. Portanto, esse era um uso bastante bom da sala.

Parece que você teve experiências bem diferentes.

É verdade, mas no geral tive sorte. Tive roteiros produzidos que não foram tocados pelo showrunner. E essa é uma sensação boa. Soa como uma realização. Talvez isso volte a todo aquele negócio de "Ah, você escreve para a TV? Isso é tão legal! Você faz isso tão bem!", que simplesmente me dá vontade de dizer: "Sim, é ótimo. Podemos parar de falar sobre isso agora?" (risos)

Imagino que você tenha de escrever na voz do programa se quiser que seu roteiro permaneça intacto, certo? Pode explicar o que isso significa para um roteirista?

Todo programa tem uma voz. É a voz do showrunner. É o estilo em que o autor escreve. Como roteirista nesse programa, é sua obrigação escrever nesse estilo. Se você está escrevendo para *Law & Order*, você não quer escrever no estilo de *Mad Men*. Embora tenha havido ocasiões em *Law & Order: Criminal Intent* em que eu escrevia uma fala e pensava: "René[1] vai amar isto. Parece uma fala que ele escreveria." E depois, em outra cena: "Ah, meu Deus, estou tão tentada a escrever esta fala; sei que René vai odiá-la, mas para me divertir vou simplesmente incluí-la." (risos) E mais tarde, depois que René fazia sua revisão, eu descobria que ele tinha reescrito a fala que eu pensava que era a cara dele e havia mantido aquela que era tão minha que eu pensara que ele iria detestar. Assim, basicamente, nunca dá para ter certeza. (risos)

Se você pudesse mudar alguma coisa na maneira como a TV americana está sendo produzida, o que seria?

Às vezes você recebe observações do estúdio que são sobre a dramaturgia. Eles dizem "isto aqui está aberto, você pode fechar", ou "você não ligou esses dois pontos no relato da história e poderia ter ligado". Essas são observações excelentes, ótimas de receber. Mas você também recebe observações assim: "Embora o corpo da vítima esteja no chão e o personagem do policial diga 'Ele não tem pulso', e tenhamos visto a vítima sendo atingida por um carro de maneira realmente forte, o policial em nenhum momento diz 'Ele está morto'. Você pode mudar a fala para que o policial diga 'Ele está morto'?" E você responde: "Bem, ele já disse 'Ele não tem pulso', e a vítima está estendida na rua, sangrando pelas orelhas. Nesse caso, será que ele realmente precisa dizer 'Ele está morto'? Se você não tem pulso, está morto." (risos) Portanto, às vezes tenho a impressão de que eles querem que façamos coisas. "Você pode deixar isto mais claro?", e você responde: "*Está* claro."

Então eles querem se assegurar de que absolutamente todos os espectadores vão compreender, e isso pode vir em detrimento da sutileza?

Exato. E acho que o público é mais inteligente do que eles pensam.

Mais espaço para sutileza, mais espaço para experimentos narrativos? Menos observações?

(risos) Experimentos narrativos... isso seria fantástico! Na TV a cabo há experimentos narrativos. Quero dizer, *Southland* é muito inovadora. Há episódios em que você nem sequer vê o vilão. É realmente original para um programa sobre policiais. E as redes de TV a cabo deixam os roteiristas criarem personagens muito mais complexos do que se pode ter na televisão aberta, onde é preciso ter 12 milhões de pessoas assistindo ao seu programa para mantê-lo vivo. Programas como *Homeland, The Americans, Breaking Bad, Boardwalk Empire...* temos aí personagens realmente misteriosos, complexos, nuançados, que não têm que ser amáveis e fofos o tempo todo. E esses são programas a que eu pessoalmente gosto de assistir.

Charlie Rubin

Charlie Rubin foi roteirista ou roteirista-produtor em séries como *Seinfeld*, *The Jon Stewart Show*, *In Living Color* e *Law & Order: Criminal Intent*, entre outras. Criou e dirige a Área de Escrita para a TV no Departamento de Escrita Dramática da Escola de Artes Tisch, na Universidade de Nova York. Atualmente, está escrevendo o filme *Brooklyn Surfers* para a Robert Chartoff Productions (seis filmes da franquia *Rocky, Os eleitos, O jogo do exterminador*).

Charlie, está correto dizer que você é o único professor universitário de escrita para a TV em Nova York com estabilidade no cargo?

O que importa é como cheguei aqui – que este departamento, o de Escrita Dramática, estivesse disposto, desde muito cedo, a desenvolver um currículo específico concentrado na escrita para a TV como equivalente a seus programas de escrita para o teatro e o cinema. Nenhum outro lugar estava fazendo isso. Esta escola, no entanto, tinha um preconceito inerente. Tinha quando cheguei e em certa medida ainda o tem: a ideia de que o teatro é a arte importante e de que o cinema é também ligeiramente importante. A televisão não é nada, a televisão é lixo.

Você começou a dar aulas de escrita para a TV no outono de 1999, certo?

Sim. E minha impressão na época era que a escrita para a TV tinha se tornado superior à escrita para o cinema e igual à escrita proeminente para o palco, da qual havia muito pouco, sobretudo em comparação com todas as excepcionais séries de TV que estavam sendo feitas na época. Eu costumava listar rapidamente essas séries nos encontros iniciais que tínhamos com os calouros. Uma das professoras de escrita dramática ficou irritada comigo e disse: "Por que você faz isso, por que sempre recita uma lista?" Respondi: "Porque quero que os alunos se orgulhem ao ouvir todos esses nomes juntos. Você diz Shakespeare, Shaw, O'Neill, Tchekhov, e os garotos sabem o que significa ser um dramaturgo." E ela retrucou: "Mas *você* sabe o que isso significa?", e para mim foi o que bastou, tinha perdido a paciência com aquela condescendência tola, apenas apontei para ela e disse: "RÁDIO. Ela é rádio. Conheçam rádio", e a sala explodiu e ambos nos demos conta, eles amam a TV. Mas é claro que eu estava apenas sendo provocativo. Porque é assim que você consegue que as pessoas lhe deem ouvidos, indo longe demais. E em certa medida eu estava sendo desagradável, sugerindo que era na TV que estavam os empregos e que você iria morrer de fome no teatro. Portanto, parei de fazer isso, não gostava da pessoa que fazia isso – bem, eu gostava dela às vezes. Todos gostamos do idiota dentro de nós. Eu gostei dele quando não me convidaram para uma festa em homenagem aos maiores doadores da nossa escola porque eu poderia dizer alguma coisa "pró-TV". Porque agora eu sabia que nós os tínhamos posto para correr.

Hoje, a TV concentra o maior número de estudantes do Departamento de Escrita Dramática, porque os alunos assistem à TV e veem como ela é boa, temporada após temporada, e chegam pedindo mais cursos sobre isso. Mas até quatro ou cinco anos atrás ainda se referiam a mim por aqui como "um desses roteiristas de TV". A TV era como o primo babão que você alimentava na cozinha enquanto serviam crack aos parentes sérios na sala de jantar. Construímos essa concentração espetacular aqui, com cerca de sete ou oito ou nove professores adjuntos, todos roteiristas de TV em atividade, e, sim, sou o único professor de TV em tempo integral. E quando comecei eu me levantava e dizia: "Vocês todos sabem como a televisão é boa, venham até aqui e escrevam: 'Hoje a TV é mais uma forma de arte que o teatro.'" Um certo exagero, mas o teatro era o valentão que se tinha que nocautear no playground para conquistar o seu lugar. A academia ensina esse endeusamento profano do teatro e da peça teatral. E o que eu realmente queria que as pessoas pensassem era: TV? Forma de arte? Por que não? Hoje, os estudantes saem daqui tendo aprendido a escrever para a televisão e a respeitá-la. Ainda assim, acontecia de eles conseguirem encontrar trabalho mais facilmente do que hoje. Atualmente, é tão difícil conseguir um emprego na TV quanto em qualquer outro lugar. E nossos dramaturgos, Deus os abençoe, todos eles fazem cursos de TV hoje em dia, e todos eles planejam séries de TV. Em geral o primeiro piloto deles é sobre um destemido grupo de atores ou uma destemida companhia de teatro de repertório formada por estudantes universitários, mas eles logo superam isso e seu piloto seguinte é sobre robôs de batalha. Mas o que vem *depois* disso será excelente. Nos anos 1930, os poetas podiam auferir uma renda de três dígitos dando aulas, o que era maravilhoso, havia aquele lugar para eles na academia, mas em algum ponto os dramaturgos começaram a dizer: "Vamos para a TV. Não queremos viver como os poetas da nossa geração, dando aulas." Não há nada de errado em dar aulas, eu mesmo dou aulas. Adoro lecionar. Mas é muito difícil que um dramaturgo seja capaz de se sustentar apenas com as peças que escreve. Felizmente, porém, dando às pessoas aqui no Departamento de Escrita Dramática um conhecimento básico sólido em três tipos de escrita – TV, palco e tela –, elas encontrarão mais oportunidades para se desenvolver como artistas em algum tipo de contexto profissional.

Os dramaturgos parecem de fato ter um novo interesse pela TV neste momento.

Hoje em dia todo jovem dramaturgo quer trabalhar lá – em vez de dar o passo tradicional na dramaturgia de lavar a própria roupa na pia do posto de gasolina enquanto luta para montar as próprias peças. Ninguém mais fica constrangido com o meio. Quando comecei aqui, o que eu dizia era: se você quer ir para a TV, escreva uns dois roteiros especulativos de programas atuais. Era isso que as pessoas queriam ler dez anos atrás. Não programas de desenho animado, porque Hollywood os marginalizava. Depois a animação estourou, então pilotos de animação passaram a ser aceitos. E depois houve um ressurgimento do interesse por dramaturgos, porque os pequenos agentes estavam entediados com os roteiros especulativos. Não posso censurá-los, mas com demasiada frequência o negócio é movido pelo limiar de tédio dos agentes. Assim, houve um período inicial de interesse intenso. Depois Hollywood se convenceu de que pilotos são uma boa forragem para portfólios. Deixe alguém escrever um piloto, e depois teremos uma combinação de como essa pessoa poderia pensar como dramaturgo e ainda ver se ela compreende como a televisão é estruturada. Eis o que digo a meus alunos: escrevam um roteiro especulativo, tenham um piloto, e depois tenham uma terceira coisa. Pode ser outro roteiro especulativo, pode ser outro piloto, pode ser uma peça. Os dramaturgos gostam de dizer que todo mundo na TV os quer. Isso não tem nada de verdadeiro. As pessoas lançam essas ideias por aí, sobretudo numa escola de escrita onde a ignorância carreirista pode se alastrar como uma praga. "Ouvi dizer que uma moça entrou para *Família Soprano* apenas propondo uma ideia para um conto." É aquele velho negócio: eu lhe digo algo estúpido, você conta isso para outra pessoa, a história volta para mim e eu digo: "Puxa, também ouvi isso!" Existe também uma tendência entre alguns professores de dar aos alunos informação que reflete seus próprios temores de não terem um legado, e aqueles que só querem engordar o número de alunos inscritos em suas disciplinas. Uma coisa sobre a especialização em TV no Departamento de Escrita Dramática é que não precisamos anunciar mais. Não fazemos promoção. Não precisamos. O relógio cultural tiquetaqueia e nós avançamos. A arte é ampla o suficiente para que todos nós nademos nela. Porém, mais cedo ou mais tarde, somos todos rádio.

No fim das contas, quando esta escola funciona bem, acho que ensinamos às pessoas a escrever todas as coisas, e você começa a descobrir no que é realmente bom. Você sabe, a academia conserva noções sobre o mundo atual que estão defasadas em duas gerações. A academia está sempre duas gerações atrás da história do pensamento e das realizações. Gosto de contratar pessoas para a especialização em TV que saibam coisas que não sei. Acho que, quando ensinamos TV aqui, temos de ensiná-la como algo que está se tornando global. Vejo que meus melhores alunos sabem o que os britânicos estão fazendo, sabem o que está se passando em outras áreas da Europa ou na Austrália, eles podem assistir a tudo on-line agora. Vinte anos atrás, a única ideia que podíamos ter aqui da TV fora da TV aberta americana era *Masterpiece Theater*, e de vez em quando a HBO oferecia um programa com um título do tipo *Aqueles caras japoneses malucos*. E víamos algumas das coisas que eles faziam, sentados em tubos cheios de água gelada. Game shows em que você enterra sua namorada e tenta encontrá-la um ano depois. Lá, eles tinham aquele maravilhoso desejo sexual tão extremamente anticonvencional, ainda que reprimido, de que a sociedade japonesa está cheia. Acho que a indústria da TV é muito mais inclusiva hoje, e muito mais disposta a correr riscos que as outras artes. Isso não significa que tudo o que vemos na TV não seja uma variante de certa fórmula, mas o potencial dos produtos mais sofisticados dessa fórmula está com a gente agora como nunca esteve antes. Se F. Scott Fitzgerald estava tentando se matar de tanto beber em Hollywood, hoje ele estaria fazendo isso na equipe de roteiristas de *Justified*.

Você escreveu para o cinema, foi dramaturgo residente, fez comédia e drama de TV. O que é mais difícil?

Sempre penso que *seja o que for que eu esteja fazendo*, estou no meio mais difícil em que poderia estar. Fiz quatro anos de *Law & Order: Criminal Intent* e, quando estava pronto para partir para um filme, tive de desaprender tudo o que aprendera em *Criminal Intent*, coisas em que levei anos para ficar bom, e ocasionalmente medíocre: como movimentar cenas e distribuir informação, o dinamismo das cenas, como o fecho do primeiro ato é sempre "não temos nada". Dramas policiais processuais de uma hora, como cada cena é moldada pela simples ideia de "o que a polícia quer descobrir? O que eles sabem, ou pensam que sabem?".

Seria possível afirmar que é possível fazer mais no teatro.

Acho que essa é uma dessas noções que o teatro perpetua a respeito de si mesmo, seja o que for que "fazer mais" signifique. O que estamos comparando aqui, Shakespeare com uma forma de arte que só apareceu em 1946? Os gregos tinham um molde a partir do qual escreviam, exatamente como faz hoje um drama policial processual. Houve obras de arte inovadoras na TV em todas as eras, elas são apenas mais numerosas hoje. O pessoal de teatro gosta de se definir pelo que tem de melhor, ao longo de 2 mil anos.

Mas a TV, eles a definem pelo que tem de pior. Há um velho e brilhante livro sobre TV chamado *Seven Glorious Days, Seven Fun-Filled Nights*, em que um sujeito chamado Charles Sopkin assiste à TV praticamente durante todos os minutos de uma semana em abril de 1967 e faz anotações enciclopédicas. Seu objetivo era confirmar a visão da TV como "vasto deserto", mas desafio qualquer um a ler essa obra e não sentir que arte passa como um raio junto com todo o esgoto.

Na TV você tem muita coisa sobre policiais, muita besteirada, muita coisa sobre médicos, mas no fim das contas é um meio experimental. Acho também que dentro de uns dez anos haverá um florescimento no teatro. Vamos ter um período de arte teatral elevada como não tivemos desde os anos 1960, e isso porque os dramaturgos estão sendo educados na escrita para a TV. Eles costumavam ir para a TV depois que sentiam que não podiam mais ter uma produção, então o pobre e fracassado dramaturgo se rebaixava e ia para a Califórnia ser gloriosamente amargo em *Perdidos no espaço*. O que está acontecendo agora é que as pessoas que vêm para escolas como esta e estudam dramaturgia descobrem bastante rápido que podem aprender a escrever para a TV também, e que têm mais chances de conseguir trabalho em seus primeiros anos como roteiristas de TV, e depois talvez venham a ganhar algum dinheiro e possam ir embora. E é claro que algumas ficarão para sempre. Ó, choremos pelo dramaturgo que se vendeu por uma audiência de milhões! Mas estou falando daquelas pessoas comprometidas com o palco, elas simplesmente sentem isso com muita intensidade – e o que vai acontecer é que elas vão sair e escrever para a TV e guardar dinheiro no banco, mas um dia vão partir e passarão os dez anos seguintes escrevendo peças. E escreverão excelentes peças. Escreverão peças melhores em razão de todo o tempo que passaram na TV. Elas voltarão e terão aprendido todas aquelas lições, e poderão se dar ao luxo de trabalhar para o teatro. Esta é a minha previsão: em algum momento por volta do ano 2020 teremos um surpreendente florescimento no teatro. É algo que simplesmente posso sentir. Antes a regra era: fracassou no teatro, fracassou no cinema, vai para a TV. Agora será: fez sucesso na TV, fez sucesso no teatro.

Charlie Rubin

Que reflexão interessante! E quanto à produção original para a internet? Há muita coisa acontecendo neste momento, sobretudo em Nova York.

Acho que a internet nos deu a atual explosão em esquete e improvisação. Material na web funciona melhor em curtos goles, e com tantos garotos fazendo esquetes e tendo um verdadeiro estúdio de edição em seus Macs, a qualidade dos esquetes acabados é excepcional. Prefiro ver *CollegeHumor* ou *Funny or Die* a *2 Broke Girls* ou a maioria dos "webisódios", que são basicamente pessoas fazendo testes para conseguir uma ponta em *2 Broke Girls*. Hoje, apresentar um webisódio é como apresentar uma amostra de escrita de meia hora, ainda que – esteja alerta – a indústria conservadora muitas vezes recorra ao seu "sim, mas isso foi escrito por uma pessoa ou por uma trupe?". Outra enorme mudança que está chegando na TV é que, como nossos aparelhos domésticos ficam cada vez maiores, a televisão vai finalmente começar a usar panos de fundo. Não vai mais ser simplesmente "diga ao diretor de figurantes para fazer as pessoas se moverem na maldita fila do banco ao fundo!", eles vão de fato utilizar os segundos planos para nos ajudar a contar a história. Já estamos chegando a esse ponto em alguns programas da TV a cabo. O que vejo na web é divertido, mas pequeno, não dá para atrair talentos; isso barateia os custos, é claro. Percebo que o entusiasmo pelo material da web vem do modelo financeiro que ele poderia talvez representar um dia. Por que ter um elenco de dez pessoas num programa como *House* se os espectadores vão assistir a um elenco de três e aceitar seis minutos disso? *Girls* é basicamente um programa da internet que deu errado e fugiu da web. Como ele tinha um amplo foco pessoal, acho que é uma modelagem empolgante para o futuro da TV. Embora seja deprimente. Eu pensava que os *meus* vinte anos tinham sido deprimentes. Agora vejo que foram coisa de criança.

Do que você mais gostava quando trabalhava em Criminal Intent*?*

Trabalhei com dois produtores executivos diferentes, René Balcer, que criou o programa, e depois Warren Leight. E com ambos sempre tive a sensação de que a cada semana eles queriam superar o programa da semana anterior. Ser roteirista numa série de alta qualidade como *Criminal Intent* é exaustivo. Você sabe, um programa em que há um arco para uma temporada, em que há um grande número de personagens para movimentar daqui para lá. É um drama processual, portanto há todo tipo de maneira como os processos funcionam, onde você movimenta a informação – "carregar a água", como Vince D'Onofrio costumava dizer. O que a escrita para a TV exige é que você aceite o fato de ter de se encontrar dentro da visão de outra pessoa. O que inclui as limitações do outro e as limitações do gênero ou dos personagens. As pessoas sempre deixam de perceber isso num programa de longa duração. Elas acham que é mais fácil, você liga os personagens na tomada a cada semana. Você vai a festas e conhece um contador que diz: "Meu trabalho é mais difícil que o seu. A declaração de imposto de renda de cada pessoa é diferente." De qualquer forma, eu gostava muito de dramas processuais, mas depois que saí e a série trouxe Jeff Goldblum nunca mais assisti, tinha a impressão de estar traindo minha mulher. *Os Simpsons* e *South Park* são as únicas séries a que assisto toda semana. Eles são brilhantes, os melhores programas na história da TV. Bem, adoro *Combat!* e *St. Elsewhere* também, mas acho que meu coração está sempre na comédia. Dick Wolf costumava se queixar para Warren Leight: "Charlie ainda pensa que está em sitcoms." René disse uma vez para uma sala de atores: "Ele é o único cara que escreveu para *Seinfeld* e *Criminal Intent*." E os atores me lançavam aquele olhar de "Uau. Vou respeitá-lo durante dez segundos por isso". Ficou mais perto de oito.

Não era em Os Simpsons *que eles tinham duas salas de roteiristas escrevendo o mesmo episódio ao mesmo tempo?*

Não que eu saiba. Acho que havia uma sugestão de história e alguém escrevia um rascunho, aí eles o levavam para a mesa onde estavam todos os outros roteiristas. O único programa de que tenho conhecimento que fazia isso que você está dizendo foi *Roseanne*. Ela tinha três salas de roteiristas, não duas. E elas muitas vezes escreviam o mesmo episódio, e cada uma tinha sua própria pessoa dirigindo a mesa. Dizem que ela tendia a contratar diretores de mesa agradáveis, bem-ajustados, de modo a ter alguém para maltratar. Aliás, esse é um programa absolutamente fantástico, ainda que ela fosse uma dessas pessoas maldosas para as quais fico feliz de não ter trabalhado. No meu caso, Carol Burnett preencheu essa vaga. A faxineira favorita dos Estados Unidos era ok, mas contratava produtores-monstros incompetentes que acabavam por transformá-la num monstro também.

Como você aprendeu a escrever?

Tive três grandes professores de escrita na Escola Horace Mann, e só dois deles acabaram mais tarde numa lista de acusados de pedofilia. Depois da faculdade fui para a área editorial, editei livros. Mas sempre tinha tido uma ideia para um musical que Bill Finn, que mais tarde escreveu *Falsettoland*, queria que eu escrevesse. Foi uma época bastante interessante, fizemos esse programa e não conseguimos montá-lo, a música era maravilhosa, mas havia noites em que as pessoas não faziam nada do que era preciso. Foi um fracasso, pareceu um desastre de grandes proporções. Mas não acho que realmente tenha sido... Não há nada como uma plateia que não ri. Ou uma plateia que não entende o que você está fazendo, mesmo que esteja rindo. Depois uns dois editores da *National Lampoon* viram o programa e me pediram para escrever para a revista de humor deles, e comecei a fazer isso. Tantas pessoas desse tempo continuam sendo minhas amigas, isso foi em 1983 ou 1984... Foi quando realmente aprendi a escrever. Foi como uma sala de roteiristas pré-operativa.

Éramos umas sete ou oito pessoas compondo a equipe central, e apesar da enorme discriminação de idade em Hollywood todos nós ainda estamos trabalhando. Éramos bons a esse ponto, lamento dizer isso, mas é verdade. Ainda assim, não conseguíamos encontrar gente para ler a revista. Mais tarde fiz jornalismo, escrevi sobre esportes durante algum tempo, fui colunista de esportes do *Village Voice*, fiz todas essas coisas. E o que aconteceu foi que esses sete ou oito caras da *National Lampoon*... Nós não gostávamos necessariamente uns dos outros, mas gostávamos do trabalho uns dos outros, e começamos a nos recomendar uns aos outros para trabalhos. Assim, obtive meu primeiro trabalho na TV. Era um talk show da Cinemax "apresentado" por Max Headroom, uma projeção de animação por computador que entrevistava celebridades. O produtor do programa, Bob Morton, também produzia o programa de David Letterman e tinha decidido contratar dois roteiristas americanos e dois britânicos. Mas você sabe, o primeiro emprego é fácil de conseguir, é o segundo que é realmente difícil. Porque seu segundo trabalho é baseado no primeiro, e para seu primeiro trabalho você é o achado de alguém, e ele vai dizer às pessoas que você é um gênio, porque isso o fará parecer um gênio descobridor. Consegui esse primeiro emprego em *Max* levando a melhor sobre todos aqueles sujeitos com mais experiência porque eu era novo, eles nunca tinham ouvido falar de mim, e eu era barato. E aí estou na máquina de xerox, lendo o material do outro cara americano, e penso, esse cara é bom, esse cara é melhor do que eu. Tratava-se de Larry David. Quando as pessoas me perguntam como entrei na TV, digo que o segredo é, já no seu primeiro programa, tentar ficar na sala do lado do cara que irá criar *Seinfeld*. Nós nos demos bem. Ele me ensinou que o cara experiente deve ser legal com o novato, assim ele vinha conversar comigo, era incrivelmente generoso. Saíamos para almoçar todos os dias e quase fomos despedidos quando Max anunciou "nossa próxima convidada, Mary Tyler Moore", com um monólogo de fluxo de consciência sobre manchas de cocô nas cuecas. Era tão absurdamente malvado que todo mundo achou que nós é que *tínhamos* escrito aquilo. Mas era um improviso, e Larry acabou me contratando para *Seinfeld*. Ele também me elogiou um dia – e assim lá estava eu, que tinha sido engraçado em vários lugares, mas era novo para a TV, era bastante inseguro. Eu estava num clube de stand-up com algumas figuras tristes da MTV e Larry me viu. Ele ia se apresentar mais tarde. E ele me disse, bem... que eu tinha de ir embora. Pensei que estava brincando, mas não. Eu *tinha* de ir embora, não poderia estar na sua plateia. Ele disse: "Não posso fazer meu show diante de alguém que respeito." Assim, fui embora. E o fato de alguém que eu respeitava ter me botado para fora do clube fez com que eu me sentisse bem. Ainda faz.

Como foi essa experiência, Seinfeld?

Acho que há dois programas na história recente da TV americana que vão ficar para sempre na memória dos roteiristas que neles trabalharam. Se você trabalhou nos primeiros anos de *Saturday Night Live* ou em *Seinfeld*, essa será sempre a parte do seu currículo que saltará aos olhos das pessoas, e elas sempre vão querer saber sobre isso e mais nada. Mesmo *The Letterman Show* nunca chegou a esse ponto. São dois programas icônicos. Ainda que eu só tenha participado deles durante uma temporada, a experiência foi incrivelmente formativa. Larry Charles, outro grande roteirista de *Seinfeld*, me ensinou como propor ideias. Ele salvou meu emprego, salvou minha vida. Uma vez, ele me disse: "Você é a primeira pessoa que conheço que detesta o avô tanto quanto eu detesto o meu." Portanto esse foi um vínculo na comédia. LC me ensinou como fazer sugestões para *Seinfeld*. Ele dizia coisas como: "Se você puder descrever essa cena de modo que Jerry perca o controle, essa é uma das coisas que ele gosta de fazer como ator, e ninguém nunca escreve isso." Ron Hauge, meu grande parceiro de escrita, vinha dando todas as nossas sugestões. Ele era rápido e destemido, mas LC me disse que eu devia me encarregar disso, porque meu estilo pessoal, perdendo meu lugar, esquecendo coisas, estragando uma boa piada, era "mais o estilo de *Seinfeld*".

Vocês tinham uma sala de roteiristas?

Não. Você ia até Larry e Jerry. Propunha uma ideia. E, a cada vinte tentativas, dezenove vezes eles respondiam "não" – automaticamente. Sim, ela é boa, mas o que mais você tem? E por fim havia duas ou três coisas de que eles realmente quase gostavam. E eles diziam: "Tudo bem, então esse é seu Kramer e esses são George e Jerry, essa Elaine não é uma história, vá para as fichas." Era o fim dos velhos tempos. Você pegava algumas fichas e ia para o quadro de cortiça e começava a pregá-las com percevejos. Aquele negócio, primeiro ato, segundo ato. Usava cores diferentes para cada dia e dizia "agora sou um legítimo profissional". E depois Larry e Jerry chegavam e começavam a mover as fichas de um lado para outro. Hoje você planeja uma história no quadro branco, ou em algum dispositivo eletrônico, mas em *Seinfeld* fazíamos isso com fichas. E depois você saía e escrevia um par de rascunhos, e a certa altura eles diziam: "Vamos tomar isso de você." E reescreviam. Quanto mais eles gostavam do rascunho, mais depressa o tomavam. Se bem que, para ser franco, às vezes aquilo de que eles gostavam tinha relação com a ideia, e não com o que você estava fazendo com ela.

Era um programa ambientado em Nova York e gravado em Los Angeles, certo?

Ele era todo feito em Studio City. De vez em quando eles mandavam um sujeito de avião, com uma peruca do Kramer, para descer correndo as escadas do metrô e levar um tiro pelas costas. Nunca deixei de sentir falta de Nova York. A maioria dos escritores de Nova York em L.A. se queixa. "Ah, sinto falta de Nova York. Mas agora prefiro um condomínio fechado."

Mas os roteiristas estão todos baseados aqui?

Não. Uma das coisas que fez os programas da franquia *Law & Order* funcionarem foi que eram todos gravados aqui, em Nova York. Nosso programa, *Criminal Intent*, e *Law & Order*, a nave-mãe, foram baseados em Chelsea Piers. Éramos gente de Nova York que escrevia sobre tipos de Nova York. Acho lamentável que não haja mais programas em Nova York, e a razão para isso é que os executivos da emissora teriam de pegar um avião até aqui para dar uma passada no set. Executivos gostam de poder dizer: "Bem, vou almoçar no estúdio e assistir ao meu programa." E depois passam umas cinco horas por lá conversando sobre como atropelaram um cara uma vez e seguiram em frente, metendo-se no caminho das pessoas, e depois vão para casa. Nesse meio-tempo todos os outros estão fazendo o programa. Sim, sou um pouco preconceituoso, mas as pessoas querem ter controle sobre as coisas. E os estúdios em Los Angeles não gostam de programas em Nova York porque não podem controlá-los. Seja como for, deixei *Criminal Intent* por um trabalho no cinema, e o primeiro rascunho que escrevi pareceu o melhor *Criminal Intent* que já escrevi. Era quem eu me tornaria. Conheci um sujeito que por muitos anos foi um dos autores dos monólogos do *Letterman*. Ele descobriu o que queria ser e é ótimo nisso, portanto continua. Mas isso não funciona para mim. Meu lema sempre foi: se não puder ser despedido, demita-se.

Dizem que o segredo do sucesso da TV americana está nas salas de roteiristas.

Acho que as pessoas que pensam que é daí que vem a qualidade da TV americana são malucas. Sem dúvida há boas salas de roteiristas e bons programas de salas, mas *nunca* há apenas uma maneira de fazer um programa. Se *Os Simpsons* é um programa de sala, como dizem, é o melhor programa na história da TV. Um amigo meu trabalhou em *Cheers* bem no final. Havia quatro roteiristas que conduziam o programa e quatro novatos. Toda semana os quatro sujeitos que conduziam o programa levavam um dos quatro novatos para o santuário e ensinavam a ele ou ela como conduzir o programa enquanto eles planejavam e reescreviam o episódio daquela semana. Quatro caras ensinando quatro caras a substituí-los. Brilhante. No ano em que estive em *Seinfeld*, acho que houve quatro encontros de roteiristas, no máximo, quase consigo me lembrar o que discutimos em cada um. E uma das vezes foi sobre: "Vejam, tudo o que está marcado JERRY na geladeira é do Jerry. Não mexam nessas coisas. Jerry não gosta que mexam em sua comida." Geralmente era alguma coisa do tipo: "Pensei que anões seriam mais engraçados, não acredito que não vamos conseguir mais risadas com anões, vamos reforçar a história de Elaine, alguma ideia?" E era assim que eles faziam o programa, por meio da forte presença de Larry e Jerry. *Criminal Intent* não tinha uma sala de roteiristas sob a direção de René, ou de Warren... às vezes ele dava uma volta perguntando a todo mundo: o que você acha? Depois ele se fechava com seus conselheiros, Tommy Lasorda e Earl Weaver. *Two and a Half Men*, pelo que me dizem, é realmente Chuck Lorre e dez roteiristas na sala. É como ele gosta de conduzir o programa. Mas nem todo programa funciona dessa maneira. Meu próprio preconceito como alguém que é engraçado, mas também pode escrever sobre *serial killers*: não sou um sujeito de sala, o que é estranho, uma vez que estou dando aulas e tenho de estar no centro da sala sem ser o centro ao mesmo tempo. Não tenho a menor ideia do que quero dizer com isso. Em *Seinfeld* eu era provavelmente um dos caras mais quietos da equipe. Mas com tempo fui aprendendo como me levantar numa sala. Assim, dar aulas fez de mim um roteirista melhor e um produtor melhor. Sou um roteirista muito melhor para *Seinfeld* agora, anos depois, do que era quando estava lá. Deveria enviar uns roteiros e ver se seriam comprados. Meio a meio.

Há uma sala de roteiristas representada em 30 Rock. *Os roteiristas estão próximos da realidade?*

É como a versão de Hollywood do que é um roteirista. Roteiristas tendem a ser chatos. Eles podem ser engraçados uns com os outros, mas é só. Gosto desse programa, mas *The Office* mudou a televisão e também era capaz de partir corações.

O que você pede para seus alunos escreverem aqui?

Para um roteiro especulativo de uma hora, gosto de fazê-los escrever coisas de que eu goste e que aguente assistir. Posso analisar qualquer coisa, mas tenho de gostar dela. Gosto quando eles fazem *Breaking Bad, Friday Night Lights, Mad Men* – e isso foi realmente espantoso para mim, constatar como eles são bons nisso. Esses alunos, que estão tão distantes dos anos 1960, de alguma maneira eles fazem a pesquisa, sabe, como a Volkswagen chegou aos Estados Unidos, o que o pessoal da Nabisco estava comendo, eles gostam de descobrir coisas sobre aquela época, fazem isso realmente bem, coisas que você sabe se é mais velho. Mas quando eles tentam escrever *Entourage*... eles não sabem nada sobre Hollywood, produtores e agentes. Só o que veem no cinema e na TV. São fracos em *30 Rock*. Pela mesma razão que em *Entourage*. O que eles sabem sobre exibir um programa diário? *The Office* é mais fácil para eles porque a maioria teve alguma experiência de baixo escalão em empresas tediosas durante o verão. *Girls* é uma série quente agora. Pega a sensação de estranheza de *Sex and the City* e vende milhões com isso, por isso jovens roteiristas a adoram. Jovens escritores deveriam sempre se tornar assustadores. Ir longe demais.

Sobre os roteiros especulativos, você diz a eles para escrever para a temporada que está sendo transmitida no momento?

Pelo contrário. Falo para escolherem um ponto no passado da série. Digamos *Mad Men*. Se você escreve para um ponto duas ou três temporadas atrás, isso deveria ajudá-lo a saber que em certo momento a firma vai se mudar e que em certo ponto ocorrerá uma divisão, de modo que metade deles vai tomar um caminho e a outra metade vai tomar outro. Se você escreve para a temporada atual, está basicamente "competindo com a equipe de roteiristas". Se você tem uma ótima ideia, é muito provável que alguém na equipe do programa a esteja tendo também, e você a verá na tela uma noite, e depois se candidatará desesperadamente a uma faculdade de direito para poder entrar na área de negócios dos estúdios e começar a extorquir outros roteiristas. Seja como for, *Mad Men* é perfeito, porque teve um intervalo de dezoito meses entre a primeira e a segunda temporada. Insira seu episódio ali.

O roteiro especulativo é basicamente um cartão de visita, não é?

É, mas você tem de enfatizar que ninguém vai comprar o roteiro deles para uma série em curso. E dizer aos garotos que estão escrevendo pilotos que não é preciso incluir uma análise de toda a temporada. Isso é se autoderrotar, uma ideia maluca, é um pensamento de 1971; seu piloto único, de 32-33 páginas, é a única coisa de que você precisa. Ninguém vai comprar seu piloto, mas eles podem comprá-lo a partir dele, e daqui a cinco ou oito anos, quando você for bem-sucedido e poderoso, talvez consiga produzir esse piloto, mas por enquanto... É uma ilusão pensar que você vai chegar lá da noite para o dia. Com pilotos, o que eu falo para eles é: digam-me do que se trata, agora me digam quem é a estrela – o papel que vai financiá-lo –, agora me digam quem é o principal personagem secundário, o antagonista, digam-me quem é o terceiro personagem mais importante, é a partir desses três que todas as histórias vão se desenrolar, e é somente sobre isso que trabalharemos. Digam-me qual é o ponto alto do programa. Quando você chegar ao final desse piloto, o leitor deveria poder dizer: "Bem, posso imaginar mais histórias." Pense também em qual é de fato o tema do programa. Como *Frasier* é realmente sobre os irmãos provando sua masculinidade para si mesmos e um para o outro e para o pai policial. O núcleo de *Weeds* é Nancy pensando: "Sou a melhor mãe do mundo, porque trafico para sustentar minha família." E os melhores momentos da série ocorrem quando ela se dá conta: "Droga! Sou a pior mãe do mundo. Vejam o que fiz, vejam ao que expus meus filhos." Os roteiristas, sendo como são, às vezes vão sair e escrever roteiros especulativos sobre um inútil personagem secundário. Eles pensam que é um ângulo profissional bacana. Mas é o seguinte: a secretária é a secretária, não escreva histórias sobre ela, quem se importa? Ou você tem essa fantasia elaborada de ser contratado pelo programa porque teve a brilhante ideia de dar mais de uma fala para a secretária, e ela se apaixonou por você?! Como professor, tento lhes dar este importante conselho: "Ela vai continuar dormindo com um *barman*. Não com você." Concentre-se na estrela e em outro personagem importante – Michael e Dwight, Hannah e Adam. As pessoas costumavam aparecer em escritórios de agentes e dizer: "Criei uma série e tenho os vinte primeiros episódios aqui mesmo!" Loucura. Ninguém quer ler toda essa merda de um novato. Eles querem ler um episódio e ver se conseguem imaginar os que se seguirão. Roteiristas são sempre muito autodestrutivos. Porque nós criamos. E pensamos que criação e autodestruição são a mesma coisa. Seja como for, isso funcionou para mim. Roteiristas veneram o professor-mentor que lhes diz para escrever quarenta episódios para vender uma série, mas que deixa de revelar: "É por isso que estou dando aula de biologia na oitava série."

E quanto à situação paradoxal de Hollywood? O que tem a dizer sobre agentes e empresários?

Não acredito em empresários até que você tenha sucesso. Os alunos gostam deles porque se encarregam de você mais rápido que um agente. Como a

área de TV do Departamento de Escrita Dramática ficou famosa, empresários me ofereceram dinheiro apenas para lhes passar os roteiros dos garotos
mais talentosos aqui, algo que não vou fazer. O empresário diz: "Que tal se
eu pegar todos os seus especializados em TV, todos os alunos do último ano?
Pego quinze garotos e os jogo lá, e catorze serão destruídos, mas um vai ser
bom." Ao passo que os agentes são grosseiros, vulgares, muitas vezes traiço-
eiros – exceto o meu, que é muito doce. O agente diz: "Se você me disser que
contrataria essa moça, vou lê-la. Mas se eu a detestar não lhe darei crédito
da próxima vez." Porque agentes estão voltados para o longo prazo. Procuram talento e ocasionalmente o conhecem. Empresários procuram volume.

Você põe seus alunos em contato com agentes?

Às vezes. A maioria dos graduados não está pronta para ser contratada.
Alguns estão muito próximos disso. Incentivo todos eles a fazer um plano
de três anos. Durante esse tempo, trabalhe no Starbucks, dirija um ca-
minhão de sorvete, continue trabalhando em seus roteiros especulativos,
arrume seu piloto, entre em grupos de escritores, e ao fim de três anos
ou sua carreira começou ou você precisa reavaliar. Provavelmente você
deveria estar avaliando antes mesmo disso. Por que você não está alcan-
çando o alvo que fixou para si mesmo? É seu roteiro, é quando você encontra pessoas? E, se você sente que estão todos errados em relação a você,
conceda-se mais uns dois anos. Muito poucas pessoas se tornam roteiristas
quando querem. E nem todo mundo se torna roteirista, mesmo depois de
ter passado por uma escola de escrita. Eu gostaria que se tornassem. Gosto
imensamente dos alunos aqui. Sempre lhes digo: tenham um emprego
diurno, porque é bom estar perto de pessoas reais. Vocês têm de estar no
mundo real de alguma maneira, têm de ter experiências, tudo isso faz
parte do processo de tornar-se um escritor. Acho que roteiristas de TV são
muito mais engenhosos que dramaturgos. Alguns dramaturgos estão tão
envolvidos consigo mesmos. E eles têm de parar de usar a palavra "voz"
e "assinatura". Uma garota me contou que sua professora de escrita para
teatro a aconselhou a passar todo o verão trabalhando em sua voz. Eu disse a

ela: "Vou passar todo o verão trabalhando em meu arremesso de três pontos. Vamos nos encontrar no meio da estação e ver quem se saiu melhor."

Há menos filmes para a TV agora. Por que você acha que isso acontece?

Eles costumavam ser ótimos. Interessantes, perspicazes. *I Know My First Name is Steven. The Marcus-Nelson Murders.* Esse último se transformou em *Kojak.* Espero que eles voltem. É tão caro fazer apenas duas horas de TV neste momento. E todo mundo sabe que o dinheiro está nas séries. Todo mundo quer cem episódios. Somente os grandes programas são vendidos agora para vários canais, quando antigamente tudo, todos os *BJ and the Bear,* eram distribuídos para diferentes canais.

O que você mostra em sala de aula? Clipes de todas as séries?

Não, esta escola é cara demais para transformarmos a aula numa exibição de clipes. Por que perder esse tempo quando os garotos podem estar fazendo oficinas de roteiro? Talvez uma vez a cada período letivo eu discuta um piloto a que eles assistiram de antemão. Se um programa funciona ou não, você geralmente pode ver as razões ali mesmo no piloto. Na última aula, às vezes eu mostro *Wonderland,* de 2000, o melhor piloto que já vi, muito à frente de seu tempo, sombrio, brutal, complexo, engraçado. É sobre o Hospital Bellevue: profissionais de saúde mental e pacientes cada vez mais instáveis levando seus médicos consigo. Eles só fizeram oito episódios e só exibiram dois. O programa obteve o tipo de crítica no *New York Times* pelo qual você espera durante toda a sua carreira. E duas semanas depois foi cancelado, substituído por *BJ and the Bear.*

Tim van Patten

Os créditos de Tim van Patten na televisão como roteirista e/ou diretor incluem *Família Soprano*, *The Wire*, *Deadwood*, *Boardwalk Empire*, *Roma*, *The Pacific*, *Game of Thrones*, *Ed* e *Sex and the City*. Ele recebeu, entre outros, dois prêmios do Sindicato de Roteiristas, dois do Sindicato de Diretores, um Edgar, um Hugo, um Peabody, dois Emmys e um prêmio do Instituto Americano de Cinema.

Tim, você tem uma carreira muito multifacetada. E uma antiga parceria criativa com Terence Winter.

De fato! Mas somos como dois navios passando, Terry e eu, quero dizer, neste momento. Ele está realmente concentrado na sala, e eu, na produção. E às vezes colidimos no meio do caminho.

Boardwalk Empire *parece cinema. É assim que você o vê, como uma narrativa cinematográfica longa?*

É um filme de doze horas de duração.

E você é o diretor. Você escreveu um episódio, mas está principalmente dirigindo.

(risos) Parte dele. Eu me comprometi com dois episódios consecutivos. É o primeiro episódio da segunda temporada. Tom (Fontana) e eu temos o mesmo mentor. Fomos criados no negócio por Bruce Paltrow. E Matt (Weiner) e Terry e eu fomos criados por David Chase em *Família Soprano*.

E você e Terry escreveram um aclamadíssimo episódio para Família Soprano.

Era uma história que tinha a ver com a minha vida, e Terry a transformou de forma mágica num excelente episódio.

Vamos falar sobre o escopo de Boardwalk Empire. *Esse certamente está entre os projetos com maior valor de produção na história das séries de TV.*

Roma foi grande. E *Deadwood*. E *The Pacific*. Aquilo foi enorme. Sob alguns aspectos, maior em termos de produção do que este programa. Não tão detalhado em termos de narrativa, porém. Esta é uma narrativa mais complexa. *The Pacific* foi maior em termos de produção física.

Acho que *The Pacific* foi maior porque abrangíamos muito chão na Austrália. Gravamos no norte, gravamos no sul, criamos a geografia de cinco ilhas diferentes, tivemos de reproduzir a Melbourne de época, tínhamos um enorme número de extras, efeitos especiais e visuais. Portanto, em termos de produção física, *The Pacific* foi provavelmente maior. Em *Boardwalk Empire* estamos confinados aos bairros da cidade de Nova York. Assim, a superfície é um pouco menor. Mas tudo igualmente detalhado, se não mais, porque estamos trabalhando dentro dos cinco bairros de N.Y. fisicamente, mas estamos retratando Nova York, Atlantic City, Chicago e, na próxima temporada, a Filadélfia de 1920-21. O desafio é que há muito poucas reminiscências físicas de 1920-21, assim você não pode ir para qualquer lugar e filmar, é preciso ambientar, e você precisa também de efeitos visuais para apagar alguma coisa e acrescentar outra. Construímos o *boardwalk* [passeio de tábuas] no Brooklyn num terreno vazio, cercado por tela azul. Os desafios são enormes, mas estamos trabalhando no estúdio, e assim não ficamos tanto ao ar livre.

Quantos dias de filmagem vocês têm por episódio?

Doze, mais um dia extra. E desses treze dias, na primeira temporada, tivemos provavelmente oito no estúdio. Mais uma vez, estávamos tentando conseguir um desconto no imposto em Nova York, e para conseguir o melhor desconto você tem de permanecer dentro dos cinco bairros. Quando você pensa no que está realizando, isso é pouco. Ao contrário de uma hora de TV aberta, em que você tem comerciais, com um programa da TV a cabo você está entregando 15-20 minutos a mais de filme. São dias realmente longos e é um grande elenco. Em qualquer momento há 25 personagens regulares, é um programa muito complexo e incrivelmente detalhado em termos de figurino e design de produção e cenografia, e assim ele é movido por essas coisas.

Deve haver muita pesquisa envolvida.

Sim. Temos um pesquisador em Atlantic City, temos o autor do livro à nossa disposição, temos um departamento de pessoas cuja função é identificar construções de época e todo tipo de detalhes, e quando começamos, tenho certeza de que Terry lhe contou isso, quando começamos com o piloto do sr. Scorsese... Ele estava realmente envolvido em termos do aspecto geral e da atmosfera do programa, e assim Terry e eu, e às vezes um chefe de departamento, se o filme estivesse com o foco naquele departamento, assistíamos a filmes com ele para ter referências.

E o que ele lhes mostrava?

Ah, meu Deus, ele tinha uma lista. Era como uma escola. Terry e eu nos beliscávamos um ao outro, dizendo, não acredito, estamos assistindo a um filme com Martin Scorsese. Só nós três na sala de cinema. Às vezes ele falava durante o filme todo: "Veja este filme, é maravilhoso." E ele conhece cada detalhe. Víamos todo tipo de filmes, às vezes nos perguntávamos: por que estamos indo lá para assistir a esse filme? Íamos ao escritório dele no centro, sabe, fica no prédio do Sindicato de Diretores, ele mora no centro. E ele tem sua própria salinha de cinema ali. Ele realmente conhece cada detalhe de cada filme que foi feito, de modo que foi como uma formação. Nós íamos lá e era como uma pequena fuga, geralmente um programa duplo. Depois perguntávamos: "Marty, mas afinal por que vimos esse filme?" E ele respondia: "Veja essa cena com o parque de diversões, que cena maravilhosa." E era uma cena pequena, mas ele dizia: "É desse jeito que o passeio de tábuas deveria ser, a luz noturna", e nós dizíamos, sim, ele tem razão. Um filme inteiro para um pequeno detalhe. Da mesma forma, ele levava a pessoa encarregada do figurino e a fazia assistir a um filme inteiro apenas para ver um detalhezinho. Isso é uma coisa que Terry e eu tínhamos experimentado em *Família Soprano* também, com David Chase. Ele realmente prestava atenção ao detalhe.

Vocês viam filmes com ele também?

Não. Fazer esse piloto com Martin Scorsese foi muito além de qualquer experiência que Terry e eu jamais havíamos tido. O cronograma era mais longo, o orçamento era maior. Nós realmente queríamos fazer aquilo dar certo. Construímos oito modelos do piloto e os levamos para ele. Foi um grande empreendimento.

Então vocês trabalharam com ele no piloto?

Sim, eu saía para procurar locações, nós limitávamos a área, tentávamos manter a coisa realmente simples e produtiva.

Ele ainda está envolvido?

Sim. Nós mandamos os roteiros e ele faz comentários. Acho que ele realmente gosta do programa. E seus comentários são sempre absolutamente precisos e pertinentes. Como víamos todo tipo de filmes, vimos a *A dama de preto*, de Sam Fuller, *Heróis esquecidos* e *Luciano*. Gostaria de ter podido continuar fazendo isso, toda semana.

Você começou como ator, não foi?

Sim. Eu era um mau ator. (risos) Não, falando sério. Percebi rapidamente que meu interesse não era estar em frente à câmera. Para fazer uma analogia com o beisebol, em que o apanhador está em absolutamente todas as jogadas: como ator, eu tinha a impressão de estar fora do quadrado; às vezes uma bola chegava lá, mas eu não estava em todas as jogadas. O apanhador controla o jogo dizendo ao arremessador o que arremessar. Enfim, adoro o espírito de camaradagem da equipe de filmagem, é a minha família, e tenho grande apreço pelos atores.

Tim van Patten

Quando você começou?

Comecei atuando nos anos 1970, ainda adolescente, num programa chamado *The White Shadow*, produzido por Bruce Paltrow. Gwyneth era bebê quando estávamos filmando, e Bruce foi meu mentor e depois me lançou como diretor também. Ele lançou Tom Fontana como roteirista. Quero dizer, Tom era dramaturgo. Ele tinha visto uma peça do Tom e o contratou, e os dois trabalharam juntos em *St. Elsewhere*. E não fomos só nós. Se você pudesse ver a influência que Bruce teve nesse negócio... ela foi vasta. Esse é um tema em si mesmo. Os roteiristas talentosos e premiados que saíram do mundo dele... é estarrecedor. Ele era capaz de identificar talentos e sabia como administrá-los. Era um grande contador de histórias e líder, mas seu forte era a produção, ele sabia como lidar com as emissoras, era incrivelmente dedicado e acreditava no que estava fazendo. Realmente honesto e forte, forte e determinado. Especial. Revele isso, a generosidade de Bruce. A televisão é um negócio muito insular, um negócio em que é muito difícil penetrar se você vem de fora. De certo modo, você tinha que começar de dentro, tinha de ser um ator ou supervisor de roteiro ou primeiro assistente de direção. Bruce era brilhante nisso. Tom fez a mesma coisa. Ele lançou um número inacreditável de pessoas. É a pessoa mais generosa que já conheci. Estou tentando fazer isso aqui. Continuar promovendo pessoas. É um grande legado. Acredito em compartilhar informação. De outro modo, qual é o sentido? Acho errado quando as pessoas cobiçam a informação. É um lugar incrivelmente criativo para se estar, uma sala cheia de roteiristas.

Então, como você trabalha em relação ao roteiro?

Neste programa está sendo um pouco diferente para mim porque também sou produtor executivo, e tenho muita sorte, porque estou numa série com meu melhor amigo. Em *The Wire* eu só aparecia para gravar, então não estava tão próximo. Se você é somente um diretor contratado, você aparece, eles põem um roteiro na sua mão e você começa o dia com muita energia, porque é um programa de uma hora de duração, então são entre sete e dez dias de trabalho, e você tem de sete a dez dias de preparação. Você se encontra com seu primeiro assistente de direção, explora tudo muito rápido.

Chega um momento nesse período de preparação em que você vai ter o que eles chamam de reunião de tom. O diretor vai se sentar com o autor do programa e passar os olhos pelo roteiro. Em *Família Soprano* isso era muito detalhado. Algumas séries não são tão detalhadas, e se você tem alguma dúvida pode esclarecê-la. E em alguns programas você tem que examinar cada cena, falar sobre o tom, a natureza da cena, o que os atores querem, o que está acontecendo, como isso se relaciona com o resto da série. Pode ser muito detalhado ou muito vago. Isso ocorre bem cedo na preparação, e a última coisa é a leitura. E você tem de especificar locações e calcular o cronograma. Depois você tem um primeiro ensaio. Mas nem todos os programas têm isso. Só comecei a experimentar esse tipo de coisa quando vim trabalhar na HBO. Em seguida, depois desse primeiro ensaio, no último ou no penúltimo dia, há uma sessão de comentários para os autores. E a reunião de tom… Você se senta com o roteirista-produtor, o roteirista do episódio, o produtor executivo, o primeiro assistente de direção, passa os olhos pelo roteiro e troca comentários ou sugestões, e esse é o momento de fazê-las. Em *Família Soprano* essa reunião de tom acontecia no meio da sua preparação, e o diretor a chamava de "defesa da sua vida", porque você ia lá e normalmente o roteirista examinava o roteiro e você fazia anotações e havia muita pressão. Era muito estressante, porque você tinha de dizer como iria abordar a cena, o que pensava que ela significava.

Mas o que aconteceria se você dissesse algo errado?

É muito mais fácil o contrário, quando o roteirista vai lhe explicando o roteiro. Ao trabalhar em *Boardwalk Empire*, nós seguimos o método *Família Soprano* de reuniões de tom. E ele funciona. Funciona realmente bem. Estou aqui o tempo todo; se não estou dirigindo, estou no set, estou escalando o elenco ou na sala.

Tim van Patten

Você está na sala de roteiristas também?

Sim. Terry estaria dirigindo a sala. Eu estaria entrando e saindo. E conversaríamos sobre a temporada e os personagens, sobre os temas, o que está escrito no quadro, e depois começaríamos a falar sobre cada episódio, *beat* por *beat*. Em seguida viria um esboço, cena por cena, e esse esboço é designado para um roteirista. O processo antes que alguém seja encarregado de escrever um roteiro pode durar três meses. Assim, o primeiro episódio acaba de chegar, um roteirista vai embora com um esboço e volta com um rascunho em três semanas. Talvez Terry o receba primeiro.

Mas e se ele não funcionar?

Ele seria examinado e o roteirista faria mais uma ou duas revisões, e, se mesmo assim não funcionasse, então Terry faria uma revisão.

Qual você diria que é a sua melhor e maior ferramenta?

Minha vida. Terry e eu, nós vivemos de maneiras muito semelhantes no Brooklyn, na verdade nossas famílias estão escondidas a cem metros uma da outra. Isso é muito estranho. Com muita frequência temos o mesmo senso de humor, reagimos quase como gêmeos, fazemos exatamente as mesmas piadas.

Margaret Nagle

Margaret Nagle foi roteirista e produtora supervisora em *Boardwalk Empire*, da HBO [e, posteriormente, desenvolveu a série *Red Band Society* para a Fox]. Antes disso, criou seu próprio programa, *Side Order of Life*, escreveu o premiado telefilme *Warm Springs*, para a HBO, e o longa-metragem *A boa mentira*, para a Warner Brothers. Ganhou dois prêmios do Sindicato de Roteiristas.

Então, em termos de escrita para a TV, praticamente tudo está em Los Angeles?

Sim, praticamente tudo. Exceto por Tom Fontana. (risos) Ele é um homem muito especial. E nunca estive com ele. Mas ele é de certo modo o coração e a alma da TV em Nova York, e todos os roteiristas que puderam trabalhar com ele tiveram muita sorte e uma formação incrível. Com ele, não é tudo ou nada. Ele pega novos roteiristas e ensina a eles o ofício. Assim, é muito eficiente como mentor e muito gentil, e sua influência se estende a todos os roteiristas. Às vezes as pessoas me sugerem um roteirista e dizem "é um roteirista do Tom Fontana, ele trabalhou com Tom", e eu digo "ah, tudo bem". Há um selo que ele põe em seus roteiristas que é realmente ótimo.

Você sabe, as equipes de roteiristas estão sobretudo em Los Angeles, porque é lá que estão os contratantes. As redes e os estúdios estão em L.A. Mas o incentivo fiscal promulgado há uns dois anos no estado de Nova York tornou filmar aqui muito mais fácil. É por isso que há tantos programas aqui. Se eles retirarem o incentivo fiscal, não haverá nada em Nova York. Em *Law & Order* eles têm uma maneira própria de fazer isso, dividem as salas de roteiristas, mas em geral essas salas estão em L.A. É melhor estar mais perto do set para fazer mudanças etc. Se você tiver seus roteiros prontos de antemão, pode estar mais longe, mas se estiver escrevendo enquanto as filmagens estão sendo feitas… Você sabe, esta sala de roteiristas também começou em L.A.

Margaret Nagle

Sério?

Mas eles sempre disseram que ela seria transferida para Nova York. E eu tinha outro projeto que havia recebido sinal verde antes de *Boardwalk*. Assim, deixei *Boardwalk* antes que ela viesse para Nova York. Depois ela veio para Nova York e eles gravaram a primeira temporada e eu não estava aqui, e não vim no início desta temporada. Assim, estou aqui, de certo modo, não sei, para dar consultoria, seja qual for o meu título, acho que é produtora supervisora.

Então, o que isso significa? Produtora supervisora?

Os títulos significam diferentes coisas em diferentes programas. Tive um programa em que fui produtora executiva. Estávamos falando sobre Tom Fontana. Ele tem uma maneira de delegar autoridade neste mundo, como por exemplo Ed Zwick e Marshall Herskovitz, que criaram não só *Thirty-something* mas também um programa de meados dos anos 1970 chamado *Family*. Eles praticamente produzem tudo e os roteiristas escrevem. Mas os roteiristas não planejam a história numa sala de roteiristas, eles planejam a história com Marshall e Ed e saem para escrever. O que se parece um pouco com o modelo de *Law & Order*. Num programa na televisão aberta o cronograma é muito mais apertado. O tempo é tudo na televisão. É um relógio tiquetaqueando o tempo todo, e você tem um prazo, e há uma data para a transmissão. O trem vai sair da estação, ele não espera por você. Você precisa desesperadamente de roteiristas para produzir. Você não tem como fazer tudo se estiver no comando. Algumas pessoas são capazes de delegar, e outras não. O que quer dizer que o mesmo título significa coisas diferentes, dependendo do programa. Produtor supervisor neste programa também significa que participarei de algumas sessões de escalação de elenco. Ou discutirei o cronograma de filmagem. Acabamos de ter um problema e vamos precisar inverter o cronograma de filmagem para acomodar um ator. Assim, vamos pegar a primeira semana e gravar todas as cenas com esse ator para os quatro primeiros episódios que temos escritos. Depois ele fica livre por quatro meses. E, como se isso não bastasse, vamos puxar todas as cenas dos quatro primeiros episódios que escrevemos e reduzi-las um pouco, para ter certeza de que podemos ter todas elas gravadas. Há um problema de produção e você examina como pode resolvê-lo com o roteiro. Assim, se estou na sala de roteiristas e alguém diz "muito bem, vamos explodir um barco", então você diz "não temos dinheiro suficiente no orçamento para explodir o barco".

Onde se obtém o conhecimento necessário para trabalhar como produtor?

Você aprende fazendo. Produzi treze episódios de meu próprio programa, *Side Order of Life*, e tive um fabuloso produtor executivo, um sujeito chamado Charlie Goldstein, que havia sido diretor de produção num estúdio de TV. Ele tinha um extenso currículo e é um dos melhores profissionais do mercado. O produtor executivo é a pessoa responsável não só por criar um orçamento, mas por assegurar que ele seja respeitado depois que um programa está sendo filmado. Uma pessoa como Charlie sabe exatamente quanto tudo vai custar, quanto tempo vai levar. Você pode literalmente entrar na sala dele e ele saberá calcular tudo isso de cabeça. Para um roteirista de TV, um produtor executivo excepcional é seu melhor amigo. Você tem um orçamento da mesma forma que tem em sua vida. É exatamente a mesma coisa com o programa. É divertido.

Onde entra a escrita?

Sou produtora supervisora de todo o programa. Terry é o showrunner, isto é, a pessoa totalmente encarregada das decisões, como David Chase em *Família Soprano*. Trata-se sempre do gosto dele, de seu ponto de vista, sua voz, seu olhar, ele é o arquiteto desta grande e bela casa com muitos cômodos. Posso até decorar a cozinha, mas é a visão de Terry Winter. Tentamos ajudá-lo. O melhor roteirista-produtor é sempre aquele que está escrevendo o programa que o criador tem na cabeça. O que torna uma equipe de roteiristas bem-sucedida é que todo mundo esteja escrevendo o mesmo programa. Vocês estão construindo a mesma casa. Assim, Terry pode dizer "projete uma cozinha", mas tenho de projetar uma cozinha que combine com sua visão de mundo. Ele tem um ponto de vista sobre os anos 1920 e esses personagens e quem eles são, e eles nasceram da sua visão, ele está dentro desses personagens. Portanto, minha função é tentar compreender para onde ele está indo. E depois, se eu tiver uma nova ideia ou disser "vamos pegar a ponte de Manhattan em vez da ponte do Brooklyn", preciso ser capaz de me levantar e dizer por que isso corresponde ao lugar para onde estamos indo ou por que penso que estamos prontos para tomar uma ponte diferente nesse momento da narrativa. Assim, você tem de ser capaz de propor coisas e defendê-las, e na maior parte das vezes ninguém quer ouvir isso. Pegamos essas extensas anotações, por exemplo, precisamos dessa cena? Faço anotações também, há alguém que faz anotações, mas eu as faço também. Ouço coisas diferentes. E o que acontece nessas anotações acaba virando um esboço.

Quem escreve o esboço?

Terry.

Ele escreve o esboço?

Ele gosta de escrever o esboço, rodá-lo em seu próprio computador, por assim dizer, e depois nós nos sentamos e o examinamos.

Há uma análise cena por cena, certo?

Criamos as histórias de cada personagem. E depois você quer ter uma ideia de como esses personagens se ajustam uns aos outros. Assim, podemos remover uma trama relativa a Margaret, que não funciona em certo episódio, e guardá-la para outro episódio, porque é uma história sobre ela que realmente queremos contar. O programa está evoluindo, mas ainda não é hora de contar essa história.

Então vocês se reúnem todos os dias?

Das dez às seis, sim.

E então vocês têm um esboço. E cada um de vocês é encarregado de um episódio? Quando vocês escrevem?

Terry manda você embora. Ele lhe dá algum tempo fora da sala de roteiristas. Em geral, uma ou duas semanas. Você escreve o roteiro em casa ou na sua sala, você fecha a porta. Em meu programa, eu fazia os roteiristas escreverem seus próprios esboços e depois trabalhava com eles, mas eu realmente gostava dos esboços. Terry tem tantos senhores a quem servir. Ele tem de servir à HBO. A HBO não vai comentar esses esboços comigo, vai fazer isso com Terry. Assim, ele tem esse trabalho árduo, porque tem de facilitar as coisas para nós, para eles, para o elenco e a equipe, para a produção; é realmente um trabalho duro.

Durante o tempo em que você está fora escrevendo seu episódio, não há produtor supervisor.

Sim, é difícil. Talvez eles planejem uma história para Margaret e não vou estar lá. Mas este programa tem um cronograma um pouco mais folgado. Num programa da TV aberta você simplesmente perdeu a oportunidade e pronto. Aqui, voltamos aos esboços muitas e muitas vezes.

Então vocês que escrevem e produzem nunca conversam diretamente com a HBO. E quanto aos programas da TV aberta?

Num programa da TV aberta você recebe comentários do estúdio e em seguida da emissora. É muito difícil. Destrói muita coisa. Em geral as observações do estúdio são simplesmente brutais. Porque eles querem descartar aquilo, querem tornar tudo uma questão de lógica, mas escrever não é uma questão de lógica. Escrever tem a ver com história. E muitas vezes as pessoas no estúdio não têm uma formação nisso. Já o pessoal do canal, a meu ver, tem muito mais conhecimento. As pessoas no estúdio... é difícil conseguir extrair alguma coisa boa de lá depois que você considerou as observações deles. Mas, como roteirista, não preciso me encontrar com essas pessoas. A HBO acredita que deve permanecer fora do programa em termos criativos. Com a Showtime é a mesma coisa. Terry conversa com a HBO e só.

Por que você acha que há tão poucas mulheres na TV e tão poucas mulheres showrunners?

As mulheres nos Estados Unidos ganham menos que os homens.

Não só nos Estados Unidos.

E isso não parece preocupar as pessoas no poder. Até que as mulheres façam uma forte objeção, isso não vai mudar. O interessante é que alguns dos melhores showrunners são mulheres. Como Carol Mendelsohn, provavelmente a melhor showrunner que já existiu. Ela faz *CSI*. É absolutamente espetacular. Shonda Rhimes está conduzindo três programas. Elas são irrefreáveis. As redes sabem que mulheres dão boas showrunners porque querem que todos se entendam, elas apagam incêndios. É uma coisa feminina cuidar de tantos detalhes num programa, é como comandar uma casa e ser mãe. Essas realidades realmente se traduzem nas atividades de um showrunner. Quero dizer, muito bem. É um grupo pequeno, mas extremamente talentoso. A parte difícil é conseguir que as mulheres subam na hierarquia da sala de roteiristas, é aí que acho que está o obstáculo. Parece que as mulheres não passam do nível de produtor supervisor. Eu, particularmente, nunca estive numa equipe antes, então isso é ótimo para mim, mas, pelo que vi, todas as mulheres parecem parar no nível de produtor supervisor.

Por que você acha que isso acontece?

Elas são impedidas de ir além, não por mulheres, mas por homens. Nos estudos do Sindicato de Roteiristas e da Comissão de Oportunidades Iguais de Emprego, fica claro que existe esse teto. Salas de roteiristas são muito estranhas, muito implacáveis. Não são necessariamente um ambiente em que as mulheres prosperem. São muito competitivas de uma maneira muito masculina. As mulheres não se manifestam de forma a se fazer ouvir por homens. Pessoas como Nina Tassler, na CBS, têm muitas showrunners mulheres. Fox e NBC não têm muitas showrunners mulheres. A ABC, sim. Portanto, é também a emissora. Mas é uma coisa engraçada, porque a maioria das pessoas que veem TV são mulheres. Para mim ficou claro desde o início que eu nunca conseguiria galgar postos numa sala de roteiristas, nunca sobreviveria a uma sala de roteiristas.

Por que você acha que as mulheres não se fazem ouvir numa sala de roteiristas?

Quem quer que fale mais alto leva a melhor. Assim, é realmente difícil encontrar algum espaço quando os homens estão competindo uns com os outros. Pode ser muito difícil. Fica realmente duro, e então elas começam a pensar "não sei como levantar a voz e esta pessoa não está ouvindo minhas ideias", e a coisa pode ficar realmente desagradável, e aí tem também o tom da escrita... Você sabe, é tão engraçado, tenho a impressão de que as histórias femininas são diminuídas pela mídia e os críticos, e as histórias masculinas são celebradas. Assim, um programa pode obter índices excelentes e ser sobre mulheres, mas um programa como *Mad Men* vai capturar toda a atenção da crítica. Porque os críticos, inclusive mulheres, parecem gostar mais dos programas masculinos. Isso acontece também no mundo da crítica de TV. Se você for ler os críticos americanos, mesmo os do sexo feminino, eles são muito mais duros com as roteiristas mulheres. Mas não quero generalizar demais... Não penso em mim mesma como roteirista do sexo masculino ou feminino. Sou roteirista. Mas não é muito difícil ajudar alguém, não é? Já superei uma parte difícil.

Você começou como atriz. Isso lhe parece útil quando está escrevendo?

Sim, há tantos atores agora que escrevem para a TV. Atuar ensina muito sobre escrever, e é por isso que atores dão bons roteiristas. Sempre digo para roteiristas, vocês deveriam ter aulas de interpretação. Quando você é um ator, estuda a mente e o comportamento humano. Tive de aprender a estrutura, mas sempre escrevo a partir do personagem. Não penso na história, penso no personagem. É uma força, mas pode ser uma fraqueza. Por ser atriz, sou muito eloquente, me expresso muito bem. Assim, quando dou sugestões, posso ajudá-los a vê-las, posso quase dramatizá-las. Isso é extremamente útil, porque não tenho medo de falar para pessoas grandes, amedrontadoras. É muito mais assustador fazer um teste para um papel do que sugerir ou defender uma ideia. Winnie Holzman[1] sempre diz que você deve pensar em si mesmo como roteirista. Simplesmente ignore tudo isso. Não sacrifique nada. Mas pense em si mesmo como roteirista antes de tudo.

Então, para onde você quer ir a partir daqui? Qual é seu grande sonho?

Não sei. Gosto do companheirismo da televisão. Gosto de estar dentro do prazo e saber que terei terminado de fazer alguma coisa até o fim do dia. Filmes podem levar anos para ser produzidos. Tenho um filme agora que o estúdio vem me fazendo escrever e reescrever há quatro anos. E isso é doloroso. E talvez ele seja feito. Estou também num programa neste momento. A Ron Howard and Alliance contratou nove roteiristas para atuar como um grupo de especialistas. Para desenvolver material novo para filmes, porque eles acham que estão empacados em termos de desenvolvimento. Então, estou lendo roteiros e fazendo observações sobre eles, reescrevendo um filme meu para Ron e... Enfim, estou ocupada demais para pensar a longo prazo. Quero dizer, pretendo escrever filmes. Mas depois de um ano sozinha em casa escrevendo um filme, quero ir trabalhar num programa de TV. Sou uma pessoa extrovertida e gosto de sair e ver gente. Essa é a desvantagem de escrever longas-metragens. Quando o Sindicato de Roteiristas estava pensando em promover uma greve, tivemos uma grande reunião no centro e de um lado da sala estavam todas as pessoas que tinham escrito para programas de televisão e todos se conheciam e eram amigos, e do outro lado estavam todos os roteiristas de longas-metragens, e eles estavam apenas sentados ali, ninguém conhecia ninguém. Não sei se quero passar o tempo todo fechada numa sala. Se eu pudesse produzir meus próprios filmes, isso me faria realmente feliz. Sou produtora nesse filme que venho escrevendo há quatro anos.

Você gostaria de dirigir?

Deixe-me apenas levar meus filhos até o fim da faculdade. (risos)

Susan Miller

Susan Miller foi roteirista-produtora consultora em *The L Word*, da Showtime, *Thirtysomething*, da ABC, e *The Trials of O'Neill*, da CBS. É produtora executiva e roteirista da websérie *Anyone But Me*, premiada pelo Sindicato de Roteiristas. Ganhou ainda dois Obies, uma bolsa da Fundação John Simon Guggenheim em escrita dramática e o prêmio Susan Smith Blackburn por suas peças *My Left Breast* e *A Map of Doubt and Rescue*.

Você recebeu o primeiro prêmio já concedido pelo Sindicato de Roteiristas para uma série da web. Isso é um feito e tanto, não é?

Sim, isso significa muito. Ser a primeira. Ser uma mulher a recebê-lo. Recebê-lo por um drama. Um drama em que os dois personagens principais são gays. Sim. Um feito e tanto.

Quantos fãs vocês têm?

Após três temporadas, temos cerca de 20 milhões de acessos. Com fãs no mundo inteiro.

Você começou a escrever para a TV em 1976, com Family, *e vi que escreveu para* Dynasty, *e depois para* Thirtysomething, *um programa considerado muito inovador na época.*

Thirtysomething era um drama movido por relacionamentos, arrojado para a época. O trabalho que consegui na televisão resultou em grande parte do fato de eu ser dramaturga. *Family* foi concebida por Jay Presson Allen, que também era dramaturgo. Para minha sorte, era uma época em que Hollywood estava atraída por roteiristas que vinham do teatro. O que felizmente está acontecendo de novo. Como acabei escrevendo para TV e cinema é uma dessas histórias "moça de cidadezinha é descoberta". O Mark Taper Forum estava produzindo uma de minhas peças. Meu filho era apenas um bebê e, quando me separei do meu marido, decidi me mudar da Pensilvânia para L.A. Assim, fui até uma agência literária para obter representação. Eu estava no escritório de um agente falando que não tinha feito nada para cinema e televisão quando entra na sala uma jovem deslumbrante, queixando-se de sua secretária. Por acaso ela era Kitty Hawks, filha do famoso cineasta Howard Hawks. Fomos apresentadas e eu disse "ouça, vim aqui à procura de um agente, mas sei datilografar, então, se você decidir demitir sua secretária, pode contar comigo". Ela me telefonou no dia seguinte. Trabalhei como secretária dela durante seis semanas, até que ela me conseguiu meu primeiro bico como roteirista, encontrou uma nova secretária e tornou-se minha agente. Foi assim. Seis semanas depois ela estava me representando.

É uma história e tanto!

(risos) Sim. Desse modo usei o trabalho no cinema e na televisão como uma bolsa para escrever peças. Eu estava no início de minha carreira como dramaturga, por isso ia e vinha de Nova York. Tive peças encenadas no Public Theater (Joseph Papp foi meu mentor), no Second Stage, e virei dramaturga residente no Taper com uma bolsa da Fundação Rockefeller. Sei que meu caminho não foi convencional. Enfim, é ótimo ter o pé na porta, mas você pode ficar preso. Você tem uma escolha a fazer. Segurança? Ou correr riscos fazendo o que se sente destinada a fazer?

Muitos dramaturgos começam a trabalhar para a TV e nunca voltam para o teatro. Mas você não trabalhou para a TV entre 1997 e 2004.

Eu estava escrevendo filmes nesse período. Ao mesmo tempo, estava fazendo uma peça em Nova York. Vendi quatro roteiros originais de cinema em sequência. Para Fox, Universal, Disney, Warner Brothers – numa só tacada! Isso é muito raro. Mas eles nunca foram produzidos. A coisa boa dos roteiros de cinema é que você pode escrever e morar em qualquer lugar, ao contrário da televisão, em que você precisa estar numa sala com os outros criadores. É um meio centrado no roteirista, e é por isso que gosto dele. O melhor da televisão é como um romance. Você tem episódios como capítulos, pode desenvolver os personagens, e há espaço para as histórias. E acho que a televisão americana cresceu com o advento da TV a cabo. Enquanto isso... Não vou dizer o cinema, mas os *filmes* americanos dependem muito mais de fórmulas comprovadas e da presença de celebridades.

Thirtysomething foi uma série bastante inovadora na época. Ela foi feita com uma sala de roteiristas?

Participei da equipe de roteiristas de quatro programas de televisão. E sempre havia uma sala de roteiristas. *Thirtysomething* era o bebê de Marshall Herskovitz e Ed Zwick. Havia somente dois ou três roteiristas na equipe. Planejávamos algumas histórias juntos e sugeríamos nossas próprias ideias para episódios. Eu estava lá na temporada inaugural. A primeira temporada é sempre empolgante, mas há também uma preocupação com o estilo, com os sonhos que os criadores têm para o programa, e será que você é capaz de contribuir com sua própria voz?

Na sua opinião, qual é o segredo do sucesso da TV americana?

Acho que o sucesso vem de criadores de programas e roteiristas a quem é dado o poder de expressar sua visão e permanecer fiéis a ela. O melhor trabalho vem de vozes originais e histórias exigentes que não sacrificam personagens. E isso acontece quando os escritores têm liberdade para construir um mundo que mais ninguém poderia ter imaginado.

Vocês têm uma sala de roteiristas em Anyone But Me?

Somos só Tina (Cesa Ward) e eu. Na mesa da minha sala de jantar ou num café. Nós nos sentamos e discutimos para onde queremos que os personagens vão. Fazemos uma espécie de esboço, não a tal ponto que ele nos limite, mas apenas de modo a termos um projeto. E depois decidimos que episódio cada uma de nós vai escrever e aqueles que vamos escrever juntas, o que fazemos atribuindo cenas ou partes da história a cada uma.

No IMDb, Anyone But Me é mencionada como uma série de TV.

É web TV. Somos uma série independente de web TV, distribuída e exibida pela internet.

Como isso funciona? Quem financia uma websérie?

Bem, quando começamos, eu também tinha essa dúvida. De onde virá o dinheiro para fazer isso? Quando as webséries começaram, muitas eram feitas com uma câmera de vídeo na mão, com orçamento muito baixo. Com pagamento adiado para a equipe e os atores. Começamos nossa série pagando o pessoal, porque queríamos levar o programa para um nível diferente e fazê-lo de maneira profissional. Quando escrevo para *Anyone But Me*, estou pondo tanto nele quanto em qualquer outra coisa que escrevo. Não importa qual é o tamanho da tela em que as pessoas vão vê-lo; não importa se é num palco ou não. Estamos desbravando um novo território, e é disso que eu gosto.

Qual é a duração dos episódios?

Fazemos dez episódios por temporada, e eles têm algo entre oito e doze minutos. Tentamos mantê-los curtos porque cada página custa dinheiro. Os únicos episódios um pouco mais longos costumam ser o primeiro e o último de cada temporada.

Então a duração é determinada pelo orçamento?

Em grande medida. E também pela história que queremos contar. Quando entrei nesse projeto, liguei para Marshall Herskovitz, um dos criadores de *Thirtysomething*, que também estava trabalhando numa websérie, a única de que eu tinha ouvido falar – *Quarterlife*. E a primeira coisa que ele me disse foi: "Não faça nada com mais de dez minutos!" De certo modo é bom ter esse parâmetro, porque começamos quase instintivamente a ser econômicas em relação ao que queríamos dizer e ao modo como os personagens o diziam. É um desafio único de que eu gosto. Porque você não pode desperdiçar tempo.

É também uma questão do tempo de atenção da audiência, como dizem alguns?

Isso está mudando. O meio até agora sugeriu que o conteúdo roteirizado deve ser curto. Algumas webséries têm episódios de apenas três, quatro minutos. Mas não queríamos fazer algo tão curto assim. Acho que somos a prova de que as pessoas estão dispostas e interessadas em ver versões mais plenamente desenvolvidas das coisas. Como os fãs sempre nos dizem: "Isso deveria ser mais longo!" Você mergulha na história e quer mais. Fica viciado. E queremos que as pessoas digam: "Não pode terminar agora!"

Então qual é o orçamento?

Ele cresceu, por necessidade. Começamos com 6 mil dólares para os dois primeiros episódios. E na altura da terceira temporada esse valor tinha duplicado.

E isso inclui tudo?

Bem, Tina e eu não recebemos honorários como roteiristas ou produtoras executivas.

Então vocês fazem isso por prazer?

(risos) Eu não diria isso. É de fato um grande prazer. Mas é o trabalho mais duro que já fiz. É preocupação o dia todo, todos os dias. Construir um público, desenvolver uma base de fãs, fazer um programa. Temos uma empresa. E é um compromisso de longo prazo. A melhor coisa é que você tem a oportunidade de trabalhar como um conjunto.

Mas você tem de ganhar a vida.

Tenho condições de fazer isso agora, por isso estou fazendo. Mas converter uma websérie em dinheiro é o maior problema enfrentado pela maioria dos criadores.

Vocês estão próximas do ponto de equilíbrio?

Ainda não.

Então quem está financiando isso?

Temos um financiador independente, que, depois que lançamos a série, sabia que ela precisava ganhar impulso. Esse compromisso de estar nela a longo prazo foi o que nos permitiu ter sucesso em comparação com muitas outras webséries que não dão certo ou nunca exibiram nada além de alguns episódios porque ou não enxergavam o quadro mais amplo ou não estavam nisso pelas mesmas razões que nós. Durante a greve do Sindicato de Roteiristas, por exemplo, muitos roteiristas fizeram alguma coisa curta para a web, mas, quando a greve terminou, voltaram ao que costumavam fazer. Ao passo que nós não víamos *Anyone But Me* como uma *amostra* para conseguir um emprego em algum outro lugar. Nós realmente púnhamos tudo no próprio programa, e esse é o único jeito de fazer isso. Quero dizer, a televisão é diferente, porque há muito dinheiro envolvido. Como roteirista de TV, você não precisa sair e vender o programa. Como roteirista/criador de uma websérie, você está vendendo o tempo todo. E desempenhando muitos papéis.

Os anunciantes não vêm até vocês? Vocês já estão em atividade há três anos, e isso por si só é uma façanha.

Os anunciantes têm sido muito avessos à web. Muitas séries têm links em seus websites para que os fãs possam fazer doações e ajudar. E sites de *crowdsourcing* como Kickstarter e IndieGogo começaram a se sair bastante bem. Mas decidimos que iríamos fazer algo que ninguém mais tinha feito. Mais ou menos o que a PBS faz. Iríamos dar aos fãs, ao público, um

WebAThon. Noventa minutos de vídeo totalmente novo em três noites separadas. Tivemos um vídeo muito engraçado dos atores representando paródias de *Anyone But Me*. Contratamos uma apresentadora e a filmamos fazendo uma visita guiada por todas as várias locações em Nova York em que gravamos o programa. Fizemos entrevistas com os atores. E também um leilão no eBay. Foi um trabalho enorme, e de fato pedimos às pessoas para apoiar o programa, mas estávamos dando a elas algo em troca. Levantamos 32 mil dólares, que ajudaram a financiar nossa terceira temporada.

Quem faz toda a gestão de redes e da mídia social? Quero dizer, isso é tão importante quanto a produção para esse tipo de programa, certo?

Somos nós que fazemos. Estou o tempo todo envolvendo o público e tentando tornar o programa conhecido pela imprensa. Essa é provavelmente a parte mais importante e a que consome mais tempo na produção de uma websérie.

Então vocês mesmas fazem isso também?

Desde o início. Simplesmente tive que ir atrás de todas as possibilidades. Sobretudo encontrar um site para transmitir o programa. Foi somente sendo aberta e pedindo a ajuda das pessoas que encontrei a Strike TV, onde lançamos *Anyone But Me*. Depois Tina e eu fomos a um seminário na New School on Media Studies e ouvimos falar da Blip.tv – esses são todos sites de distribuição. Assim, nós nos apresentamos, fomos ao escritório deles e nos tornamos parte de sua programação de webséries originais. O mesmo aconteceu com YouTube e Hulu, dos quais agora somos parceiros.

Então você tem diferentes sites e seu próprio site também? Não é como na TV, em que você exibe o programa exclusivamente em um lugar, pelo menos no começo?

Temos nosso próprio site, mas somos distribuídos de maneira não exclusiva nos outros sites. E recebemos uma parcela da receita de seus anúncios. Não é muito, mas ajuda. E esses sites são essenciais para expor o programa. A

Blip.tv, por exemplo, nos deu muita visibilidade em sua home page. O You-Tube fez isso também, o que é importante. Tivemos 80 mil acessos certo dia apenas porque o YouTube nos mostrou na sua página inicial.

É empolgante ter muitos acessos?

Ah, meu Deus, SIM! SIM! No primeiro dia, quando lançamos, eu por acaso estava em Minneapolis, no Playwrights Center, fazendo um seminário sobre uma peça. Muito nervosa com a possibilidade de ninguém ver o programa. Mas tivemos quinhentos acessos nesse dia e ficamos emociona-das. Agora, quando transmitimos um novo episódio, é um número mais próximo de 30 mil. E, sim, você fica viciado nisso, se quer saber.

Há algo especial na comunidade das webséries. Tem-se a impressão de uma incrível generosidade e apoio entre pares.

Sim! É verdade. Estamos todos tentando criar um lar neste novo espaço. E estamos nele juntos.

Isso é diferente da mídia tradicional, onde tudo é uma questão de salvaguardas. Você acha que há menos competição?

Não estou dizendo que não há um aspecto competitivo na web. Nada disso! Mas não temos uma estrutura montada para proteger, assim nos amontoamos. Há muito medo na mídia tradicional.

O medo de que, se alguém transmitir alguma coisa para outra pessoa, pode acabar perdendo algo?

É, não temos isso aqui.

Não há guardiões na web TV. Mas vocês são realmente livres em termos criativos? A reação dos espectadores não continua definindo o que vocês fazem?

É claro que não! Não perguntamos às pessoas qual é a opinião delas sobre o que escrevemos! Não recebemos observações do público! Na TV, é uma piada quantas observações você recebe e de quem. Você está trabalhando com essa produtora, depois aquela, depois o estúdio, depois a emissora. Meu filho também está nesse negócio e posso dar um passo atrás e ver pelo que ele tem de passar, sobretudo quando escreve um piloto. Claro que há um pequeno número de pessoas, como David Chase ou David Kelley, ou talvez David Simon, que podem fazer o que bem entendem. A maioria dos roteiristas de TV, porém, responde a uma cadeia de outras pessoas que por sua vez respondem a corporações. O que torna o que estamos fazendo aqui único é a autonomia. O feedback imediato que recebemos dos fãs. O que é muito como o teatro. Isso pode ser muito estimulante. Estamos fazendo nossas próprias regras.

Vocês são pioneiras. Não tenho dúvidas de que é empolgante poder receber feedback imediato dos espectadores.

Eu os vejo como o coro, sabe, nossos fãs no Twitter e no Facebook. Eles participam, é comunal, mas não os convidamos a nos dizer como a história deve caminhar. Gostamos muito quando tomam partido de algum personagem. Isso é paixão, é ótimo!

Há espaço para experimentos narrativos?

Sempre. E por isso é tão importante. Ninguém vai me fazer aderir a uma fórmula pronta. Há liberdade criativa de verdade. É por essa razão que estou fazendo isso.

Bem, você tem os limites do orçamento.

É claro.

Sei que algumas pessoas usam isso como um ponto de entrada para chegar à coisa real. Faz parte do seu sonho que uma das redes inevitavelmente bata à sua porta?

Não estamos ali promovendo um produto. Quero dizer, promovi longas-metragens e pilotos de televisão. Conheço bem aquelas salas. Minha antiga agente costumava me chamar de Sandra Koufax, referindo-se a Sandy Koufax, o arremessador de beisebol, sabe? Tive sucesso, mas não estou interessada em desenvolver coisas no velho estilo. Se alguém nos procurar e fizer uma oferta, é claro que vamos considerá-la. Mas não é nosso objetivo.

Você acha que eles estão assistindo?

Não sei quem está assistindo, porque há tanta coisa para assistir. Mas acho que os executivos da TV *sabem* de nós. Eu certamente ficaria mais feliz se não tivéssemos de fazer todo o esforço para levantar fundos. Sem dúvida. Mas gosto de estar na vanguarda. Mesmo com as armadilhas de estar na vanguarda. Estar à frente do seu tempo nem sempre é vantajoso, mas o que fazer?

Há pessoas que dizem que esse negócio vai ser grande daqui a alguns anos, e há os céticos que dizem que isso nunca vai acontecer, porque ainda não aconteceu.

Sabe, acredito que todas as artes podem coexistir. Que podem se informar umas às outras e que podem também contribuir umas para as outras. É nisso que acredito. Não posso prever se uma vai assumir o controle da outra. Espero que não. Realmente acho que estamos ganhando um lugar à mesa. Trabalhar numa mídia nova é tornar-se algo em que mais pessoas querem se envolver, mais pessoas talentosas, mais pessoas sérias.

Vocês são sindicalizados?

Nosso programa está registrado no Sindicato de Roteiristas e alguns dos atores pertencem ao Sindicato dos Atores.

Em que formato vocês filmam?

Filmamos diferentes temporadas em diferentes formatos. Depende do nosso diretor de fotografia.

De onde vem a sua audiência?

Temos uma ampla base internacional de fãs. É grande no Reino Unido, na Alemanha, nos Países Baixos, na França, na China, na América do Sul, no Canadá.

Que parcela da sua audiência é americana?

A maioria dos nossos espectadores.

Você acha que isso se deve à ausência de legendas?

Acho que não. Estamos usando closed captions agora em todos os nossos episódios transmitidos pelo YouTube. E existe uma função que permite que todos façam legendas a partir disso. Como somos um programa de Nova York, acho natural que sejamos mais populares nos Estados Unidos.

Que idade tem o seu público?

De dezesseis a quarenta anos. Mas principalmente na casa dos vinte e dos trinta anos.

E quanto a outras webséries? Você tem acompanhado o que está por aí?

Quando estou escrevendo, não quero ver outras coisas. Preciso me manter concentrada. Mas normalmente tento assistir ao maior número possível de programas. E agora que faço parte do conselho da IAWTV,[1] na época da premiação todos os membros têm de assistir a todos os programas que são inscritos. De modo que estou bastante atualizada. Acho que a qualidade do trabalho está sem dúvida melhorando. E há tantos recém-chegados. Isso é um bom sinal.

Anyone But Me *é passado agora?*

Transmitimos o último episódio da série em maio de 2012.

Vocês sempre tiveram um encerramento em mente?

Eu sempre tive algo em mente. Mas quando de fato chegamos ao ponto de terminar o programa, nós o mantivemos em aberto. Nada está definitivamente resolvido.

Como a vida.

Como a vida. Tenho outra websérie, uma websérie de marca chamada *Bestsellers*. Fizemos oito episódios. Eu a criei e escrevi. Tina Cesa Ward a dirigiu. É muito diferente de *Anyone But Me*. É sobre cinco mulheres de diferentes gerações lidando com os conflitos do trabalho e da vida pessoal que se conhecem num clube de leitura. Fui contratada para escrevê-la.

Quem a contratou?

A CJP Media e a SFN.

Por que eles financiaram isso?

Eles queriam alguma coisa que representasse os objetivos da empresa. Há uma tendência agora para webséries de marca que vai além do merchandising. Os atores não estão segurando uma caixa de cereal. No caso de *Bestsellers*, o patrocinador não tem um produto. Eles têm um serviço. Eles colocam pessoas em empregos. A marca deles só aparece no início do episódio. Fora isso, não há nenhum anúncio ou concessão para o próprio programa.

Ainda assim, é publicidade.

Bem, é isso que associar uma websérie a uma marca significa. E nesse caso, na verdade, foi ótimo. Por que não sofri restrição no conteúdo. O patrocinador não fez praticamente nenhuma observação. A única coisa que eles queriam era algo que representasse o espectro de empregos que eles conseguem para as pessoas. Assim, apresentei uma personagem que é empresária, mas vendeu sua empresa e agora está com dificuldades. Há uma personagem que é consultora de viagens executiva, uma pessoa que chegou à idade adulta por volta do ano 2000 e gosta de trabalhar em cafés. E uma ex-publicitária executiva que agora tem um blog sobre maternidade e cuidados com os filhos e trabalha em casa. O orçamento do programa é absorvido pelo patrocinador. Por isso não tenho de promovê-lo, como faço com *Anyone But Me*. Até agora as webséries independentes exigem que os criadores façam absolutamente todo o trabalho.

Acho que a questão é a seguinte: é possível ganhar a vida com isso? Se não agora, pelo menos no futuro?

Não acho que existam muitas pessoas que possam abrir mão de seu trabalho diário para fazer apenas isso, não ainda. Tenho esperança de que um dia haja um salário. Que a produção de uma websérie seja sustentada. A questão é sempre por que fazemos o que fazemos. E essa questão é sempre profundamente pessoal.

Há um sistema, um establishment, que esteja emergindo aqui?

Não há nenhum sistema estabelecido que imite a mídia tradicional, em que você apresenta seu trabalho a um agente e o agente o apresenta a um programa, ou propõe seu programa para uma rede. É um tipo diferente de coisa. É uma questão de assistir a webséries, ver o que chamou atenção. É uma questão de ler a *Tubefilter*, a mais importante revista on-line da nova mídia. Trata-se de frequentar conferências e encontros. De entrar em grupos de webséries no Facebook ou checar o Digital Caucus do Sindicato de Roteiristas da Costa Leste. De participar da definição do futuro do espaço. E de fazer sua voz ser ouvida.

Em The L Word, *você explorou um universo ficcional semelhante ao de* Anyone But Me. *No entanto, esses dois programas são muito diferentes.*

The L Word foi ambientada em L.A. E dizia respeito à vida de mulheres adultas na casa dos vinte e dos trinta anos. Já o pano de fundo de *Anyone*

But Me é Nova York, e nossos principais personagens são adolescentes. Embora ambas focalizem relacionamentos gays, as histórias sobre pessoas jovens têm um ímpeto diferente. Queríamos que os personagens em *Anyone But Me* fossem atraentes, mas reais. E tomamos cuidado para lidar com sua sexualidade nascente com paixão, mas de maneira contida. Houve um glamour intencional em *The L Word*. O programa ousava dizer, através de seu elenco de belas mulheres (que são também boas atrizes), que lésbicas são tão cinematograficamente sensuais e inspiradoras de fantasias quanto heterossexuais, que, tal como na TV e no cinema, são também quase sempre representadas por belas mulheres. *The L Word* tinha algo a provar. E por vezes, em temporadas posteriores, foi longe demais. Mas se você a aceita como entretenimento, ela geralmente estava correta, e criou um mundo para pessoas que nunca tinham tido um mundo para si mesmas antes.

Poderia comparar essas duas experiências para você como roteirista?

Fui roteirista-produtora consultora de *The L Word* na primeira temporada. Tenho orgulho do que realizamos naquele ano. Há muitas pessoas para satisfazer quando se está fazendo uma série de televisão para uma grande emissora a cabo como a Showtime. E, à medida que as temporadas vão se seguindo, é um verdadeiro malabarismo sugerir novas ideias e permanecer fiel à sua visão. Na web temos propriedade exclusiva, depende de nós manter o rumo, seguir nossos próprios padrões. Não temos que responder a ninguém exceto a nós mesmas e a nossos fãs. Não enfrentamos os mesmos desafios com que se defrontam criadores de séries da TV corporativa. Somos verdadeiramente independentes. Para lhe dar um exemplo, em *Anyone But Me*, quando os atores que interpretam nossos dois papéis principais fizeram o teste, nós nos apaixonamos por eles. Ninguém nos disse que isso tinha que acontecer.

Reflexões

No drama exibido na TV americana o componente importante foi e é o roteirista – por isso, para sermos capazes de decifrar o sucesso artístico e comercial do drama televisivo, devemos compreender o roteirista e a maneira como ele cria. Iluminar o complexo processo criativo de um programa da TV americana a partir do maior número possível de perspectivas foi meu principal interesse neste livro, e esse foi um processo instrutivo e extremamente inspirador.

Diz-se que a TV americana é o paraíso do criador, e este livro procurou examinar de perto esse paraíso, mas também pôr à prova o mito da absoluta liberdade criativa. Como o papel do roteirista é definido na televisão e quais são as principais diferenças em relação ao papel de um roteirista na indústria cinematográfica? Em que medida o processo de escrita na TV atual é colaborativo? A ideia de que a narrativa audiovisual só pode resultar da mente de um gênio singular ainda se sustenta? Que importância tem a presença do roteirista no set e durante todo o processo? Uma coisa é certa – cada programa é diferente e cada roteirista tem uma maneira distinta de criá-lo ou colaborar em sua criação. Os roteiristas com quem conversei muitas vezes tiveram respostas muito diferentes para as mesmas questões. É extremamente interessante ver como cada programa é conduzido, e como o espectro da criação para a TV é realmente amplo. Mais interessante ainda, porém, é ver os padrões emergindo conversa após conversa e as notáveis similaridades entre as distintas abordagens, bem como os temas mais amplos que estão se manifestando. Vamos examiná-los agora, um por um.

Os homens certos para o trabalho

No segundo episódio da primeira temporada de *Mad Men*, um dos redatores publicitários está mostrando a agência a uma nova secretária, tentando impressioná-la: "Você sabe... há mulheres redatoras!", diz ele. "Boas?", pergunta ela. "Com certeza", afirma ele. "Isto é, dá para perceber quando uma mulher escreve um texto publicitário. Mas às vezes ela pode ser o homem certo para o trabalho, sabe?"

Não mudou muita coisa desde os dias descritos em *Mad Men*. Ou, pelo menos, não o suficiente. Este é ainda um mundo masculino, e por vezes uma mulher conseguirá um emprego para escrever não por ser "o homem certo para o trabalho", mas por ser mulher. Como diz Jenny Bicks, nas salas de roteiristas em que ela trabalhou havia em geral ela mesma "e um bando de caras" e "ainda é assim". Nas conversas, esse foi um tópico recorrente, junto com o fato de haver tão poucos roteiristas afro-americanos, hispânicos ou asiáticos. A TV americana é escrita em sua maior parte por homens brancos.

Em termos da sensibilidade do roteirista, seria certamente ingênuo dizer que o gênero não influencia a maneira como você vê o mundo e como o mundo o vê. Mas será que o fato de nós, a audiência, estarmos ouvindo histórias contadas a partir da perspectiva de certo grupo limitado da população influencia nossa percepção da realidade e visão de mundo? E como essa percepção da realidade nos transforma numa audiência que quer mais daquilo que está acostumada a receber?

Essas são questões fascinantes em si mesmas. No contexto deste livro, no entanto, parece mais apropriado examinar como a TV americana é escrita em razão da predominância de homens brancos. E, enquanto estiver fazendo isso, vou me concentrar na questão do gênero, a despeito do fato de que essa é também uma questão de raça e uma questão de idade – e todas as reflexões abaixo podem ser aplicadas a todas essas questões também.

Margaret Nagle defende uma ideia interessante quando fala sobre como a função da sala de roteiristas é organizada para se adequar à competitividade tipicamente masculina e como a estrutura (estúdio, críticos etc.) tem uma desvantagem inerente para mulheres e histórias de mulheres. Warren Leight expressa a mesma opinião, advertindo sobre os perigos de "um tipo de personalidade de macho alfa que pode destruir uma sala de roteiristas". "Esse sujeito pode destruir a sala", diz ele. Este, naturalmente, é um aspecto

Reflexões

fascinante da colaboração: que ela pode encerrar competição, seja aberta ou velada. Uma sala de roteiristas é como uma sala de aula. Os alunos vão competir pela aprovação do professor, bem como pelas melhores notas. E alguns alunos serão mais competitivos que outros. Seria isso uma questão de gênero? Serão os homens mais competitivos que as mulheres? É uma questão de liderança? É uma questão de educação?

E por que há menos roteiristas mulheres que homens nas salas? Como salienta Diana Son, o contexto cultural e social pode afetar quem é capaz ou estimulado a seguir uma carreira de roteirista, para início de conversa. "Primeiro você tem de considerar quem diz 'quero ser roteirista'", diz ela. "Você sabe que é um tiro no escuro. Sabe que as chances de ter sucesso são exíguas. E que vai passar anos labutando sem nenhuma recompensa até que alguém o 'descubra'. Portanto, não são muitas as pessoas que podem se dar ao luxo de fazer isso."

Mas sem dúvida há bastantes mulheres roteiristas por aí, não é? Escolas de cinema produzem novas levas de roteiristas todos os anos, e tem-se a impressão de que há muitas mulheres roteiristas por aí – mas muito poucas no topo.

Margaret Nagle diz que em sua opinião alguns dos melhores showrunners são mulheres – como Carol Mendelsohn, responsável por *CSI*, ou Shonda Rhimes, que está à frente de três programas no momento. Nagle acha que "mulheres dão boas showrunners porque querem que todos se entendam, elas apagam incêndios". Para ela, cuidar de tantos detalhes num programa é "como comandar uma casa e ser mãe", portanto uma coisa tradicionalmente feminina. A analogia parental é feita também por Janet Leahy, que diz que como showrunner "você tem de se assegurar de que as pessoas sejam cuidadas e de que não sofram o estresse que você está sofrendo". Jenny Bicks explica por que acha que as mulheres são mais adequadas para ser showrunners do que homens: "Acho que temos uma habilidade para a multitarefa. Muitos testes feitos em cérebros de homens mostram que eles são capazes de compartimentalizar – mas nós somos diplomatas melhores, nós ouvimos as pessoas." Ainda assim, é difícil ver mulheres subirem na hierarquia da sala de roteiristas. Elas parecem não ir muito além do cargo de produtor supervisor.

Mas por que isso acontece? Se todos concordam que a personalidade feminina é mais adequada para a descrição da função do showrunner, como observa Margaret Nagle, por que a realidade é tão diferente?

Parece que a resposta pode ser encontrada na percepção, bem como em nosso sistema de percepção. Nagle não é a única que sente que histórias femininas são diminuídas pela mídia e pelos críticos e que histórias masculinas são celebradas. Na verdade, muito já se escreveu sobre isso, também em relação ao programa *Girls*, criado por Lena Dunham, a mais jovem showrunner por aí. Há uma abertura muito pequena para histórias de mulheres – e uma presunção de que homens não assistirão a elas.[1] Parece que os críticos, inclusive críticos do sexo feminino, gostam mais dos programas masculinos, ou os consideram de alguma maneira menos discutíveis. (*Girls*, é claro, também é muito discutido, mas mais como um fenômeno cultural do que como um programa. Na verdade ele gerou um debate intenso e acalorado sobre feminismo e política de gênero.)

A percepção não ocorre somente no nível de uma série produzida. Ocorre também em sua gênese. Como observa Diana Son, é preciso considerar quem está tomando as decisões de contratação. "Ao que eles estão reagindo quando leem o trabalho de um roteirista? Na maior parte dos casos, os executivos e showrunners são homens brancos, e todos nós reagimos a coisas que nos parecem familiares. Isso é cômodo, estejamos conscientes disso ou não. Há uma estética compartilhada, um interesse ou senso de humor compartilhados." Isso soa como um ciclo interminável, e é extremamente provável que seja exatamente isso. "Enquanto homens brancos estiverem tomando as decisões, a maioria das pessoas que eles vão contratar serão aquelas que lhes parecerem familiares." Janet Leahy parece concordar: "Acho que isso ocorre porque os homens gostam de trabalhar com pessoas que conhecem e com quem se sentem confortáveis, e normalmente são outros homens." E sim, "há realmente muita discriminação nessa profissão. Há muita discriminação por idade também. Tenho muitas amigas que estão sem trabalho porque têm mais de quarenta anos".

Embora os roteiristas homens com quem conversei naturalmente não tenham pensado tanto sobre isso quanto as mulheres, o consenso em am-

Reflexões

bos os gêneros é que de fato as salas são brancas demais e masculinas demais. No entanto, a maioria parecia sentir que isso estava mudando, porque um número cada vez menor de mulheres permite que esse estado de coisas as desencoraje. Como ressalta Janet Leahy, esse negócio está se transformando todos os dias, e as oportunidades mudam constantemente. E ao fim e ao cabo, podemos aceitar a discriminação, ou criar nossas próprias oportunidades.

Ninguém diz aos roteiristas o que fazer

"Você já entendeu o lugar?" "O que você quer dizer?" "Como ele funciona." "Sei que os redatores dizem ao departamento de arte o que fazer e sei que os executivos de contas dizem aos redatores o que fazer." "O quê?! Ninguém diz aos redatores o que fazer, exceto o diretor de criação, seu chefe, Don Draper. Não pense que por ser bonitão ele não é um redator!"

Embora esse diálogo do segundo episódio da primeira temporada de *Mad Men* provavelmente represente a ideia predominante de que na TV os roteiristas é que mandam, a realidade, na maioria dos casos e com muito poucas exceções, é que evidentemente alguém diz aos roteiristas o que fazer. Em primeiro lugar, alguém diz a Don Draper, o equivalente a um showrunner, o que fazer. "TV de qualidade" ainda é parte de nossa cultura baseada na permissão; somente sucesso extraordinariamente contínuo leva por vezes a liberdade criativa absoluta. Como, quando e em que medida é uma parte importante das conversas mantidas neste livro.

Pela primeira vez na história um escritor/roteirista tem direitos e poder criativo de verdade: ele pode ter uma visão e levá-la até o fim; um projeto pode ser custeado com base no seu nome, e críticos, intelectuais, financiadores e o público sabem quem ele é. Esse roteirista é chamado de showrunner.

Talvez a melhor descrição de um showrunner seja dada por Margaret Nagle quando ela descreve Terence Winter, de cuja sala participava quando conversei com ela. "Trata-se sempre do gosto dele, de seu ponto de vista, sua voz, seu olhar, ele é o arquiteto desta grande e bela casa com muitos cômodos." Sendo uma roteirista na sala, ela pode decorar a cozinha, mas em última instância o que prevalece é a visão do showrunner sobre o aspecto que a cozinha deve ter, que materiais devem ser usados e como ela deve estar conectada com os outros cômodos. A visão do showrunner se aplica não somente à história, mas também ao aspecto geral do programa. Como observa Terence Winter: "Há um determinado mundo sendo representado, pelo menos essa é a minha filosofia, e ele deve parecer o mesmo toda semana."

Talvez o exemplo mais extremo do que a influência de um showrunner pode significar seja dado por Janet Leahy, quando ela fala sobre David Kelley e *Boston Legal*: "Raramente recebíamos observações do estúdio ou da emissora em razão da influência de David", diz ela. "Nosso rascunho ia para David, ele ligava com suas observações. O outro produtor executivo, Bill D'Elia, fazia seus comentários e fazíamos nossas revisões. Houve ocasiões em que a rede ligou com um comentário, mas isso não deve ter acontecido mais do que três ou quatro vezes. Tínhamos muita liberdade para fazer o que queríamos."

Mas esse raramente é o caso. E a situação é sem dúvida mais desafiadora no ambiente da TV aberta. Segundo Eric Overmyer: "Executivos da TV aberta querem tudo explicado, querem simplificar tudo, e muitas vezes tem-se a sensação de que o rascunho fica cada vez mais fraco. Isso é lugar-comum. ... Os estúdios são movidos pelo medo, eles temem os patrocinadores, antecipam e se asseguram de que desastres não aconteçam. Há muita gente cujo trabalho é fazer comentários. Você recebe anotações intermináveis, tornando a coisa mais palatável, menos picante, mais melodramática, mais parecida com o que foi feito antes." Ele fez questão de esclarecer que as coisas não são assim com a HBO: "Eles têm mais questões, tentam compreender o que está acontecendo ali, é uma abordagem criativa." Como afirma Robert Carlock, muito diplomaticamente: "Executivos bons são melhores que executivos ruins."

Escrever para a TV talvez seja a forma mais difícil de escrita que existe; a pressão é enorme e ser criativo sob tal pressão é por si só uma grande façanha. Ser um showrunner, liderar os roteiristas que escrevem um pro-

Reflexões 219

grama com você, é uma função de alta pressão em todos os níveis. Você tem de ser muito engenhoso, rápido e decidido, e está o tempo todo administrando e criando. Examinemos alguns dos desafios e, antes de mais nada, a maneira como um showrunner escala e dirige uma sala.

Um cérebro maior

A ideia dominante é que o cinema, como qualquer outra forma de arte, é feito por um gênio singular. O drama televisivo, no entanto, em geral resulta da colaboração entre muitos roteiristas e mentes. Como isso é possível e o que significa?

Em primeiro lugar, é preciso dizer que, embora também haja casos em que os roteiristas trabalham como freelancers, sem jamais realmente se sentar com todos os outros roteiristas da temporada, a sala parece ser o único elemento que define o processo e que está aqui para ficar – embora também haja um consenso de que a tendência é ter salas cada vez menores.

Mas o que é a sala? E como ela surgiu?

Salas de roteiristas já existiam nos anos 1950, quando três ou quatro das velhas lendas do humor se reuniam e punham à prova suas piadas e seu material. O conceito da sala de roteiristas evoluiu com o tempo. Nos anos 1980 e 1990 elas ficaram maiores; passou-se de três ou quatro roteiristas para quinze. Hoje, em razão de limitações orçamentárias, elas voltaram a ficar menores. Quer seja um grande grupo de comediantes tentando levar a melhor uns sobre os outros com piadas numa sitcom ou roteiristas sendo encarregados de episódios específicos depois que um pequeno grupo de escritores planeja ou cria os *beats* do enredo juntos, o importante é a presença física dos roteiristas num único espaço – daí a "sala".

Como diz Warren Leight, a sala é mais inteligente do que o indivíduo. É um cérebro maior. Ainda assim, e embora a ideia predominante seja que a TV americana é produzida em salas de roteiristas e que o modelo da sala está diretamente ligado à boa escrita para a TV, as conversas mostraram que nem todos os showrunners apreciam o conceito. E, onde quer que haja uma sala, a maneira como ela é conduzida não é de modo algum predefinida ou canônica. Cada sala parece funcionar de um jeito um pouco diferente das outras, dependendo de quem é o showrunner e de como ele gosta de conduzi-la.

A próxima questão, portanto, é a seguinte: o trabalho fica mais fácil se houver uma sala de roteiristas? Para algumas séries é preciso produzir 51-52 páginas para 45 minutos de programa, e depois que o roteirista tem uma lista de tópicos que resume tudo em 19-20 páginas, ele geralmente leva de uma a duas semanas para escrever um episódio. Depois há observações, um segundo rascunho, um primeiro ensaio com os atores. Se todo o processo passa pela sala, isso não o torna mais lento? Ou o torna mais fácil? Quanto mais, melhor; mas, se vamos usar provérbios, não é verdade que muitos cozinheiros entornam o caldo? E não será esse processo mais demorado no fim das contas?

O tempo é de fato a principal razão pela qual alguns showrunners não gostam do conceito da sala. Por exemplo, um drama policial processual como *Law & Order* não tem uma sala de roteiristas no sentido clássico da expressão. Warren Leight explica que isso ocorre porque o grupo não pode criar uma trama tão fechada. Depois há o outro extremo. Ouvi muitas vezes a história de duas ou mais salas de roteiristas trabalhando em paralelo, competindo pelo melhor roteiro do mesmo episódio de um programa ou outro.

Assim, o que acontece exatamente na sala? Tom Fontana é um dos show-runners que não têm um encanto particular pelo conceito, por isso é naturalmente bastante crítico quando descreve um dia na sala: "Na maioria das salas de roteiristas, todo mundo chega às nove da manhã para produzir histórias, mas em oito horas você passa pelo menos uma hora e meia comendo, pelo menos duas horas falando sobre sua mulher, uma hora ao celular, e assim a quantidade real de tempo em que o trabalho necessário é feito é uma parte relativamente pequena de um dia muito longo." É por isso que, em seus programas, os roteiristas não se reúnem num clima de "vamos nos sentar aqui e escrever histórias". Para ele, sentar-se individualmente com o roteirista que vai escrever um episódio e trabalhar com ele funciona melhor.

Reflexões 221

Evidentemente, não é assim que um showrunner que considera a sala de roteiristas um conceito útil a descreve. De todo modo, dirigir uma sala significa conduzir um grupo de pessoas, e essa experiência pode ser extenuante. Quem quer que dê orientação para a sala vai tentar chegar a um consenso sobre orientações relativas às histórias, porque alguém tem de planejar o enredo, seja por meio de raciocínio ou por simples gosto. Alguém precisa funcionar como filtro, porque do contrário os roteiristas irão simplesmente continuar falando. Alguém tem de governar o navio.

Isso significa que há uma hierarquia definindo esse mundo de sinergia, colaboração e liberdade criativa. Nas palavras de Robert Carlock: "Há uma hierarquia de precedência: há certas pessoas que vão conduzir uma sala, certas pessoas que estão aprendendo a conduzir uma sala e pessoas que são roteiristas da equipe." Na verdade, começando do topo, a hierarquia vai do produtor executivo ao coprodutor executivo ao produtor supervisor, ao produtor, coprodutor, depois desce ao editor de história executivo, editor de história e roteirista júnior. Dependendo da questão em jogo, a sala pode ser dirigida por diferentes pessoas, mas a palavra final é sempre do showrunner.

Como mostram os títulos acima, a função de um roteirista de TV não é apenas escrever. Parte de seu trabalho é produzir – ele irá à reunião de escalação de elenco, participará de reuniões criativas, estará no set. Mais uma vez, nem sempre é assim, e os títulos dos produtores descrevem antes de mais nada a hierarquia na equipe. É uma maneira de delinear o nível em que você está atuando – são como postos nas Forças Armadas, de soldado raso a general. Implica um aumento no salário e na responsabilidade; um reconhecimento de que você está na atividade há muito tempo e tem um histórico maior. Há no entanto coprodutores executivos que fazem na realidade o que a maioria das pessoas consideraria o trabalho prático de produzir, que é avaliar o quanto as coisas custam e quanto tempo vão demandar, e conciliar aquilo que os roteiristas querem com o que é realmente viável, além de lidar com a rede e o estúdio. Acima de tudo, seu trabalho é criativo. O trabalho de um showrunner é principalmente assegurar que os roteiros sejam produzidos no prazo e com a melhor qualidade possível – e conduzir a série de acordo com esses roteiros, realizando a visão da mesma.

Jenny Bicks fala sobre como conduziu a sala em *Sex and the City*, implementando o que chama de "esboço independente", pelo qual cada roteirista cuida de seu próprio episódio, do início ao fim. Ele deixa a sala e escreve um esboço, que então é decomposto – um esboço cena por cena, descrevendo o que acontece em cada uma. Depois ela (na condição de showrunner) leva o rascunho de volta para a sala, recebe comentários de todos e faz observações para o roteirista. O roteirista vai embora de novo, reescreve seu roteiro e o mesmo processo se repete: o roteiro retorna à sala, todos o leem, fazem comentários, e depois o roteirista introduz as mudanças decididas pelo showrunner. Somente então o roteiro vai para o estúdio e depois para a emissora.

Isso põe em destaque a próxima questão: até que ponto existe o perigo de que trabalhar com uma sala e tentar chegar a um consenso leve ao mínimo denominador comum? Seria de imaginar que esse risco é muito grande; os resultados, no entanto, sugerem que ocorre o contrário. Será possível que um grupo tenha em última análise mais coragem de ousar, de desafiar preconceitos, de ir a lugares nunca visitados antes?

A dança das cadeiras

Um dos tópicos que se destacaram foi a maneira como um showrunner escolhe os roteiristas para a sala. Warren Leight fala sobre procurar uma mistura cultural e encontrar pessoas que tenham alguma conexão com as experiências e os antecedentes dos personagens. Robert Carlock, por outro lado, pelo tipo de programa que faz, procura pessoas que possam escrever todos os personagens. "O que você procura é diversidade", diz ele.

Terence Winter, Warren Leight e Jenny Bicks falam todos sobre a importância de ter pessoas dispostas a se abrir com os outros roteiristas, desnudar sua alma e ajudar quando necessário. "O que é realmente importante para mim", diz Winter, "é a disposição da pessoa de se abrir a respeito de si

Reflexões

mesma, de seu passado, de coisas que a embaraçaram, estranhezas que ela tem – a pessoa precisa abrir suas veias e deixar o sangue na sala de roteiristas – porque é esse o material a partir do qual contamos histórias. Eu gostaria que você me contasse qual foi a coisa mais embaraçosa que já lhe aconteceu."

Winter também fala sobre o que chama de "agradabilidade". "Se houver alguém cuja companhia desejo ter todos os dias, se ele for talentoso, parecer entender o programa, tiver um bom senso de humor, não parecer louco, se eu puder passar dez horas por dia dentro de uma sala com ele sem sentir vontade de estrangulá-lo…" Então esse é seu homem. Ou mulher.

É claro que no processo os roteiristas vão ficar estereotipados. Essa é uma situação paradoxal. Se você quiser fazer algo que nunca fez antes, é provável que não seja fácil convencer os tomadores de decisão a confiar em você – porque você nunca fez aquilo antes. E é exatamente por isso que você deveria fazê-lo, é claro. Ser criativo não significa fazer coisas novas, ir contra a maneira usual de fazer as coisas, arriscar, inventar? Como você pode fazer todas essas coisas quando desenvolveu hábitos, quando ficou confortável com seus próprios costumes?

No mesmo espírito, um showrunner também retornará às pessoas com quem trabalhou com sucesso no passado. Eric Overmyer deixa isso muito claro: "Se eu fosse começar um programa e me permitissem contratar uma grande equipe, eu seria capaz de propor uns dez nomes – e todos eles são pessoas com quem trabalhei antes. Isso porque não conheço outras pessoas. E porque é muito perigoso correr um risco com alguém que você não conhece. É um sistema muito fechado."

Não somente isso – você também precisa fazer com que todos sejam aprovados. E depois talvez você ouça o terrível comentário, sobre o qual Overmyer fala: "Ok, você fez alguns longas-metragens independentes, mas nunca fez um programa da HBO. Não tem a experiência. Mas como vou adquirir essa experiência, se vocês não me contratam?" Depois que você entra, realiza um bom trabalho, afirma ele. Mas é difícil entrar – e parece cada vez mais difícil hoje em dia. É realmente "como uma dança das cadeiras, mas as cadeiras são cada dia menos numerosas e as pessoas não param de chegar".

Em que medida as cadeiras são poucas? Qual é o tamanho certo para uma sala de roteiristas? Warren Leight diz que são cinco roteiristas. Isso significa que todos conseguem falar, e que não há um número excessivo de direções. Robert Carlock descreve o raciocínio por trás do tamanho da sala de roteiristas de *30 Rock*: "Contando com Tina, acho que somos treze este ano. Em *Friends* eram entre doze e catorze nos poucos anos que passei lá. O que esses números lhe permitem fazer, o que é de certo modo decisivo, é dividir-se em dois grupos." Esses são os chamados grupos ancilares, criados para maximizar a eficiência. Assim, "um [grupo] pode estar trabalhando num roteiro que será gravado dali a duas semanas, e o outro, na criação de histórias para o roteiro depois desse".

Quando você gosta de ouvir suas palavras

Como ressalta Janet Leahy, as pessoas não se dedicam a escrever para serem reescritas. Isso, no entanto, acontece, e a reescrita vem sobretudo do showrunner. O showrunner é o roteirista que diz aos outros o que fazer, e que acaba por fazê-lo ele próprio.

Assim, deveria o showrunner polir o rascunho final de cada episódio para preservar a "voz" da série ou cada roteirista deveria ser autorizado a usar sua voz de modo a emprestar novas facetas aos personagens e à série? A sabedoria popular parece vir diretamente da teoria do autor, segundo a qual tudo deve ser feito a partir de um molde, carregando uma única assinatura e voz – de modo a dar a impressão de que uma só pessoa escreveu toda a série.

Fiquei extremamente intrigada com uma coisa que Jenny Bicks disse quando falou sobre o uso de diferentes roteiristas em *Sex and the City*. Ela explicou que não reescreve os textos, preferindo fazer observações para o roteirista em vez de polir ela mesma o rascunho dele. Mas, por outro lado, Bicks acredita que um programa funciona melhor se houver mais de uma voz singular e se um diferente aspecto de cada personagem for representado por cada roteirista. "Se você assistir a *Sex and the City*, vai

Reflexões

perceber que cada episódio parece talvez um pouco diferente. Eu sei qual roteirista o escreveu, porque é talvez um pouquinho mais cínico, mais de um lado cínico de Miranda, mais esse tipo de Carrie, e no fim são os diferentes personagens, mas não é exatamente uma só voz. É uma só voz com diferentes ângulos."

A maior parte dos roteiristas sugere que cada escritor tem a oportunidade de fazer dois rascunhos antes que o showrunner intervenha para um polimento ou por vezes uma reescrita. Terence Winter faz uma observação interessante sobre isso: "Eu espero que o roteirista me dê algo ao menos 50% satisfatório. Que me dê um rascunho a meio caminho do ponto em que preciso que ele chegue. No mundo ideal, seria 95%. Mas, quando eles fracassam tão completamente que preciso reescrever o roteiro desde a primeira página, isso costuma ser um indício de que a coisa não vai funcionar."

Nem sempre é ruim que um showrunner assuma o controle. Charlie Rubin nos dá um ponto de vista ligeiramente diferente quando fala sobre sua experiência com os showrunners de *Seinfeld*: "Quanto mais eles gostavam do rascunho, mais depressa o tomavam", diz ele. "Se bem que, para ser franco, às vezes aquilo de que eles gostavam tinha relação com a ideia, e não com o que você estava fazendo com ela."

Muito raramente, o segundo rascunho é escrito na sala. Robert Carlock fala sobre como isso é feito: "Você o projeta [o roteiro] na tela e o percorre, e se estiver tentando consertar uma piada acaba com uma página e meia de possíveis piadas, por isso tem de escolher uma, apagar as outras e inserir aquela. E são em geral trinta a 35 páginas que você está revisando. Depois você leva esse material para uma leitura em grupo."

Mas o que significa para um roteirista estar escrevendo na voz do programa, e assim, em última análise, na voz de outra pessoa? Diana Son usa o exemplo de *Law & Order*, para o qual escreveu durante algum tempo, e comenta sobre quando escrevia uma fala pensando que o showrunner iria adorá-la: "'[Isto] parece uma fala que ele escreveria.' E depois, [estou] em outra cena [e penso]: 'Ah, meu Deus, estou tão tentada a escrever esta fala; sei que René vai odiá-la, mas para me divertir vou simplesmente incluí-la.' E mais tarde, depois que René fazia sua revisão, eu descobria que ele tinha reescrito a fala que eu pensava que era a cara dele e havia mantido aquela que era tão minha que eu pensara que ele iria detestar."

Então talvez não seja uma questão de tentar escrever na voz do show-runner? Talvez seja mais do que isso? Como diz Tom Fontana, como show-runner ele não quer que lhe entreguem de volta cenas que ele mesmo poderia ter escrito. Afinal de contas, a escrita colaborativa significa que cada um contribui com aquilo em que é melhor: seu individualismo, sua própria verdade. Ainda assim, um escritor se arrisca toda vez que sai dos trilhos, e isso pode muito bem dar errado.

Pelo menos três dos escritores com quem conversei enfatizaram um único conselho: permaneça fiel a si mesmo. Não vá atrás de modas passageiras nem escreva o que pensa que alguém quer ver. Jane Espenson fala sobre confiar em seus próprios instintos e em seu próprio bom gosto. Jenny Bicks incentiva: "Escreva o que quiser escrever, vá em direção ao amor", e Tom Fontana declara muito simplesmente que ser bem-sucedido é ser fiel a si mesmo.

Para Tom, as pessoas muitas vezes encaram a conquista do sucesso como algo oposto a manter a fidelidade. "E quando digo fiéis quero dizer fiéis a si mesmas e à verdade dentro delas. E acho que é muito fácil perder isso devido à necessidade de ser bem-sucedido – 'Ah, quero os troféus, quero o dinheiro, quero o carro, quero a casa.' E só digo isso porque fui seduzido por essas coisas e depois despertei: 'Bem, espere aí, era realmente isso o que eu queria alcançar sendo um roteirista?'" Tom afirma ainda que provavelmente poderia ter tido uma carreira de maior sucesso e que várias vezes optou por não fazer aquela que era comercialmente a escolha mais sábia. Ele sente, contudo, que foi o tempo todo fiel a seus escritos, e por isso não sente a necessidade de ser bem-sucedido de uma maneira tradicional (embora, é claro, também tenha alcançado o sucesso).

De todo modo, sucesso é uma coisa relativa. Alguns dos programas que discutimos aqui, se tivessem sido transmitidos em uma das redes tradicionais, teriam sido cancelados porque a audiência seria muito baixa. Mas uma coisa é falar sobre cerca de 3 ou 4 milhões de pessoas assistindo, e outra se o que você precisa é de uma audiência de 15 milhões, como acontece

Reflexões 227

na TV aberta. E isso diz respeito tanto ao conteúdo quanto à linguagem: quanto mais pessoas você estiver tentando agradar, mais os gumes vão perder o fio e desaparecer. Essa é certamente uma razão adicional para o sucesso da TV a cabo.

Como foi dito, a distribuição (e os padrões em evolução da atenção) é um dos sistemas sob revisão, e ela está mudando neste exato momento. A prática de assistir a vários episódios de um programa em rápida sucessão é um dos novos fenômenos; outro é a longa sobrevida de uma série. *The Wire* é um bom exemplo – a maioria das pessoas não assistiu à série enquanto ela estava sendo transmitida. Na verdade, na altura da última temporada, ela tinha menos de 1 milhão de espectadores. Mas agora é um clássico, e teve (ainda tem) uma vida muito longa em DVD. Como a indústria está mudando, talvez precisemos de um pouco mais de tempo para sermos capazes de definir real sucesso financeiro ou artístico.

Uma questão diretamente ligada ao tema da reescrita é o crédito pela autoria. Se mais de um escritor está envolvido na escrita de um episódio, a quem ele será atribuído? Terence Winter deixa muito claro que considera a reescrita, quando necessária, parte de seu trabalho como showrunner e roteirista-chefe, e que portanto não vê com muito bons olhos a ideia de assumir crédito por isso – quem quer que tenha sido originalmente encarregado do roteiro terá seu nome mantido nele. "Só ponho meu nome em roteiros que escrevo em sua totalidade desde o início", diz ele. Mas os showrunners estão divididos quanto a isso. Há aqueles que pensam que, se reescrevem mais de 50% de um roteiro, devem sem dúvida pôr seu nome nele.

Para Warren Leight não há relação entre quem escreve o quê e como o crédito é determinado na TV: "O sistema de créditos que temos é muito ruim. Assim, procuro distribuir os créditos uniformemente", diz ele. Mais uma vez, as coisas estão nas mãos do showrunner. Warren explica que tenta recompensar as pessoas que trabalham com mais afinco durante a temporada com um pouco mais de crédito. "Mas há pessoas que só se importam com crédito, e isso é de matar", acrescenta.

Todo mundo que já reescreveu um roteiro de outra pessoa sabe como é difícil deixar de fazer muitas mudanças e não ter a sensação de que foi obrigado a reescrever tudo. Reescrever é complicado. Por um lado, é mais fácil do que escrever, porque não temos de nos defrontar com a página em branco. Por outro, é preciso ter muita sensibilidade e capacidade para conseguir reescrever sem criar um novo rascunho – com os problemas típicos de um primeiro rascunho.

Jane Espenson diz tão claramente quanto possível: "Como roteirista, gosto de ouvir minhas palavras. Como showrunner, gosto de ouvir minhas palavras. Assim, provavelmente reescrevo um pouco mais como showrunner do que a roteirista que sou gostaria." E acrescenta: "Não é uma coisa ruim ou ofensiva. O programa não está lá para dar aos roteiristas uma chance de ouvir suas próprias palavras. Os roteiristas estão lá para servir ao programa e ao showrunner."

Um lugar melhor para roteiristas

Seja na TV ou no cinema, se você examina o processo de desenvolvimento de um roteiro e quantas pessoas têm o direito de influir ou de interferir, chega a ser espantoso que alguma linha consiga percorrer todo o caminho desde o primeiro rascunho até a tela. Ainda assim, a TV é um lugar melhor para roteiristas que qualquer outra mídia dramática, com a única exceção do teatro, é claro. Além disso, o drama televisivo goza hoje de um conceito tão elevado que já está modificando algumas velhas regras. A transposição da fronteira entre cinema e TV, que permite aos roteiristas transitar de um meio para outro com grande facilidade, é uma delas. Resta ver se o experimento da transposição acabará se tornando uma tradição e se essa tradição afetará a importância do roteirista também em outras mídias.

Na televisão, roteiristas-produtores escrevem seus próprios roteiros e reescrevem os de outras pessoas; é o programa deles e a visão deles. No cinema, tudo gira em torno do diretor. Ao contrário do que acontece no cinema, onde o roteirista nem sequer está no set, na TV é o roteirista que diz ao diretor o que fazer. Tim van Patten fala sobre a reunião de tom, em que o diretor se senta com o roteirista-produtor e o roteirista do episódio,

Reflexões

o produtor executivo e o primeiro assistente de direção e eles passam os olhos pelo roteiro e trocam comentários ou sugestões. "Em *Família Soprano* essa reunião de tom acontecia no meio da sua preparação, e o diretor a chamava de 'defesa da sua vida', porque você ia lá e normalmente o roteirista examinava o roteiro e você fazia anotações e havia muita pressão. Era muito estressante, porque você tinha de dizer como iria abordar a cena, o que pensava que ela significava."

Claramente, na TV é o diretor que sente a pressão e tem de defender sua abordagem. Será que isso vai mudar, agora que um número cada vez maior de diretores de longas-metragens está indo para a TV? Será que eles levarão sua mentalidade consigo? Ou aprenderão uma maneira diferente de trabalhar na TV e a levarão de volta para o cinema, modificando a mentalidade predominante nesse meio?

Sem dúvida a travessia mais difícil para um autor é do teatro para o cinema. Diana Son fala sobre o supremo choque do escritor: "Porque se você esteve no teatro, onde é a pessoa mais importante na sala, e ninguém estaria ali a menos que você tivesse escrito alguma coisa... E então você vai do teatro para o cinema, onde ninguém o convida para o set..." Na TV, até um roteirista novato vai para o set – o que talvez explique por que a TV se tornou o lugar para onde os dramaturgos vão no intuito de ganhar a vida. Para os escritores, a TV é uma maneira de ter um trabalho relativamente constante com um rendimento decente.

Talvez pareça uma questão de cortesia, até um detalhe, que um autor esteja ou não no set, mas não é. Na verdade, esse é um dos fatores mais importantes por trás do sucesso do drama na TV americana, talvez ainda mais que o conceito da sala de roteiristas. O fato de os roteiristas estarem no set permite uma escrita melhor. Vejamos como.

Terence Winter diz que a boa escrita é aquela que é passível de mudança até o fim. Warren Leight fala sobre ouvir os atores e sua evolução emocional, e como as tramas deveriam obedecer a isso, em vez de obrigarem os personagens a fazer coisas para as quais ainda não estão preparados. Os dois conceitos estão relacionados e pressupõem a presença do roteirista no set durante todo o processo. Vou sugerir que, em última instância, é isso que contribui para a excelente escrita que está faltando nos filmes. Quando o roteirista está fora do processo, a escrita não evolui – ou evolui sem a presença da pessoa que concebeu a história e os personagens e que conhece suas mais finas nuances.

No cinema, a menos que roteirista e diretor sejam a mesma figura, a única pessoa que tem profundo conhecimento da história é aquela que não pode ouvir como as falas estão soando, o que está tendo o efeito pretendido e o que não está funcionando; e quando a cena está de pé, não pode apagar ou acrescentar nada. É outra pessoa que vai fazer tudo isso, se é que vai ser feito – e a coisa toda ocorre em nome de alguma estranha política derivada do medo do roteirista e da tentativa de excluí-lo do processo.

Tom Fontana vai ainda mais longe. Para ele, o fato de os roteiristas não estarem no set realmente contribui para a má escrita: "Na televisão as coisas acontecem tão depressa que é realmente importante ter por perto um roteirista que possa dizer: 'Veja, essa é a intenção da cena', porque, se o roteirista não participar ativamente, meu instinto é explicitar demais a cena e deixar muito óbvio do que ela trata. Para mim, esse é o pior tipo de escrita, porque não tem sutileza. É isso que um roteirista precisa fazer quando não está no set, e isso contribui para uma TV ruim."

Ou para um longa-metragem ruim. Mesmo que as coisas não ocorram tão rápido como na TV (o que talvez não seja verdade), cada palavra do comentário acima é aplicável aos filmes – a menos, é claro, que roteirista e diretor sejam a mesma pessoa. E é muito interessante refletir sobre isso: será possível que a genialidade de muitos filmes de autor esteja baseada em última instância no fato de o roteirista estar no set (uma vez que é também o diretor) e poder trabalhar mais no roteiro depois que as cenas estão de pé, como costumamos dizer? Será possível que o cinema de autor dependa em última análise muito mais da maneira como a escrita está sendo tratada em seu processo que de qualquer outra coisa? A maioria dos roteiristas de cinema e TV profissionais não invocará a santidade do roteiro tal como o escreveram – mas irão advertir contra a desintegração arbitrária da história e dos personagens que acontece quando o roteirista original não está envolvido. Na TV, o roteirista original pode de fato ser reescrito durante a produção, por vezes (raramente) até em sua ausência. Mas nunca na ausência do showrunner, que é afinal um roteirista mais do que qualquer outra coisa – um roteirista que estava lá quando a história foi concebida e que conhece as mais finas nuances do personagem.

Apesar do ambiente adverso, alguns roteiristas de TV não desistiram por completo dos filmes. Nos Estados Unidos, é ainda mais difícil entrar no cinema como roteirista do que na TV. "Esse é um negócio ciosamente protegido pelos roteiristas de ponta que ganham muito dinheiro fazendo reescrita. Eu gostaria muito de conseguir alguns trabalhos desses também, mas eles são difíceis. Se eu tivesse mais tempo, escreveria um roteiro especulativo", afirma Eric Overmyer.

A maioria dos escritores, no entanto, teve experiências tão ruins com longas-metragens que muitas vezes acaba evitando o cinema. Terence Winter é muito franco sobre o desrespeito que sentiu ao ser reescrito por um diretor de cinema – uma experiência comum em círculos de roteiristas, excessivamente comum e excessivamente penosa. O filme de Jenny Bicks também acabou muito longe do que ela havia pretendido quando estava escrevendo o roteiro – e essa é provavelmente a segunda questão mais comentada em círculos de roteiristas quando se fala sobre filmes. Será que é realmente possível uma outra pessoa aperfeiçoar o que um roteirista tem em mente quando escreve? Dirigir é a única maneira de transpor o que ele tem em mente para a tela? E, nesse caso, é verdade que roteiristas dão diretores ruins? Reza a lenda na indústria que filmes de roteiristas não são bons o suficiente – com que frequência ouvimos "ele deveria se limitar a escrever"? Aliás, com que frequência ouvimos "ele deveria se limitar a dirigir"? Muito menos. Será que isso significa que os roteiristas têm de lidar com ideias preconcebidas, e que as pessoas esperam que eles fracassem ao dirigir? Ou que é mais fácil dirigir que escrever? Seja qual for a verdade, sempre que um roteirista se dispõe a dirigir, sabe que terá de ir contra essas ideias preconcebidas, e que elas podem ter penetrado sua própria mente – e com isso, em última análise, é mais difícil lidar.

Tom Fontana é bem sincero sobre suas razões para se limitar a escrever para a TV: "Para mim, contar a história, explorar personagens, definir o tempo em que vivemos – é disso que se trata, e, se posso fazer isso na TV e ter a liberdade que tenho, por que trocaria isso pela possibilidade de escrever um filme em que vão cagar em mim, porque diretores notoriamente cagam em roteiristas? Para que preciso disso? Além do mais, os filmes que estão sendo feitos neste momento... não tenho nenhum interesse por eles."

Na verdade, o drama de personagens parece ter migrado para a televisão, talvez junto com os roteiristas. E essa é mais uma razão válida para limitar-se à TV, quando foi por esse motivo que você começou a escrever.

É interessante observar que a posição do roteirista nos filmes é o único tema com relação ao qual todos os roteiristas neste livro concordam, e pelo qual demonstram intensa paixão. Jenny Bicks afirma: "Em geral os roteiristas são deixados de lado. Bom ou ruim, depois que você produziu aquele material, ele é entregue ao diretor, e é o diretor que é o showrunner." Nesse caso, faz diferença ser reescrito por um diretor ou por um showrunner? Terence Winter é taxativo ao dizer que sim. Um showrunner, sendo antes de tudo um roteirista, fará perguntas, respeitará a escrita. Um diretor apenas reescreve, por vezes sem sequer ter uma conversa com o roteirista, muitas vezes compreendendo de maneira completamente equivocada o que está na página.

O relacionamento problemático entre roteirista e diretor é também a principal razão pela qual Warren Leight prefere estar na TV. Além disso, ele detesta "perder tempo esperando que alguma coisa obtenha sinal verde, não é um tempo que se pode recuperar". De fato, um roteirista de TV tem um conceito de tempo muito diferente do de um roteirista de cinema. A vida de um roteirista de cinema consiste em uma longa espera – por um sinal verde, por uma reviravolta, pela elaboração de um rascunho por parte de um diretor. Em comparação, um roteirista de TV está sempre criando – sob pressão de tempo. Assim, nos perguntamos se as condições de produção intensamente pressurizadas da televisão – episódios escritos por múltiplos autores e gravados em poucos dias com orçamentos relativamente pequenos – não prejudicam criativamente o meio em relação aos filmes. A variação, claro, é ampla. Um programa como *Boardwalk Empire* é gravado em doze-quinze dias, um programa como *In Treatment* será

Reflexões 233

gravado em dois dias. Warren Leight fala sobre a diferença que um dia de gravação pode fazer num programa como *Lights Out* (que era gravado em sete dias). "Na TV aberta são oito, em algumas emissoras da TV a cabo são sete, na HBO são cem." Ele exagera para expressar seu ponto de vista, mas diz que "sete dias é a norma agora na maioria das emissoras de TV a cabo. E é difícil". É claro que isso também influencia o tempo de escrita. E ainda assim a maioria dos roteiristas de TV gosta de estar sob esse tipo de pressão. Em primeiro lugar, escrever é o que deixa um roteirista feliz, e um roteirista de TV escreve muito.

Por que razão, na TV, quando os roteiristas poderiam facilmente contratar a si mesmos para dirigir, como Tom Fontana deixa muito claro, eles raramente fazem isso? A maior parte daqueles que entrevistei respondeu humildemente que o trabalho de um diretor de TV requer certas habilidades que eles não possuem; outros, que o ritmo é tão insano que seria impossível fazer os dois trabalhos. O mundo altamente colaborativo e de alta pressão do drama televisivo favorece a separação das habilidades.

Outra razão para permanecer longe dos filmes é a infame "política de demissão e contratação", como afirma Jenny Bicks: "Em geral, no cinema, a coisa avança assim: ah, não gostamos deste roteiro, bem, vamos contratar outro roteirista, o que a meu ver é um erro, não apenas por uma questão de ego, mas também em termos de criar uma voz singular." Talvez essa seja uma das principais razões para a aparente diferença de personalidade dos roteiristas de TV quando comparados aos roteiristas de cinema. Em primeiro lugar, por causa das salas, a TV é um lugar muito mais sociável. Margaret Nagle fala sobre quando o Sindicato de Roteiristas estava pensando em decretar uma greve e "tivemos uma grande reunião no centro e de um lado da sala estavam todas as pessoas que tinham escrito para programas de televisão e todos se conheciam e eram amigos, e do outro lado estavam todos os roteiristas de longas-metragens, e eles estavam apenas sentados ali, ninguém conhecia ninguém".

Não é apenas que eles não se conhecem. Eles são ferozes competidores. "Quando as pessoas me perguntam como entrei na TV, digo que o segredo é, já no seu primeiro programa, tentar ficar na sala do lado do cara que irá criar *Seinfeld*", brinca Charlie Rubin, que está instruindo ativamente uma nova geração de roteiristas de TV. Como foi dito, a televisão é um negócio muito insular, muito difícil de penetrar, sobretudo se você vem de fora. A maioria dos roteiristas que entrevistei para este livro tinha uma espécie de parentesco. Não um parentesco de sangue, mas de pertencimento a algum tipo de "família". A família de Bruce Paltrow, a família de Tom Fontana... "Criado por Bruce", "ele é um dos garotos do Tom" foram expressões que ouvi muitas vezes, e trata-se de expressões pai-filho. Realmente, Tom foi lançado pelo falecido Bruce Paltrow, e agora está continuando a tradição – e não é o único.

Ainda assim, seria errado esquecer que a TV é também um lugar muito competitivo, e não posso deixar de reparar no tema da generosidade que emergiu. Será que os roteiristas de sucesso são mais relaxados e por isso compartilham mais informação com maior facilidade? Será que têm menos dificuldade em ser generosos? Ou será que foram essas qualidades que na verdade os tornaram tão bem-sucedidos? O que veio primeiro, o ovo ou a galinha? Seja como for, há uma clara correlação.

Uma questão de quantidade

Graças a tudo o que está sendo relatado sobre o paraíso dos roteiristas e toda a atenção que a TV americana recebeu nos últimos dez a quinze anos, um número cada vez maior de roteiristas de cinema está se transferindo agora para a TV. "Durante um tempo éramos nós que íamos para o cinema", diz Rubin, "agora há pessoas do cinema chegando e escrevendo pilotos." Todo mundo quer provar o paraíso dos roteiristas. Ainda assim, dependendo de onde você vem, pode experimentar um paraíso muito excêntrico.

Muitos dos roteiristas de TV com quem conversei têm uma formação em teatro ou literatura. Eric Overmyer fala sobre o ego envolvido na questão de quem possui a propriedade intelectual: "Quando você está na equipe de roteiristas de um programa de televisão, quer introduzir alguma coisa nele, quer torná-lo melhor, mas ele não lhe pertence." No teatro ou na literatura, o material é seu. Na verdade, alguns roteiristas quase chegaram a dar a impressão de ter um respeito maior pelas formas que deixaram para trás e às quais sonhavam em retornar um dia – depois que ganhar a vida deixasse de ser a prioridade. Susan Miller diz que você de certo modo fica preso depois que entra para a TV, e que em algum momento tem de escolher se o que realmente quer é escrever para o teatro.

Nesse contexto, é interessante pensar sobre a influência que uma forma de escrita tem ou terá sobre outra. Já faz muitos anos que a TV influencia a narrativa cinematográfica e vice-versa. Mas o que dizer sobre o teatro? Com tantos dramaturgos escrevendo hoje para a TV, certamente é possível notar uma influência. Charlie Rubin está convencido de que os dramaturgos escreverão peças melhores devido ao tempo que passaram na TV. Eles "voltarão e terão aprendido todas aquelas lições, e poderão se dar ao luxo de trabalhar para o teatro. Esta é a minha previsão: em algum momento por volta do ano 2020 teremos um surpreendente florescimento no teatro. É algo que simplesmente posso sentir. Antes a regra era: fracassou no teatro, fracassou no cinema, vai para a TV. Agora será: fez sucesso na TV, fez sucesso no teatro".

Warren Leight também vem do teatro e é de fato um dramaturgo de sucesso, mas não está sonhando em voltar. Ele se concentra no lado luminoso da escrita para a TV. "Existe uma alegria na TV – tenho mais controle sobre meu roteiro, de certo modo mais do que como dramaturgo. E é difícil ter uma peça encenada, é muito difícil conseguir que sejam montadas hoje em dia. Enquanto em quatro meses fiz 35 episódios de *In Treatment*, em quatro meses em *Lights Out* fizemos treze episódios – isso é uma quantidade enorme de histórias. Você tem sorte se consegue montar uma peça a cada três anos em Nova York, sabe, e a espera me deixa louco."

Garoto novo na área

Então onde entra a mais nova de todas as mídias? O que dizer sobre a internet? Por enquanto parece haver uma única forma prevalente, e isso provavelmente porque se aproxima de uma forma existente – a da TV serializada. A websérie consiste de episódios que duram entre cinco e quinze minutos e são oferecidos na unidade dramática conhecida como temporada. Na verdade, o IMDb, o banco de dados on-line mais usado na indústria, classifica as webséries como séries de TV.

Qual é a diferença entre uma série de TV e uma websérie, tirando a duração? Como a duração é definida? É realmente possível contar uma história em dez minutos? Neste livro, tocamos apenas vagamente em todas essas questões – sobretudo em minhas conversas com Jane Espenson e Susan Miller, ambas experientes roteiristas de TV que também estão escrevendo para o novo meio – um meio ainda em fluxo e portanto ainda naquela fase inicial em que imita outro meio e é usado como porta de entrada lateral para a mídia tradicional. Em primeiro lugar, nenhum roteirista é capaz de ganhar a vida com uma websérie. Ainda não existe nenhum sistema de financiamento estruturado, não para uma série dramática. Ainda assim, pessoas as estão fazendo.

Susan Miller afirma que este é provavelmente o trabalho mais difícil que já fez: construir um público, desenvolver uma base de fãs, fazer um programa, tudo ao mesmo tempo – e é preciso estar nisso de maneira consistente. Mas, curiosamente, o que torna esse trabalho tão difícil é também o que o torna tão atraente para um roteirista. A web TV está talvez mais próxima do teatro que da TV, pois permite o contato direto com a audiência. Talvez o feedback imediato seja, além da absoluta autonomia, o verdadeiro estímulo por trás da produção para a web – e certamente há também a sensação de pioneirismo, pois não há nenhuma regra e nenhum sistema instituído. Na web TV ninguém diz aos roteiristas o que fazer, pelo menos não por enquanto. Ao mesmo tempo, o roteirista participa da definição de um novo meio e um novo espaço, e isso sem dúvida é empolgante.

Jane Espenson faz uma comparação interessante da escrita para a TV com a escrita para a web: "O que eu realmente gosto nos webisódios é que eles se adaptam muito bem a uma das minhas coisas favoritas – tomar um personagem pouco importante e pô-lo no centro do palco", diz ela. "Na vida real, ninguém é coadjuvante – e, num programa bem escrito, o

Reflexões

mesmo deveria ser verdade." Em última análise, então, será que a web TV está lançando luz sobre personagens que até agora tiveram de ser ignorados na narrativa?

Na verdade, parece que a forma curta e fechada do webisódio, que permite histórias menores, fechadas, também permite que personagens que numa série de TV normalmente seriam tratados como menores estejam no centro das atenções. Talvez ela permita inclusive uma narrativa mais detalhada. Trata-se, no entanto, de um meio ainda em busca de sua verdadeira forma. No momento talvez pareça impossível sequer imaginar seu potencial narrativo. Mas não parecia impossível imaginar o potencial narrativo da TV em seus primórdios?

Como correr uma maratona

Como diz Robert Carlock, planejar uma história ou um episódio é como domar um cavalo bravo. Improvisando em torno desta metáfora: ele pode fugir se você chegar muito perto, mas, se você o encurralar num lugar apertado, ele pode escapulir. No fim das contas, trata-se de um esforço delicado e difícil, e na TV você o faz sob as mais difíceis circunstâncias.

Em primeiro lugar, você está constantemente trabalhando em vários episódios ao mesmo tempo, ao passo que o tempo de produção (que é o tempo entre o início da escrita e o início da gravação) é curto, e se torna cada vez mais curto à medida que você avança. Você fica cada vez mais cansado também. Em nossa conversa, Robert Carlock descreve o cronograma de *30 Rock*. Eles começavam a escrever em junho e a gravar em agosto, momento em que tinham cerca de dois meses e meio de frente. À medida que o programa avançava, porém, as coisas ficavam cada vez mais arriscadas: agora, em vez de dois meses e meio, eles tinham apenas uma semana e meia à frente, mais ou menos. Ter um tempo tão curto de produção é basicamente um pesadelo. E se você não conseguir? E se fracassar?

Em *30 Rock*, que era gravado com uma única câmera, como um filme tradicional, os roteiristas produziam 22 episódios por temporada, e gravavam de agosto até o fim de março. Ao fim das gravações, os showrunners tiravam uma semana de folga. Depois, tendo ainda três ou quatro episódios para editar, o que tomava todo o mês de abril, tinham basicamente uma pausa de seis semanas para começar tudo de novo em meados de junho. Não é um estilo de vida normal, e ninguém finge que é. No entanto, como Warren Leight, Robert Carlock insiste que a pressão pode ser boa, levando a pessoa a ver coisas que não veria se tivesse muito tempo para pensar.

A distinção entre multicâmera e câmera única significa uma distinção não somente na produção (um programa multicâmera, por exemplo, geralmente é gravado diante de uma plateia ao vivo), mas também no modo como o programa é desenvolvido e escrito. Com a abordagem multicâmera, você grava tudo em um dia – e passa o resto da semana reescrevendo e ensaiando. E o que é engraçado um dia pode não parecer engraçado no dia seguinte, como salienta Robert. Assim, há pressão, mas de um tipo diferente.

Robert Carlock me lembrou que o dramaturgo, roteirista de cinema e diretor David Mamet disse certa vez que "fazer um filme é como correr uma maratona, enquanto fazer um programa de TV é como correr até morrer". Não é difícil entender por que ele disse isso.

Então, um dia a série termina e você tenta conseguir um novo trabalho ou propor um novo programa. Eric Overmyer afirma que o roteirista não faz proposições enquanto está trabalhando numa série: "Contratualmente, não é permitido que você trabalhe para mais ninguém. Imagino que teoricamente eu poderia tentar vender alguma coisa para a HBO, mas eles olhariam para mim e diriam: você não deveria estar trabalhando em *Treme*? Ficariam desconfiados da minha dedicação." Sendo assim, quando é que um roteirista de TV consegue preparar um novo trabalho? Nas seis semanas de férias que tem para ficar com sua família? Obviamente, escrever para a TV é mais do que um trabalho. É um estilo de vida e um estado de espírito.

As regras não escritas

Warren Leight foi o único roteirista que se referiu às "regras não escritas da TV americana" – designando com isso certas regras que os showrunners internalizaram e os mal-entendidos que essa internalização cria. Ele explica, por exemplo, que ninguém quer ver os crimes do gueto, ou esposas traindo. A desculpa é que a audiência não vai gostar disso, e o mecanismo de controle são os índices de audiência. É dessa maneira que o público pode mostrar sua insatisfação.

Ainda assim: em que medida isso é verdadeiro? A ditadura da audiência, que pode mostrar sua insatisfação mudando de canal ou não o sintonizando de maneira alguma, é um medo que todo roteirista de TV conhece bem. Especialmente num tempo em que as redes e companhias não concedem prazos muito longos para que um programa encontre seu público. O boca a boca tem de funcionar de imediato; do contrário, na altura em que tiver começado a dar certo, o programa pode já estar fora do ar.

É difícil acreditar que a audiência vai desligar a TV ou parar de ver um programa se houver uma esposa traindo o marido. Esse é evidentemente um temor, mas não há prova de que tenha fundamento – os roteiristas param de escrever nessa direção antes que isso possa ser provado. Eles podem ou ter criado um monstro, uma audiência que se pauta por regras não escritas e que só conhece uma realidade, a que lhe foi servida durante tantos anos, ou estão simplesmente com medo de fracassar. Mas que tal educar uma audiência, ou desafiá-la?

Warren Leight fala sobre a mesmice do conteúdo como uma das coisas que podem resultar do medo dos roteiristas de tentar experimentar algo contrário às regras não escritas. A mesmice do conteúdo também está ligada à rotulação. Redes são marcas, e as pessoas as buscam para ver certo tipo de programa, exatamente como nos velhos tempos, quando esperavam certo tipo de filme de determinado estúdio. Talvez essa previsibilidade e segurança estejam neutralizando a insegurança do mundo atual; talvez ela seja apenas uma maneira de vender mais e melhores programas – e, em última instância, mais e melhores anúncios.

Afinal de contas, não deveríamos esquecer que a televisão é um negócio. E como disse Terence Winter: "É como dirigir qualquer negócio. Eles são a corporação-mãe e têm muitos negócios subsidiários. Esses negócios são as séries de TV. Se você é um subsidiário, se está gerando lucro, se o negócio é bem gerido, todos parecem satisfeitos e os prazos estão sendo respeitados, eles não precisam supervisioná-lo tão de perto." E é quando eles de fato não o supervisionam tão de perto que o melhor trabalho é feito. No mínimo, a HBO mostrou que dar aos roteiristas tanta liberdade criativa quanto possível (para o diabo as observações) é em última análise um bilhete para o sucesso. O sucesso das séries americanas recentes é a melhor prova. Será que não está na hora de as outras mídias aprenderem com esse exemplo?

Afinal de contas, os roteiristas têm seus próprios freios. Querendo ou não, eles são assombrados pelo medo de que o público possa não ligar a TV para ver seu programa e, assim, matá-lo. Terence Winter observa que depois de anos e anos vendo filmes e TV, as audiências estão, infelizmente, muito familiarizadas com uma fórmula particular e habituadas a que tudo lhes seja servido já mastigado. É um ciclo interminável, e ele só pode ser quebrado com a coragem de experimentar – e fracassar. Quando você experimenta, não há nenhuma garantia – isso não foi feito antes, então você não pode se basear em experiência prévia. Mas quais são as chances de você conseguir outro trabalho como roteirista se fracassar? Essa é uma decisão que cada um tem de tomar por si mesmo. O fato é que o sistema não permite experimentos que se afastem demais do caminho já trilhado. E, em última análise, os roteiristas não são parte do sistema? Não são eles (também) que o sustentam, não se desviando demais dos caminhos usuais, por medo de que isso destrua suas carreiras?

Um filme contado em capítulos

Terence Winter pensa que as melhores histórias nos fazem refletir sobre o que significam, mas também deixa muito claro que, em termos "muito

Reflexões 241

simples, é isso que fazemos, descobrindo o que o personagem quer e criando obstáculos para que ele ou ela o alcancem" e que "é muita decisão com relação a quanta informação fornecer, e em que momento particular e onde é mais eficiente introduzi-la. Quanto e quando são realmente as duas grandes questões da narrativa".

Embora a maioria das pessoas vá exaltar a escrita para a TV como a melhor que existe hoje, muitos dos roteiristas com quem conversei são mais cautelosos e afirmam que, embora haja muita TV excelente, há também muita TV ruim. A TV é um meio do escritor, mas como disse Paddy Chayefsky quando o drama televisivo estava em seus primórdios: "Os tabus da televisão, embora se dê muita importância a eles, não são realmente piores do que aqueles que governam os filmes ou os contos das revistas sofisticadas. Somente no palco da Broadway ou na forma do romance há alguma liberdade temática, e mesmo o palco produziu pouca coisa nos últimos dez anos que não poderia ter sido feita na televisão."[2]

Mesmo que alguns dos tabus tenham permanecido, e embora a TV esteja utilizando principalmente dramaturgia e direção cinematográfica convencionais, o drama televisivo desenvolveu-se desde os dias de Chayefsky. Em primeiro lugar, ele descobriu sua verdadeira duração e a unidade dramática da temporada. O *binge*, ou costume de assistir uma ou mais temporadas de uma só vez, é um resultado desse desenvolvimento e não a razão por trás dele. Warren Leight fala sobre a estrutura cinematográfica da temporada em *Lights Out*, e como ela é construída como uma narrativa em três atos. Fica claro que a melhor TV é na realidade um filme contado em capítulos. Ela é criada e deveria ser vista e analisada como uma narrativa cinematográfica longa.

É claro que a maior parte das séries de TV consistem em estruturas com múltiplos protagonistas e nesse sentido não podem ser uma narrativa em três atos no sentido clássico. Nesse contexto, Jenny Bicks descreve maravilhosamente a estruturação de roteiros/enredos para uma temporada como algo semelhante a uma composição musical: "É como compor uma partitura, você quer ter uma ideia de qual instrumento está tocando com mais força em determinado momento." Ela também fala sobre as diferenças entre sitcom e drama no que diz respeito ao foco dos roteiristas. Na sitcom você está menos preocupado com a estrutura – e mais preocupado em introduzir uma piada. É no drama que sua preocupação é a natureza serializada dos personagens e a estrutura do roteiro.

O tempo tem, é claro, uma tradição diferente na TV. Quando falamos de atos, roteiristas de TV pensam em intervalos comerciais. Na TV aberta, as quebras de atos ainda são definidas por intervalos comerciais, e costuma haver quatro atos. *Law & Order* é um bom exemplo. O *teaser* é o primeiro. Depois há um ato na rua. O terceiro e o quarto atos são com o promotor público e no tribunal. Isso vem desde quando tudo começou, e foi a publicidade que criou a estrutura. Hoje, há até um intervalo adicional, e os roteiristas precisam de mais momentos de suspense para encerrar cada ato antes dos comerciais.

O fato de a TV a cabo não ter nenhuma publicidade significa também que ela é menos restrita em termos de dramaturgia e conteúdo em geral. Jane Espenson é cética: "Há enormes oportunidades para experimentar, mas ainda se trata de fornecer um produto para uma entidade corporativa que tem certas esperanças e expectativas. Nem tudo é tão livre. Mas os tipos de produtos que você pode oferecer... foi aí que a coisa se tornou mais livre." Por exemplo, "há uma preocupação maior na TV aberta com a possibilidade de as pessoas não gostarem do seu personagem", como ressalta Jenny Bicks. "Sobretudo se for uma mulher." Ela diz que ainda há um desejo de que os programas na TV aberta tenham início, meio e fim, o que significa que cada episódio terá um desfecho. Já nos programas da TV a cabo não é preciso fazer com que o personagem aprenda uma lição ou percorra um círculo completo, existe a possibilidade de apenas estar com ele. Os roteiristas podem fazê-los cometer erros enormes sem que necessariamente aprendam com eles. Jenny Bicks está basicamente descrevendo a principal diferença entre a estrutura clássica e as estruturas alternativas de narrativa que vêm se desenvolvendo durante as últimas décadas. A TV a cabo foi essencial na informação da estrutura cinematográfica nessa evolução rumo a formas menos pedagógicas de narrativa – e elementos como narrativa não linear ou múltiplos protagonistas são parte do jogo.

Reflexões

243

É interessante ver como um sistema diferente de financiamento pode permitir maior independência, e maior confiança nas pessoas criativas e em última instância na audiência. "Não acredito que eles confiem no espectador americano", diz Jenny Bicks, referindo-se à TV aberta. "As pessoas sabem do que gostam de assistir, mas eles não lhes dão crédito suficiente." Dar crédito suficiente à audiência significa lhe oferecer algo a que ela não está acostumada, surpreendendo-a. O sucesso da TV a cabo parece basear-se em fazer exatamente isso – o que pressupõe a disposição a correr riscos e dar aos roteiristas a oportunidade de experimentar.

Cruzar fronteiras

É preciso enfatizar novamente que os Estados Unidos não são o único lugar em que se faz boa TV – pelo menos não mais. Na verdade, há uma tendência no momento a adquirir séries de TV desenvolvidas e produzidas em outros lugares e refazê-las. Uma fonte dessas séries é Israel, e Warren Leight afirma como isso pode vir a ser complicado para os roteiristas, e sobre o que significa tirar um programa de uma cultura e transferi-lo para outra. "Eu podia me dar ao luxo de examinar o que eles tinham feito, e depois... era quase como ter 35 primeiros rascunhos. E em alguns casos eu os descartava." Ele explica que alguns enredos não funcionariam nos Estados Unidos: por exemplo, "em Israel [há] todo tipo de conotação cultural para uma mulher de quarenta anos que ainda não teve filhos, mas esse não é o caso nos Estados Unidos", de modo que não é possível construir uma história em torno disso. A boa escrita viaja, mas não o tempo todo.

Tom Fontana, por outro lado, está inovando, no sentido de que vem cruzando fronteiras desde o início. Com seu *Os Bórgias*, ele é provavelmente o primeiro roteirista americano a conduzir um programa de TV completamente financiado pelo mercado europeu. E lida com profissionais europeus, acostumados a trabalhar com roteiristas muito menos respeitados do que os roteiristas de TV americanos. Atualmente, isso está mudando; no entanto, com algumas exceções (Dinamarca e Reino Unido são as mais conhecidas), o roteirista de TV europeu, embora numa posição melhor que seu homólogo na indústria cinematográfica, ainda está longe de ter o poder e a liberdade criativa de um roteirista de TV americano.

O mais interessante nesse contexto é como os europeus estão adotando o conceito da sala de roteiristas. Mais uma vez, com poucas exceções, o showrunner ou roteirista-chefe costuma ter muito menos liberdade criativa que seu homólogo americano. Por exemplo, não é incomum que os executivos do estúdio ou da rede (ou produtores não roteiristas) que fazem observações e dão sinal verde para os projetos estejam sentados na sala de roteiristas e discutindo ideias sobre história e personagens. Nos Estados Unidos isso seria inédito.

Tom Fontana explica que as emissoras europeias estão observando agora o modelo do showrunner americano, e percebendo que dar ao roteirista um pouco de poder acaba por resultar num programa de televisão melhor. "E esta é a situação paradoxal do acordo com o showrunner", afirma Tom. "Todos os roteiristas querem total liberdade criativa. Mas junto com isso deve estar a responsabilidade financeira pelo modo como o programa é produzido. Assim, você não pode ser um showrunner e dizer 'não me importa o quanto isso custa', porque nesse caso você não é um showrunner, você não é um roteirista-produtor, é simplesmente um roteirista. E, se quisermos fortalecer os roteiristas europeus, tem de haver uma mudança na atitude dos roteiristas também. Não é só uma mudança na atitude do estúdio ou da emissora."

Uma explosão de narrativas

Chayefsky afirma que "a televisão é um escoadouro interminável, quase monstruoso". E continua: "Quantas ideias tem um roteirista? Quantos insights pode ter? Quão profundamente pode investigar a si mesmo, quanta energia pode ativar?"[3] Além disso, "ele não tem nenhuma garantia de que seu próximo ano será igualmente frutífero. De fato, a maior parte dos roteiristas vive num terror contido de ser incapaz de conceber sua

Reflexões

próxima ideia. Muito poucos roteiristas podem esperar seriamente manter uma produção de alto nível por mais de cinco anos". A TV de hoje requer um nível de complexidade muito superior ao que jamais foi exigido antes. Como ressalta Robert Carlock, num programa de TV você estará fazendo pelo menos uma média de três histórias por episódio, e isso já corresponde a quase setenta histórias por ano. Com um começo, meio e fim para uma variedade de diferentes personagens. Quem é capaz de inventar tudo isso sozinho? A resposta parece ser a escrita colaborativa. Em última análise, é isso que faz a sala de roteiristas. Será que a escrita colaborativa é o verdadeiro segredo do sucesso do meio? E o que exatamente queremos dizer com essa expressão?

Um programa é uma narrativa intensamente serializada; muito poucos episódios são independentes. Sob muitos aspectos, os roteiristas numa sala estão escrevendo um romance a várias mãos. E embora essa comparação seja feita com frequência, Charles Dickens não escrevia seus episódios a várias mãos. A escrita para a TV está muito distante da experiência particular de um romancista, que busca uma visão muito particular. Na TV estão todos tentando escrever o mesmo programa, e se o showrunner vai polir o texto ou reescrevê-lo, se há uma tentativa de chegar a uma "voz" singular ou não, em última análise o sistema em evolução consiste em muitos roteiristas trabalhando juntos e funcionando como um único cérebro.

Por outro lado, seria possível alegar que treze episódios não são tanta coisa assim e que poderiam ser escritos por um único roteirista, e algumas temporadas de programas da TV a cabo têm apenas treze episódios. No entanto, a natureza do meio e o cronograma em que isso é feito o define em última análise como um meio de narrativa colaborativa. É difícil inventar treze horas de histórias na quantidade de tempo que se tem. Dickens era de fato o que chamaríamos hoje de o principal fornecedor de conteúdo para sua própria revista. E ele escrevia um capítulo toda semana, o que talvez seja o equivalente mais próximo do que um showrunner tenta fazer. Ocorre porém que ao mesmo tempo existe o trabalho de produção, e isso complica as coisas. Será que a sala de roteiristas é portanto um mal necessário?

Talvez não. Fiquei extremamente intrigada com algo que Janet Leahy disse quando lhe perguntei que importância ela via no conceito da sala de roteiristas para o sucesso global da TV americana. "Acho que é tudo", respondeu ela. "Até onde sei, nenhuma pessoa jamais chegou com todas as histórias prontas para uma temporada de televisão. Isso é uma falácia. Uma sala de roteiristas é decisiva. Não apenas pelas histórias individuais que cada roteirista traz, mas pela explosão de narrativas que acontece em resultado da reunião dessas pessoas."

História que nunca termina

A comparação com um romance ou com o ato de assistir a um filme muito longo também é boa, porque serialização significa que você não pode assistir aos episódios em qualquer ordem. É preciso assistir à temporada inteira como se estivesse assistindo a um filme de doze horas. Terence Winter fala que todo o esforço ainda é no sentido de assegurar que cada episódio possa ser independente, como se fosse um minifilme. Assim, quando acontece de você assistir a ele, ele ainda tem seu próprio começo, meio e fim, e faz sentido. Mas é como um capítulo de um livro. Para realmente apreciá-lo você tem de assistir à série inteira, ler o livro inteiro.

Na verdade, é muito intrigante pensar sobre o efeito que essa narrativa cinematográfica longa tem sobre nossa ideia de história. Um filme é desde sua gênese uma forma mais fechada. Mas a vida assemelha-se mais a uma experiência duradoura, diz Terence Winter. Por vezes você conhece uma pessoa e depois ela desaparece. Isso não necessariamente faz sentido; do lugar em que está, você não é capaz de compreender. Mas nem todo mundo tem um grande impacto sobre sua vida imediata. Isso também acontece com personagens da TV – mas não tanto com personagens dos filmes.

Em última análise, parte do que torna a TV tão envolvente é sua própria natureza como uma história que nunca termina. Há coisas que você pode fazer na TV, considerando a lógica de uma série em curso, que não é possível fazer em um filme. O mais importante, e esse parece ser o ponto

Reflexões

essencial da narrativa longa, é que você pode levar seus personagens a tantos lugares que ao final a audiência tem uma sensação de intimidade com eles. Eles se tornaram parte da vida dela. A TV proporciona esse luxo de tempo que os filmes, mesmo os mais longos, não oferecem. Talvez você até chegue a um ponto em que a audiência simplesmente quer passar tempo com os personagens, em que eles e seu mundo parecem a casa dela. Por outro lado, na condição de espectador, você está firmando um compromisso de longo prazo quando começa a assistir a uma série de TV. No fim das contas a TV, em sua melhor forma, cultiva um vício. Um vício criado por um grande cérebro de roteiristas colaborativos contando uma história que nunca termina. Uma explosão de narrativas, realmente!

Notas

Introdução (p.7-19)

1. Nehamas, "Culture, Art and Poetics in Plato's Politeia", ΠΟΙΗΣΗ, n.15, verão/outono 2000, p.15-28.
2. "Visão única significa que você acredita no autor e em sua visão da história", diz Morten Hesseldahl, diretor cultural da DR, no artigo publicado por Gerald Gilbert no jornal *The Independent* em 12 de maio de 2012, "How Does Danish TV Company DR Keep Churning Out the Hits?".
3. O objetivo da TV aberta é agradar igualmente ao maior número possível de espectadores; a TV a cabo, em razão de seu modelo financeiro diferente, baseado na assinatura e não na publicidade, visa agradar muito um número relativamente menor de espectadores e mantê-los como uma audiência leal ao longo do tempo. De qualquer modo, uma audiência televisiva ilimitada na paisagem de hoje parece coisa do passado. Consta que a série de TV que teve mais espectadores para um único episódio foi *M*A*S*H* – impressionantes 121,6 milhões de pessoas assistiram ao episódio final, "Goodbye, Farewell and Amen", em 1983, superando o recorde anterior, de *Dallas*, pelo episódio "Who Shot J.R.?". Em comparação, *Família Soprano* teve 11,9 milhões de espectadores, ao passo que um episódio de *Mad Men* tem em média cerca de 3 milhões de espectadores no mercado doméstico, um número normal para séries americanas bem-sucedidas na TV a cabo – e que, curiosamente, é comparável ao número de espectadores que uma série como *Borgen* atrai em seu mercado doméstico, minúsculo comparado ao dos Estados Unidos (50% do mercado dinamarquês significam 2,5 milhões de espectadores).
4. "Are Films Bad, or Is TV Just Better?", *The New York Times*, 8 de setembro de 2010.
5. Numa entrevista coletiva à imprensa em maio de 2013, quando foi honrado pela Academia Americana em Roma com o prestigioso prêmio McKim.
6. "What Is Cinema?" ("Qu'est-ce que le cinéma?" – "O que é o cinema") (University of California Press, 2004) continua sendo a obra mais influente de André Bazin, talvez o mais conhecido crítico e teórico do cinema de meados do século XX, cofundador dos *Cahiers du Cinéma*, defensor do neorrealismo italiano e mentor da *Nouvelle Vague*.
7. Eisenstein, "The Dramaturgy of Film Form (The Dialectical Approach to Film Form)", p.25-42, in *Leo Braudy & Marchall Cohen: Film Theory and Criticism – Introductory Readings* (Oxford University Press, 1999).
8. De fato, a associação já entrou para o jargão da indústria. O material publicitário da European Star Cinema (uma empresa europeia de produção e distribuição) para

o Festival de Cinema de Cannes de 2013, por exemplo, afirma que a empresa está "desenvolvendo uma linha completa de programação para a TV de primeira classe. Cento e oitenta histórias encantadoras fascinam os espectadores com drama cativante, narrativa cinematográfica e astros internacionais do cinema". A European Star Cinema chama essas megasséries semelhantes a romances de "cinema para televisão"; o título do anúncio é "Séries de alta qualidade: o novo cinema".

9. Johnson, p.68.

10. Edgerton e Jones, p.67-8.

11. Para mais informações, leia o artigo de Matt Locke na internet, "After the Spike and After the Like. A Brief History of Attention", disponível em: https://medium.com/a-brief-history-of-attention/5b78a9f4dlff.

12. *Binge* é o que ocorre quando a audiência assiste aos programas fora de transmissões programadas e vê temporadas inteiras de uma só vez.

13. Alvarez e Simon, p.25.

14. Thompson, Robert J., *Television's Second Golden Age*, p.22.

15. Thompson, Kristin, *Storytelling in Film and Television*, p.12.

16. A TV americana sempre foi um meio do roteirista em razão de sua origem no rádio. Como explica Erik Barnouw em seu livro *Tube of Plenty: The Evolution of American Television*, quando a televisão aberta foi unida costa a costa em 1951, o Congresso dos Estados Unidos emitiu mais licenças para estações e alocou mais tempo de transmissão e frequências para as quatro redes da nação, NBC, CBS, ABC e Dumont, o que resultou numa grande expansão da indústria da televisão e num rápido aumento para novo conteúdo. Como Hollywood se sentiu competitiva e desdenhosa em relação ao novo meio (o que explica por que eles não liberavam os filmes desejados para preencher a programação naquela era inicial), e como essa era precedeu o advento do telefilme e do videotape, o horário da televisão ao vivo era um vórtice de programação com inesgotável demanda por novos programas, 90% dos quais eram transmitidos ao vivo. Isso e a identificação como um meio do roteirista foram duas das quatro coisas que o drama televisivo tomou do rádio quando começou: as outras duas foram o financiamento baseado na publicidade e sua natureza episódica.

Conversas

Terence Winter (p.23-47)

1. *The Goldbergs* foi uma comédia dramática transmitida de 1929 a 1946 na rádio americana. Em 1948 ela foi adaptada para uma peça teatral, *Me and Molly* (e um musical da Broadway, *Molly*, em 1973), e posteriormente levada para a TV americana, onde foi transmitida de 1949 a 1956. Foi escrita pela roteirista-atriz Getrude Berg.

2. *The Bowery Boys* [Os garotos de Bowery] eram personagens ficcionais da cidade de Nova York que serviram de tema para longas-metragens distribuídos pela

Notas 251

Monogram Pictures de 1946 a 1958. A série acompanhava uma turma que fazia ponto na Louie's Sweet Shop (na Terceira Avenida com rua Canal) até que uma aventura surgia.

3. The Comic Strip Live e Catch a Rising Star estão entre os mais antigos clubes da cidade de Nova York e do mundo – ambos notáveis por seu papel no lançamento da carreira de muitos comediantes.

4. Howard Korder é um dos principais roteiristas de *Boardwalk Empire*. É também o autor de *Boy's Life*, peça de 1988 sobre a chegada à vida adulta, que lhe valeu uma indicação ao prêmio Pulitzer.

5. Receber sinal verde é o jargão da indústria para ser "aprovado e financiado para produção".

Warren Leight (p.48-74)

1. *In Treatment* foi um drama da HBO americana produzido e desenvolvido por Rodrigo García, com base na série de TV israelense criada por Hagai Levi.* O personagem principal é o dr. Paul Weston (Gabriel Byrne), um psicólogo na casa dos cinquenta anos, e a série mostra suas sessões semanais com pacientes, assim como as que tem com seu próprio terapeuta no fim da semana. *In Treatment* começou a ser transmitida em 28 de janeiro de 2008 e terminou no dia 7 de dezembro de 2010.

2. *Law & Order* é um drama policial processual criado por Dick Wolf e parte da franquia *Law & Order*. Foi transmitido originalmente pela NBC, a partir de 13 de setembro de 1990, e retransmitido por várias redes de TV a cabo. Até 13 de fevereiro de 2013, 995 episódios originais da franquia *Law & Order* tinham sido transmitidos, fazendo do programa o drama policial de maior duração da televisão americana no horário nobre com os mesmos personagens.

3. *Lights Out* foi uma série dramática sobre boxe produzida pela rede FX e estrelada por Holt McCallany no papel de Patrick "Lights" Leary, um boxeador nativo de Nova Jersey e ex-campeão dos pesos-pesados que está pensando em voltar a lutar. Estreou em 11 de janeiro de 2011. Seu episódio final foi transmitido em 5 de abril do mesmo ano.

4. FX (acrônimo de Fox extended) é o nome de uma série de canais aparentados de televisão paga pertencentes ao Fox Entertainment Group, da News Corporation. Os programas originais mais populares do canal são *The Shield, Nip/Tuck, Damages, Rescue Me, Sons of Anarchy* e *Justified*, bem como as comédias *It's Always Sunny in Philadelphia, Louie, The League, Wilfred, Archer* e *American Horror Story*.

5. *Side Man* estreou em 1998 e falava sobre um trompetista de jazz, sua mulher alcoólatra e o filho, que servia como um pai para ambos. Os três músicos foram interpretados por Frank Wood, Michael Mastro e Joseph Lyle Taylor.

---

* A série teve uma versão brasileira, *Sessão de terapia*, veiculada entre 2012 e 2014 no canal GNT. (N.T.)

Robert Carlock (p.105-20)

1. *The Harvard Lampoon* é talvez a mais antiga revista de humor do mundo publicada continuamente. Grande parte do capital da organização é fornecido pelo licenciamento do nome "Lampoon" para a revista *National Lampoon*, lançada em 1970 por ex-colaboradores da *Harvard Lampoon*. Os escritores da *Lampoon* ajudaram a criar o *Saturday Night Live*. Esse foi o primeiro de uma linha de muitos programas para os quais ex-colaboradores da *Lampoon* passaram a escrever, incluindo *Os Simpsons*, *Futurama*, *Late Night com David Letterman*, *Seinfeld*, *The League*, *NewsRadio*, *The Office*, *30 Rock*, *Parks and Recreation* e dezenas de outros. A *Lampoon* também formou muitos escritores de renome, como George Plimpton, George Santayana e John Updike.

Janet Leahy (p.121-9)

1. David E. Kelley criou *Picket Fences*, *Chicago Hope*, *Ally McBeal*, *The Practice*, *Boston Legal* e *Harry's Law*. Ele é um dos pouquíssimos roteiristas que tiveram programas criados por ele sendo transmitidos por todas as quatro principais redes de televisão comerciais dos Estados Unidos (ABC, CBS, Fox e NBC).

Eric Overmyer (p.130-8)

1. David Simon escreveu *Homicide: A Year on the Killing Streets*, romance que serviu de base para a série *Homicide: Life on the Street*, da NBC. Foi coautor, junto com Ed Burns, de *The Corner: A Year in the Life of an Inner-City Neighborhood*, que adaptou para a série *The Corner*, da HBO. É o criador da série televisiva *The Wire*, da HBO, e cocriador, com Eric Overmyer, da série *Treme*, também da HBO.
2. George Pelecanos é um famoso escritor de ficção policial ambientada sobretudo em sua cidade natal, Washington, D.C. Ele trabalhou extensamente tanto em *The Wire* quanto em *Treme*.

Diana Son (p.151-64)

1. René Balcer foi showrunner de *Law & Order: Criminal Intent* durante sua quinta temporada.

Margaret Nagle (p.190-8)

1. Holzman é o criador da série de TV *My So-Called Life* e autor do livro que serviu de base para *Wicked*, peça da Broadway.

Susan Miller (p.199-212)

1. A International Academy of Web Television foi fundada em 2008 e é "devotada ao progresso das artes e ciências da produção de web televisão". O ingresso na academia se dá somente por convite e os membros constituem uma amostra representativa de papéis.

Reflexões (p.213-47)

1. Emily Nussbaum, "Hannah Barbaric: Girls, Enlightened and the Comedy of Cruelty", *The New Yorker*, fevereiro de 2013, p.1.
2. Hawes, p.159.
3. Chayefsky, p.ix.

Bibliografia

Allrath, Gaby e Marion Gymnich. *Narrative Strategies in Television Series*. Londres: Palgrave Macmillan, 2005.

Alvarez, Rafael e David Simon. *The Wire: Truth Be Told*. Nova York: Grove Press, 2010.

Barnouw, Erik. *Tube of Plenty: The Evolution of American Television*. Oxford: Oxford University Press, 1990.

Barreca, Prof. Regina. *A Sitdown With the Sopranos*. Londres: Palgrave Macmillan, 2002.

Castleman, Harry e Walter J. Podrazik. *Watching TV: Six Decades of American Television*, 2.ed. (The Television Series). Syracuse: Syracuse University Press, 2004.

Chayefsky, Paddy. *The Television Plays*. Nova York: Simon and Schuster, 1955.

Edgerton, Gary R. *The Columbia History of American Television*. Nova York: Columbia University Press, 2009.

Edgerton, Gary R. e Jeffrey P. Jones. *The Essential HBO Reader*. Lexington: The University Press of Kentucky, 2008.

Edgerton, Gary R. e Brian Rose. *Thinking Outside the Box: A Contemporary Television Genre Reader*. Lexington: University Press of Kentucky, 2005.

Hammond, Michael e Lucy Mazdon. *The Contemporary Television Series*. Edimburgo: Edinburgh University Press, 2007.

Hawes, William. *Filmed Television Drama 1952-1958*. Jefferson: McFarland, 2001.

Heil, Douglas. *Prime Time Authorship*. Syracuse: Syracuse University Press, 2002.

Johnson, Steven. *Everything Bad Is Good for You*. Nova York: Riverhead, 2005 (ed. bras., *Tudo que é ruim é bom para você*. Rio de Janeiro: Zahar, 2012).

Kubery, Robert. *Creating Television: Conversations with the People Behind 50 Years of American TV*. Nova York: Routledge, 2003.

Lavery, David. *This Thing of Ours: Investigating the Sopranos*. Nova York: Columbia University Press, 2002.

Longworth, James L. *TV Creators: Conversations with America's Top Producers of Television Drama*. Syracuse: Syracuse University Press, 2002.

Lotz, Amanda D. *The Television Will Be Revolutionized*. Nova York: NYU Press, 2007.

McBrewster, Agnes F., Frederic P. Miller e Frederic P. Vandome. *Deadline (American TV Series)*. Beau-Bassin: Alphascript Publishing, 2010.

McCabe, Janet e Kim Akass. *Quality TV: Contemporary American Television and Beyond*. Londres: Tauris, 2007.

Prigge, Steven e Ted Danson. *Created by: Inside the Minds of TV's Top Show Creators*. Beverly Hills: Silman-James Press, 2005.

Sepinwall, Alan. *The Revolution Was Televised*. Nova York: Simon and Schuster, 2013.

Thompson, Kristin. *Storytelling in Film and Television*. Cambridge: Harvard University Press, 2003.

Thompson, Robert J. *Television's Second Golden Age: From Hill Street Blues to ER*. Syracuse: Syracuse University Press, 1997.

Agradecimentos

Minha profunda admiração pelo trabalho dos roteiristas dramáticos apresentado aqui e um forte desejo de revelar o processo criativo que conduz à obra foram a primeira centelha de inspiração e a contínua força propulsora por trás deste livro. Espero que gostem dele tanto quanto gostei de ter as conversas que constituem a maior parte de seu conteúdo, e que fiquem tão fascinados quanto eu pelos temas recorrentes, que considerei em minhas reflexões finais. Muito obrigada a todos! Seu entusiasmo e disposição em responder minhas perguntas tão abertamente quanto possível fizeram este livro. Quero agradecer também aos inspiradores roteiristas com quem conversei nos estágios mais iniciais, quando ainda estava definindo o foco para o livro: Peter Blauner, Julie Martin, Howard Korder, muito obrigada! Além disso, gostaria de agradecer a Baldvin Kári, que foi meu fiel assistente durante os estágios finais do livro, a John Howard e Alison G. Vingiano, que leram partes do original e me ajudaram com suas anotações, a meu sempre solidário agente Julian Friedmann e, por último, mas não menos importante, a Jenna Steventon e Felicity Noble na Palgrave Macmillan: sua ajuda foi um oportuno e maravilhoso estímulo. Por fim, e sempre com todo o meu amor, ao meu filho Alex: eis um livro cheio de roteiristas criativos, destemidos – que coisa linda!

1ª EDIÇÃO [2016] 2 reimpressões

ESTA OBRA FOI COMPOSTA POR MARI TABOADA EM DANTE PRO
E IMPRESSA EM OFSETE PELA GRÁFICA BARTIRA SOBRE PAPEL PÓLEN SOFT
DA SUZANO S.A. PARA A EDITORA SCHWARCZ EM AGOSTO DE 2021

A marca FSC® é a garantia de que a madeira utilizada na fabricação do papel deste livro provém de florestas que foram gerenciadas de maneira ambientalmente correta, socialmente justa e economicamente viável, além de outras fontes de origem controlada.